CONSIDÉRATIONS SUR LES CAUSES

DE LA

GRANDEUR DES ROMAINS

ET DE LEUR DÉCADENCE

MONTESQUIEU

CONSIDÉRATIONS SUR LES CAUSES

DE LA

GRANDEUR DES ROMAINS

ET DE LEUR DÉCADENCE

NOUVELLE ÉDITION

PAR M. L'ABBÉ C. BLANCHET

Ancien élève de l'École des Carmes,
Préfet des études au Petit Séminaire de Sainte-Croix (Orléans).

TROISIÈME ÉDITION

PARIS

LIBRAIRIE Vve CH. POUSSIELGUE

RUE CASSETTE, 15

1907

PRÉFACE

Montesquieu avait donné en 1748 (Paris-Durand) une septième édition des *Considérations*, revue et augmentée. C'est cette édition que nous reproduisons ici. L'auteur y avait joint une *Table analytique* : nous l'avons conservée. Il s'était annoté lui-même le premier : mais ces notes n'étant souvent que de simples références de textes, nous avons cru pouvoir, sans inconvénient, en supprimer la plus grande partie Nous n'avons conservé que celles qui présentent un réel intérêt.

M. E. Laboulaye, dans la préface de son édition des œuvres complètes de Montesquieu, s'exprime ainsi : « Les contemporains admirèrent l'immense savoir de Montesquieu. Aujourd'hui ce n'est pas ce côté qui nous frappe. On a tant fouillé l'antiquité qu'on en a entièrement renouvelé l'aspect. Nos savants modernes sourient quand on leur parle de l'érudition de Montesquieu : et il est vrai de dire que si l'on voulait faire un commentaire critique des *Considérations* afin de les mettre au courant des opinions nouvelles, il faudrait plus de notes que de texte : il n'y a guère de point qui ne soit contesté. » S'il y a quelque exagération dans ce jugement, il n'en reste pas moins vrai que les affirmations de Montesquieu ont besoin d'être contrôlées. Redresser les erreurs ou les inexactitudes, compléter les données insuffisantes, éclairer le texte de Montesquieu par des rapprochements ou des citations empruntées aux écrivains anciens et surtout aux historiens et aux critiques modernes : telle a été notre tâche. Nous avons voulu que l'élève ou même l'homme instruit qui lirait cet ouvrage pût suivre sans effort la pensée de Montesquieu et réformer ce qu'elle a de défectueux. En même temps nous avons essayé de ne pas noyer le texte dans les notes. En un mot, nous n'avons rien épargné pour que cette nouvelle édition fût à la hauteur de l'érudition contemporaine.

Orléans, 12 février 1892.

C. B.

NOTICE SUR MONTESQUIEU

ET SES ŒUVRES

« Mon fils, écrivait Montesquieu dans ses Notes, vous êtes assez heureux pour n'avoir ni à rougir ni à vous enorgueillir de votre naissance. » Charles-Louis de Secondat, baron de la Brède et de Montesquieu, était en effet, comme on disait alors, de bonne naissance. Ses ancêtres avaient été attachés à la cour de Navarre. Jean de Secondat, sieur de Roques, était maître d'hôtel de Henri II de Navarre. Henri III, pour reconnaître les « bons, fidèles et signalés services » que lui avait rendus Jacob de Secondat, fils de Jean, avait érigé en baronie la terre de Montesquieu qui lui appartenait. Jean-Gaston de Secondat, second fils de Jacob, avait épousé la fille du premier président du Parlement de Bordeaux et acheté une charge de président à mortier. A sa mort, son fils aîné hérita de sa charge et de son titre. Le cadet, Jacques de Secondat, essaya de la carrière militaire, mais sans y prendre goût. En 1686 il épousa Françoise de Penel qui lui apporta en dot le château de la Brède. C'est de ce mariage que naquit Charles-Louis, le 18 janvier 1689, au château même de la Brède. Il eut pour parrain un mendiant qui était venu demander l'aumône à l'heure même où l'enfant naissait. Pensée touchante, inspirée par un sentiment de piété profonde !

Inutile après cela de se demander si l'éducation de la famille fut chrétienne. Malheureusement Charles-Louis perdit, jeune encore, cette mère que les témoignages contemporains nous représentent comme une femme pieuse, simple et bonne. Il dut quitter le vieux et sévère manoir de la Brède, pour le collège de Juilly. Il ne semble pas que l'éducation des Oratoriens ait agi bien profondément sur l'âme du futur auteur des *Lettres Persanes*. L'antiquité païenne le séduisit. Et dès ses dernières années de collège, il composait un petit traité où il essayait de prouver que les philosophes païens ne méritaient pas la damnation éternelle.

Le 24 février 1714, Louis de la Brède était reçu conseiller au parlement de Bordeaux. Il était de noblesse de robe; il devait donc, sous peine de déchoir, consacrer ses premières années de liberté à l'étude du droit. Ce fut d'ailleurs sans aucune espèce d'enthousiasme : « Je comprenais assez les questions en elles-mêmes, a-t-il écrit, mais quant à la procédure, je n'y entendais rien. Je m'y suis pourtant appliqué; mais ce qui m'en dégoûtait le plus, c'est que je voyais à des bêtes le même talent qui me fuyait, pour ainsi dire. » Il n'en devint pas moins président à mortier (12 juillet 1716); son oncle en mourant lui laissa sa charge et ses biens à condition qu'il prendrait le nom de Montesquieu. La chose n'était pas pour déplaire au jeune conseiller qui aimait assez à faire valoir ses titres.

L'anné précédente, il avait épousé Mlle Jeanne de Lartigue : de ce mariage naquirent un fils et deux filles. Comment comprit-il ses devoirs de chef de famille? Quelques lignes nous en disent long sur ce sujet : « J'ai assez aimé ma famille pour faire ce qui allait au bien dans les choses essentielles : mais je me suis affranchi des moindres détails. — Avec mes enfants, j'ai vécu comme avec mes amis. »

S'il est vrai, et l'on n'en saurait douter, que Montesquieu fréquentât le moins possible le Parlement, et ne s'occupât que très peu de sa famille, quelle pouvait bien être sa vie? De nombreux documents nous permettent de répondre à cette question.

Bordeaux possédait une Académie, fondée en 1716, sous le haut patronage du duc de la Force, « pour polir et perfectionner les talents admirables que la nature donne si libéralement aux hommes nés sous ce climat. » Montesquieu fut admis dans cette société (1er mai 1716) et, à l'exemple de ses collègues, se livra avec acharnement aux études scientifiques. Newton était alors fort à la mode; et tous les beaux esprits s'occupaient plus ou moins de ce que Fontenelle appelait très justement *philosophie expérimentale*. Montesquieu eut lui aussi cette curiosité des choses scientifiques. Si nous exceptons sa *Dissertation sur la Politique des Romains dans la Religion*, lue le 18 juin 1716, tous les sujets traités par lui se rapportent à cet ordre d'idées. Son *Discours prononcé à la rentrée de l'Académie de Bordeaux* (15 novembre 1717) n'est qu'un programme. Mais, le 1er mai 1718, il lisait un *Discours sur l'Echo*, suivi, le 25 août, d'un autre *Discours sur l'Usage des glandes rénales*. En 1719 il lançait une sorte de prospectus inséré dans le *Journal des Savants* et le *Mercure* (janvier), sur un *Projet d'une histoire physique de la Terre ancienne et moderne*, où il conviait les savants du monde entier à adresser leurs mémoires « à M. de Montesquieu, président au parlement de Guienne, à Bordeaux, rue Margaux, qui en payera le port. » Puis c'est un *Discours sur la cause de la Pesanteur des corps* (1er mai 1720) et sur la *Transparence des corps* (25 août 1720), et des *Observations sur l'Histoire naturelle* (20 novembre 1721).

Il semble donc que Montesquieu fut tout entier absorbé par ses savantes études. Et pourtant, à l'heure où l'austère président donnait lecture à ses doctes confrères de l'Académie de Bordeaux des observations faites par lui, et au microscope, malgré la faiblesse de sa vue, sur différents insectes, une branche de gui, deux ou trois grenouilles, la mousse du chêne..., à cette heure même paraissaient à Amsterdam, mais imprimées à Rouen, et sans nom d'auteur, les *Lettres Persanes* (1721). Dans l'Introduction, on lisait : « Si l'on savait qui je suis, on dirait : son livre jure avec son caractère ; il devrait employer son temps à quelque chose de mieux, cela n'est pas digne d'un homme grave. »

Et Montesquieu avait raison de craindre ce jugement du public. Si les Persans qu'il met en scène se fussent contentés de critiquer ce qu'il y avait de vraiment défectueux dans cette France du XVIIIe siècle qu'ils étaient supposés parcourir en curieux, s'ils avaient essayé de faire comprendre à leurs amis nos mœurs et nos institutions, nous ne pourrions qu'approuver Montesquieu. Mais que Rica et Usbek, frondeurs en politique, étalent complaisamment sous les yeux du lecteur leur morale facile et leurs irrespectueuses théories sur la religion catholique, voilà ce qui vraiment « jure avec le caractère de l'auteur ». D'après la tradition, celui-ci s'est représenté sous les traits d'Usbek. Or, Usbek est un épicurien sans vergogne, encore qu'il vante beaucoup le stoïcisme ; un esprit fort qui parle avec ironie de l'Eglise et de ses dogmes, encore que sous prétexte de couleur locale il semble ne faire acte que de bon mahométan. A 30 ans de là, Montesquieu, écrivant à son ami l'abbé Guasco à propos d'une nouvelle édition de cette œuvre de jeunesse, semble s'être rendu compte de ses torts, tout en se défendant : « Il y a quelques *juvenilia* que je voudrais auparavant retoucher ; quoiqu'il faut qu'un Turc voie, pense et parle en Turc et non en chrétien : c'est à quoi bien des gens ne font point attention en lisant les *Lettres Persanes* » (4 octobre 1752). Quoi que puisse dire Montesquieu, les *Lettres* sont une œuvre dangereuse. Elles procèdent de cet esprit libertin et frondeur qui n'attendait que la mort de Louis XIV pour se donner libre carrière. « Toute la polémique voltairienne, a très bien dit M. A. Sorel, paraît en germe dans les lettres sur les changements de l'univers et sur les preuves de l'islamisme ; mais c'est du Voltaire plus puissant et plus serré. » Le succès fut d'ailleurs très grand ; ce fut un succès de scandale. Les éditions se suivirent, surtout lorsqu'on apprit que l'anonyme cachait un grave magistrat, président d'une des cours souveraines du royaume : en France on trouve ces contrastes piquants.

L'année qui suivit l'apparition des *Lettres*, Montesquieu vint à Paris. Son nom était connu, et il pouvait se présenter avec confiance dans cette société légère qui avait reconnu en lui un des siens. Il fut reçu dans les salons, nous allions dire à la cour de Mme de Tencin. Marmontel nous a décrit ces réunions où chacun jouait un rôle : « C'était à qui saisirait le plus vite, et comme à la volée, le moment de placer son mot, son conte et son anecdote. Dans Marivaux, l'impatience de faire preuve de finesse et de sagacité perçait visiblement. Montesquieu avec plus de calme attendait que la balle vînt à lui ; mais il l'attendait. Mairan guettait l'occasion. Astruc ne daignait pas l'attendre. Fontenelle seul la laissait venir sans la chercher, et il usait si sobrement de l'attention qu'on donnait à l'entendre, que ses mots fins, ses jolis contes n'occupaient jamais qu'un moment. Helvétius, attentif et discret, recueillait pour semer un jour. » On trouvait encore Montesquieu aux lundis de Mme du Deffand, la femme philosophe, caustique envers tous et surtout envers ses amis. Il se rendait aux mardis de l'excellente et spirituelle Mme de Lambert, et il était admis à Chantilly chez M. le duc de Bourbon. Montesquieu savait parfaitement s'accommoder à ces différents milieux, et s'il faisait l'esprit fort chez Mme du Deffand, il ne lui coûtait nullement de se montrer fervent catholique à Chantilly. « Je disais à Chantilly, écrit-il dans ses notes, que je faisais maigre, par politesse ; M. le duc était dévot. » Voilà l'homme. D'ailleurs, si l'on doutait encore qu'il partageât les idées de cette société frivole au milieu de laquelle il vivait, le *Temple de Gnide* suffirait à convaincre les plus favorablement disposés. Ce petit opuscule anonyme parut en 1725 chez Simart. L'auteur prétendait donner une traduction d'un manuscrit grec acheté par un ambassadeur de France près la Porte Ottomane. Plus tard, Montesquieu avoua à l'abbé de Guasco que « c'était une idée à laquelle la société de Mlle de Clermont (Marie-Anne de Bourbon) princesse du sang, qu'il avait l'honneur de fréquenter, avait donné occasion, sans d'autre but que de faire une peinture poétique. » Mais, pour le moment, il eut bien soin de ne pas se faire connaître comme étant l'auteur de cette fantaisie médiocre et quintessenciée. Voltaire n'agissait pas autrement.

Cette même année 1725, Montesquieu se présenta à l'Académie Française; il fut élu, mais le roi refusa son agrément ; le scandale des *Lettres* était encore trop récent. Le prétexte mis en avant fut que le candidat n'habitait pas Paris. Celui-ci se le tint pour dit et reprit le chemin de Bordeaux. Le 11 novembre, il présida la rentrée du Parlement de Guienne et prononça un discours sur les *Devoirs des magistrats*, discours très édifiant où il cite fort pertinemment l'Ecriture, ce qui est d'un assez piquant contraste après le *Temple de Gnide* et les *Lettres Persanes*. Le 15 décembre il lut à l'Académie de Bordeaux un *Discours sur les motifs qui doivent nous encourager aux sciences*, puis, le 25 août 1726, un *Eloge du duc de la Force*. Mais, l'Académie de Bordeaux ne lui suffisait plus : il s'occupait de régler ses affaires pour une nouvelle absence, vendait cette charge de Président dont il se souciait si peu, et reprenait la route de Paris. Aussitôt arrivé il sollicitait une seconde fois les suffrages de l'Académie. Voltaire raconte à ce sujet que pour mettre le cardinal Fleury dans ses intérêts il fit faire une édition expurgée de ses *Lettres*, et que, le ministre en ayant lu une partie, ses préventions disparurent. Le fait paraît peu probable. Le 5 janvier 1728, Montesquieu était élu pour la seconde fois, et il lut son *Discours de réception*, le 24 du même mois. Ce discours très bref n'offre rien de remarquable, sauf quelques lignes sur Richelieu, « ce grand ministre qui tira du chaos les règles de la monarchie ; qui apprit à la France le secret de ses forces, à l'Espagne celui de sa faiblesse; ôta à l'Allemagne ses chaînes, lui en donna de nouvelles, brisa tour à tour toutes les puissances et destina, pour ainsi dire, Louis le Grand aux grandes choses qu'il fit depuis. »

Une fois reçu à l'Académie, Montesquieu quitta la France et, comme la plupart des hommes distingués de son époque, commença son tour d'Europe. Il savait tout ce que l'on gagne à voyager, et surtout il voulait étudier sur place les constitutions des principaux Etats modernes et amasser des matériaux pour le grand ouvrage qu'il préparait. Il partait l'esprit dégagé de toute idée préconçue résolu simplement à voir et à tout voir « Quand j'ai voyagé dans les pays étrangers, dit-il, je m'y suis attaché comme au mien propre : j'ai pris part à leur fortune et j'aurais souhaité qu'ils fussent dans un état florissant. » Il eut pour compagnon de route en Allemagne et en Autriche le comte de Waldegrave, neveu du maréchal de Berwick. A Vienne il vit le prince Eugène. Il poussa une pointe jusqu'en Hongrie où il put étudier la vie féodale. A Venise il rencontra le financier Law pauvre et oublié, mais non découragé : il se lia aussi avec lord Chesterfield, et malgré le vilain tour que celui-ci lui joua, il ne lui garda pas rancune. Montesquieu avait rédigé secrètement des notes précieuses sur le terrible Conseil des Dix. Le noble lord lui dépêcha mystérieusement quelqu'un de ses amis pour l'avertir que le Conseil avait l'œil sur lui. Montesquieu se crut perdu : il jeta ses notes au feu et quitta précipitamment Venise. Il se rendit à Rome où il fréquenta le cardinal Polignac, ambassadeur de France, auteur de l'*Anti-Lucrèce*, et le cardinal Corsini, depuis Clément XII. Puis il remonta par la Suisse et le Rhin jusqu'en Hollande où il retrouva lord Chesterfield qui lui proposa de l'emmener en Angleterre. Le 30 octobre 1729 tous deux s'embarquèrent à La Haye. Montesquieu séjourna deux ans à Londres, étudiant la Constitution anglaise et fréquentant le Parlement. Il nous a laissé quelques notes curieuses sur ce séjour : « Le peuple de Londres mange beaucoup de viande : cela le rend très robuste, mais à l'âge de 40 à 45 ans, il crève. — La corruption s'est mise dans toutes les conditions. Il y a 30 ans qu'on n'entendait pas parler d'un voleur dans Londres : à présent il n'y a que cela. — L'argent est ici souverainement estimé; l'honneur et la vertu, peu. — Pour les ministres, ils n'ont point de projet fixe. A chaque jour suffit sa peine. Ils gouvernent jour par jour. — Un ministre ne songe qu'à triompher de son adversaire dans la Chambre basse, et pourvu qu'il en vienne à bout, il vendrait l'Angleterre et toutes les puissances du monde. — L'Angleterre est à présent le plus libre pays qui soit au monde; je n'en exemte aucune république. » On voit que si Montesquieu était peu indulgent pour les mœurs anglaises, il savait rendre justice au gouvernement de ce pays.

Il termina là ses pérégrinations. On lui prête cette phrase qui les résume : « L'Allemagne est faite pour y voyager, l'Italie pour y séjourner, l'Angleterre pour y penser, la France pour y vivre. »

En août 1731, Montesquieu était de retour à sa campagne de La Brède où il retrouva son vieux donjon gothique qu'il méditait de transformer à la mode anglaise, et surtout « l'air, les raisins, le vin des bords de la Garonne, et l'humeur des Gascons, excellents antidotes contre la mélancolie. » Il avait besoin de solitude pour continuer ses travaux et préparer cet ouvrage qui avait été sa constante préoccupation, et dont il pourra dire, plus tard, qu'il y a travaillé toute sa vie. Sa fille fut pour lui un aide précieux : elle lui faisait chaque jour sa lecture, et les livres les moins intéressants pour elle ne la rebutaient point : elle prenait même plaisir à égayer ces lectures en répétant les mots qui lui paraissaient le plus singuliers.

Mais, avant de publier son ouvrage complet, Montesquieu voulut s'essayer et peut-être sonder l'opinion. Il avait écrit un chapitre sur les *Causes de la grandeur et de la décadence des Romains*, chapitre qui devait entrer dans l'*Esprit des Lois* ; mais le sujet le passionna et ce chapitre devint un ouvrage indépendant. Les *Considérations* parurent en 1734, à Amsterdam, chez Desbordes. Le succès fut immense : neuf éditions parurent du vivant même de l'auteur. Dès lors Montesquieu n'avait plus à hésiter : ses preuves étaient faites.

En 1748 parut le *Dialogue de Sylla et d'Eucrate* ajouté à la 7e édition des *Considérations* : c'est un nouveau chapitre de l'histoire romaine, sous forme dramatique. Mais Montesquieu n'a pas compris Sylla : il l'a mal jugé, c'est-à-dire avec trop d'indulgence dans les *Considérations* et plus mal encore dans le *Dialogue*.

C'est cette même année que fut achevé l'*Esprit des Lois*.

Mais au prix de quels labeurs !... « J'ai bien des fois commencé et bien des fois abandonné cet ouvrage : j'ai mille fois envoyé aux vents les feuilles que j'avais écrites ; je sentais tous les jours les mains paternelles tomber : je suivais mon objet sans former de dessein ; je ne connaissais ni les règles ni les exceptions ; je ne trouvais la vérité que pour la perdre ; mais, quand j'ai découvert mes principes, tout ce que je cherchais est venu à moi ; et dans le cours de 20 années, j'ai vu mon ouvrage commencer, croître, s'avancer et finir » (Préface de l'*Esprit des Lois*). Puis, au moment de publier cette œuvre, fruit de tant de soins et de veilles, Montesquieu se prend à hésiter. Depuis deux ans déjà il était préoccupé de cette publication : il envoyait son manuscrit à l'abbé de Guasco pour qu'il en prît connaissance et se chargeât de le faire imprimer (6 décembre 1746) ; puis il lui écrivait que dans la situation présente il lui paraissait opportun de retarder la publication (26 décembre). Plus tard, le choix du format devient pour lui une question grave. Il se décide pour l'in-4°, puis pour l'in-12, pour en revenir, en fin de compte, à l'in-4° (18 mars 1748). En se relisant, il remarque que certaines choses seraient mal prises, et il retranche un chapitre sur le stathoudérat (17 juillet 1747). Enfin il soumet son manuscrit à son ami Helvétius. Celui-ci désapprouve franchement l'ouvrage, disant qu'en publiant ce livre le célèbre auteur des *Lettres Persanes* dépouillé désormais de son titre de sage et de législateur ne devait plus paraître aux yeux du public éclairé qu'un homme de robe, un gentilhomme et un bel esprit, « Voilà, écrivait-il, ce qui m'afflige pour lui et pour l'humanité qu'il aurait pu mieux servir. » Montesquieu, pour toute réponse, envoya son manuscrit à l'imprimeur et l'*Esprit des Lois* paraissait au mois de novembre 1748 à Genève, chez Barillot et fils, en 2 volumes in-4°, avec cette fière épitaphe : *Prolem sine matre creatam*. C'était en effet un ouvrage qui n'avait pas eu de modèle. Dans sa préface l'auteur indique les principes qui l'ont guidé : « J'ai d'abord examiné les hommes, et j'ai cru que dans cette infinie diversité de lois et de mœurs, ils n'étaient pas uniquement conduits par leurs fantaisies. J'ai posé les principes, et j'ai vu les cas particuliers s'y plier comme d'eux-mêmes, les histoires de toutes les nations n'en être que les suites, et chaque loi particulière liée avec une autre loi, ou dépendre d'une autre plus générale. » Voilà l'unité de ces 31 livres, lien puissant qui fait l'œuvre elle-même. Mais il ne faut pas y chercher cet ordre qui résulte de l'harmonie, des proportions, de l'enchaînement des parties. Montesquieu procède par saillies et semble ne suivre que son caprice. Buffon, l'homme de la règle par excellence, se demandait si c'était là un style. Mais Montesquieu tenait moins à se faire lire qu'à faire penser. Il n'étudie pas *la loi*, c'est-à-dire la raison humaine fondée sur la justice éternelle, mais *les lois*, c'est-à-dire les législations positives. Il distingue trois formes de gouvernement : aristocratie, monarchie, démocratie. La monarchie est, dit-il, fondée sur l'honneur, comme la république sur la vertu (vertu civile et politique qui s'inspire du bien général). Ils se prononce pour un gouvernement modéré, monarchie parlementaire ou république.

L'*Esprit des Lois* renferme incontestablement beaucoup de nobles idées et de vues profondes. Montesquieu inaugure avec autorité, en politique, l'école expérimentale fondée sur l'histoire, l'observation, la connaissance des hommes, en face de l'école rationnelle qui, sans tenir compte des pays, des mœurs et des temps, établit savamment des théories irréalisables encore que parfois séduisantes. J.-J. Rousseau est le représentant de cette seconde école aujourd'hui complètement délaissée et avec raison. Mais dans cet ouvrage on retrouve l'auteur des *Lettres Persanes* dans plus d'un chapitre où perce cet esprit de libertinage qui est le caractère du XVIIIe siècle. Il parle de la religion avec moins d'irrévérence sans doute, mais il affecte de ne la juger que comme une institution humaine. C'est le même esprit qui lui avait dicté sa *Politique des Romains dans la Religion*, en dépit des professions de foi et des protestations que l'on rencontre çà et là.

Montesquieu avait raison de craindre l'émotion que son livre allait soulever. Voltaire, qui ne l'aimait pas et qui ne pouvait probablement lui pardonner d'avoir écrit une œuvre de cette valeur, montra de la mauvaise humeur, sans cependant prendre parti ouvertement contre lui. « Quant à Voltaire, ripostait Montesquieu, il a trop d'esprit pour m'entendre » (8 août 1752). Les jésuites, dans le *Journal de Trévoux* et les jansénistes dans les *Nouvelles Ecclésiastiques* relevèrent les erreurs théologiques contenues dans l'*Esprit des Lois*. Montesquieu publia en 1750 une *Défense* où il essayait de se disculper. Il aurait fallu un désaveu quant au fond même, sur la question religieuse, désaveu qu'il se garda bien de formuler. La Sorbonne entreprit l'examen de l'ouvrage, sans conclure. Et pendant ce temps, l'*Esprit des Lois* était traduit dans toutes les langues, et en moins de deux ans atteignait sa vingt-deuxième édition.

Ces vingt années de travaux assidus avaient épuisé la santé de Montesquieu. « J'avais conçu le dessein de donner plus d'étendue et de profondeur à quelques endroits de mon *Esprit*, écrit-il dans son journal ; j'en suis devenu incapable : mes lectures m'ont affaibli les yeux, et il me semble que ce qu'il me reste encore de lumière n'est que l'aurore du jour où ils se fermeront pour jamais. » Il vécut quelques années encore dans sa terre de La Brède dont il disait que c'était « un des lieux aussi agréables qu'il y ait en France, au château près, tant la nature s'y trouve dans sa robe de chambre et au lever de son lit » (4 octobre 1752). Il s'occupait d'agriculture, et écrivait à ses amis, les invitant à venir le visiter. Il tenait pourtant encore son esprit en haleine. Ainsi en 1754 il écrivait quelques pages sur *Lysimaque*, pour sa réception à l'Académie de Nancy ; un *Essai sur le Goût* destiné à l'Encyclopédie, et une histoire orientale, *Arsace et Isménie*, qui ne furent publiés qu'après sa mort.

Il fit encore quelques apparitions à Paris. C'est là qu'à la fin de janvier 1755, il fut atteint d'une fièvre inflammatoire. La duchesse d'Aiguillon, madame Dupré de Saint-Maur et le chevalier de Jaucourt lui prodiguèrent leurs soins. Il mourut chrétiennement, le 10 février, à l'âge de 66 ans. « Son convoi funéraire, écrit Grimm dans sa *Correspondance*, s'est fait sans personne. M. Diderot est, de tous les gens de lettres, le seul qui s'y soit trouvé. Louis XV s'est honoré en donnant au sage mourant des marques de son estime, et en envoyant M. le duc de Nivernois s'informer de son état. Mais si nous eussions mérité d'être les contemporains d'un aussi grand homme, quittant nos vains et frivoles plaisirs, nous aurions tous pleuré sur son tombeau et la nation en deuil aurait montré à l'Europe l'exemple des hommages qu'un peuple éclairé et sensible rend au génie et à la vertu. » (15 février 1755.)

PORTRAIT DE MONTESQUIEU PAR LUI-MÊME

Nous avons eu l'occasion, au cours de l'étude biographique qui précède, de citer bien des paroles de Montesquieu qui le font déjà suffisamment connaître. Nous y ajoutons les traits suivants que nous empruntons à son propre journal :

« Je n'ai jamais eu de chagrin, encore moins d'ennui.
« — Ma machine est si heureusement construite, que je suis
« frappé par tous les objets assez vivement pour qu'ils
« puissent me donner du plaisir, pas assez pour qu'ils
« puissent me donner de la peine.

« L'étude a été pour moi le souverain remède contre les
« dégoûts de la vie, n'y ayant jamais eu de chagrin qu'une
« heure de lecture n'ait dissipé.

« J'ai eu naturellement de l'amour pour le bien et l'hon-
« neur de ma patrie, et pas pour ce qu'on appelle la gloire.

« Je n'ai jamais voulu souffrir qu'un homme d'esprit
« s'avisât de me railler deux fois de suite.

« Quand je me fie à quelqu'un, je le fais sans réserve :
« mais je me fie à très peu de personnes. — Je pardonne
« aisément par la raison que je ne suis pas haineux : il
« me semble que la haine est douloureuse. — Pour mes
« amis, à l'exception d'un seul, je les ai tous conservés. —
« J'ai fait en ma vie bien des sotises, et jamais de méchan-
« cetés.

« La timidité a été le fléau de toute ma vie : elle semblait
« obscurcir jusqu'à mes organes, lier ma langue, mettre
« un nuage sur mes pensées, déranger mes expressions.

« J'ai la maladie de faire des livres, et d'en être honteux
« quand je les ai faits.

« Je suis un bon citoyen, parce que j'ai toujours été
« content de l'état où je suis, que j'ai toujours approuvé
« ma fortune, que je n'ai jamais rougi d'elle, ni envié celle
« des autres. Je suis un bon citoyen parce que j'aime le
« gouvernement où je suis né, sans le craindre.

« Si je savais quelque chose qui me fût utile et qui fût
« préjudiciable à ma famille, je le rejetterais de mon
« esprit. Si je savais quelque chose qui fût utile à ma

« famille et qui ne le fût pas à ma patrie, je chercherais à « l'oublier. Si je savais quelque chose utile à ma patrie et « qui fût préjudiciable à l'Europe et au genre humain, je « le regarderais comme un crime.

« Quoique mon nom ne soit ni bon ni mauvais, n'ayant « guère que 250 ans de noblesse prouvée, cependant j'y suis « attaché et je serais homme à faire des substitutions. »

ÉTUDE SUR LES *CONSIDÉRATIONS*

Lire dans les auteurs latins l'histoire de Rome, suivre ses armées victorieuses sur les champs de bataille de l'Italie, de l'Afrique, de l'Espagne, de l'Asie et des Gaules, voir défiler devant soi les plus grands généraux et les plus grands politiques que l'antiquité ait connus, puis contempler ces luttes intérieures, ces révolutions incessantes qui suivirent la conquête de l'univers, constater l'affaiblissement graduel de cette puissance colossale, assister à ses résistances devant le flot des barbares, à ses dernières convulsions et à sa lente agonie sur les rives du Bosphore; tout cela peut intéresser, passionner même un esprit suffisamment instruit pour chercher dans le passé un aliment à son activité ou à sa curiosité. Mais ces spectacles de l'élévation et de la chute des Empires, alors même qu'ils n'aboutissent pas, comme chez Bossuet, à l'aveu de l'humaine impuissance et de la toute puissance divine, éveillent, chez quiconque sait voir et aime à réfléchir, le désir de connaître les causes qui ont pu produire de pareils effets. Montesquieu était de ces derniers. Esprit méditatif et scientifique, il passa son existence à étudier et à coordonner les réflexions que lui inspiraient ses études. Ses premiers travaux à l'Académie de Bordeaux montrent quelles étaient ses tendances; et l'*Esprit des Lois*, cet ouvrage de toute sa vie, indique clairement quelle fut sa méthode de prédilection. C'est à ces tendances et à cette méthode que nous devons les *Considérations*. Si l'on veut connaître le but qu'il se proposait dans cette étude historique sur Rome, il suffit de lire ces lignes empruntées à l'ouvrage lui-même : « Ce n'est pas la fortune qui domine le monde : on peut le demander aux Romains qui eurent une suite continuelle de prospérités quand ils gouvernèrent sur un certain plan, et une suite non interrompue de revers lorsqu'ils se conduisirent sur un autre. Il y a des causes générales, soit morales, soit physiques, qui agissent dans chaque monarchie, l'élèvent, la maintiennent ou la précipitent; tous les accidents sont soumis à ces causes : et si le hasard d'une bataille, c'est-à-dire une cause particulière, a ruiné un Etat, il y avait une cause générale qui faisait que cet Etat devait périr par une seule bataille. En un mot, l'allure principale entraîne avec elle tous les accidents particuliers. » (Ch. XVIII.) Ce n'est pas là, on le voit, Bossuet étudiant dans son *Discours sur l'Histoire universelle* l'action de la Providence dans le monde, ni Saint-Evremond ébauchant dans ses *Réflexions sur les divers génies du peuple romain dans les différents temps de la République* une étude raisonnée mais inégale et en somme insuffisante des premiers siècles de Rome; ni Machiavel consignant dans sa *Première décade de Tite-Live* l'enseignement politique, la leçon pratique qu'il croit avoir trouvés dans les évènements racontés par l'historien des gloires romaines. Montesquieu, ici, comme toujours, recherche, sous les faits, les principes et les lois; ses *Considérations* sont bien ce qu'elles devaient être tout d'abord dans sa pensée, un long chapitre de l'*Esprit des Lois*. Nul sujet ne pouvait mieux se prêter à une étude de ce genre. Pour quiconque s'intéresse à ces grands spectacles de la vie politique d'un peuple, l'histoire romaine est d'un intérêt sans égal. Les nations modernes ne nous offrent qu'un champ restreint d'observation; nous ne pouvons les suivre dans le développement complet de leur génie et de leurs institutions, placés comme nous le sommes au milieu même de leur histoire, et ignorants de leurs destinées futures. Mais les destinées du monde romain sont closes depuis longtemps, et l'historien philosophe peut à loisir scruter ce passé, et après une analyse consciencieuse en donner une exacte synthèse. C'est ce qu'a voulu faire Montesquieu.

Dans son œuvre les faits tiennent très peu de place. Bien qu'il les suive dans leurs grandes lignes, il ne se fait aucun scrupule de revenir sur ce qu'il a déja examiné, ou d'empiéter sur ce qu'il traitera plus tard. Il groupe habilement les évènements sous quelques chefs. C'est d'abord l'histoire légendaire de Rome et les premiers agrandissements (Ch. I à IV); la lutte formidable avec Carthage (IV); la conquête du monde, œuvre de la politique du sénat plus encore que des armées romaines (V à VII). Puis c'est l'histoire intérieure avec ses luttes civiles, et déjà le commencement de la décadence (VIII-XII); l'Empire avec ses nouvelles mœurs et ses nouveaux éléments de ruine (XIII-XVIII). Enfin ce sont les barbares, forts surtout de la faiblesse et des divisions de Rome (XIX); et l'Empire d'Orient qui renferme trop de désordres dans son sein pour ne pas succomber à son tour (XX-XXIII).

Rien de plus simple et de plus naturel que ce plan : il consiste à rattacher aux faits principaux de l'histoire de Rome les considérations et les conclusions auxquelles leur étude peut donner lieu. Le philosophe et le politique marchent ainsi toujours de pair avec l'historien. On voit ici encore en quoi Montesquieu se rapproche ou s'éloigne de ses prédécesseurs. Machiavel ne s'astreint à aucun ordre; il disserte. Bossuet dans ses deux incomparables chapitres du *Discours sur l'Histoire universelle* (IIIe partie, Ch. VII et VIII) étudie d'abord la constitution romaine, puis explique « la suite des changements de Rome ». Saint-Evremond suit l'ordre chronologique entremêlant des réflexions au fait. Que Montesquieu ait donc, si l'on veut, emprunté à Saint-Evremond son plan et à Bossuet sa méthode; son œuvre n'en reste pas moins distincte de celle de ses devanciers; et si, en plus d'un endroit, il reste inférieur à Bossuet, il est toujours supérieur à Saint-Evremond.

Il a d'ailleurs su garder son allure personnelle. Voyez le moraliste : il note ses impressions en quelques lignes courtes et serrées; il semble qu'il craint de les laisser s'échapper avant qu'il ne les ait fixées. Montesquieu procède de même. Il lit ou il médite. Et la lumière se fait dans son esprit : ce sont des observations rapides rapidement notées. Seulement, comme il n'étudie qu'un sujet à la fois, il y a dans ces notes plus d'unité, plus d'ordre. N'allons pas croire pourtant que cet ordre soit absolu. Non : la pensée est essentiellement capricieuse, et qui veut la suivre au lieu de la discipliner s'expose à bien des écarts. Ces écarts existent dans les *Considérations*; mais pas trop sensibles pourtant, juste ce qu'il faut pour qu'un lecteur attentif reconnaisse le tempérament de l'écrivain. Quelques-uns ont reproché à Montesquieu ce laisser-aller. Ils y ont vu l'impossibilité de s'appliquer à une composition continue, et ils en ont conclu que l'esprit de Montesquieu était un esprit *fragmentaire*, ne voyant les objets que successivement et comme par fragments. Ils auraient voulu sur un sujet de cette importance une dissertation plus large, une composition plus sévère. Que Montesquieu n'ait pas l'envergure de Bossuet, la chose n'est pas contestable; mais c'est une question de second ordre. Mieux vaut se demander si l'ouvrage tel que nous l'avons a des qualités sérieuses.

*
* *

Et ces qualités il les a. Pour juger sainement Montesquieu, il faut faire abstraction de ce que nous savons aujourd'hui. Les travaux sur Rome se sont multipliés dans notre siècle, les monuments ont été déchiffrés, les institutions minutieusement étudiées, les mœurs antiques ont été reconstituées avec une patience admirable; et nous pouvons nous faire une idée à peu près exacte de ce que fut Rome. La politique du sénat nous est connue, et nous n'ignorons rien de ces luttes perpétuelles qui armèrent les citoyens les uns contre les autres; quiconque chercherait dans Montesquieu quelque révélation sur le monde romain ne l'y trouverait donc pas, pour peu qu'il eût parcouru les ouvrages spéciaux qui certes ne manquent pas, ou les savants travaux de nos historiens contemporains. Il en est des *Considérations* comme de la prose de Balzac. Les aperçus du premier comme la langue du second sont aujourd'hui du domaine public; ils ont perdu pour nous cette originalité qui fit leur premier succès. Mais faut-il en conclure que Montesquieu ne puisse être lu avec intérêt et même avec profit? Nullement. Sachons rendre justice à l'auteur de *Grandeur et Décadence*. Son ouvrage fut, à l'heure où il parut, un livre unique en son genre; et pour nous encore bien des pages ont conservé toute leur saveur, toute leur vérité. Les contemporains ne s'y méprirent pas, et ils admirèrent la profonde érudition, l'esprit de clairvoyance et de sagesse dont l'écrivain des *Lettres Persanes* donnait inopinément une preuve si concluante. C'était, en effet, une rude tâche que celle qu'il avait entreprise. Encore qu'en plus d'un endroit la hâte apparaisse, que de lectures, que d'études suppose une œuvre de ce genre !

Le commencement est peut-être languissant, mais à partir du chapitre V Montesquieu est maître de son sujet. Le chapitre VI est le plus beau de l'ouvrage. C'est là qu'il faut voir ce qu'était la politique du sénat, comment il s'érigea en tribunal pour juger tous les peuples, comment il sut se servir des alliés, et attendre les occasions qu'il avait fait naître. Montesquieu nous dit aussi ce qu'il faut penser de la bonne foi romaine; avec quelle habileté les Romains faisaient attendre et désirer ce titre d'allié qui, pourtant, n'était qu'une lourde servitude; leurs diverses manières de se rendre maîtres d'un pays en s'attribuant toujours le rôle de libérateurs et de pacificateurs; leur maxime constante de diviser pour régner; l'abus qu'ils faisaient de la subtilité des termes dans leurs traités, et au dessus de tout cela la terreur qu'ils inspiraient au monde. Si l'on veut bien comprendre la politique romaine, il faut lire et relire cet admirable chapitre. Montesquieu n'est pas d'ailleurs moins remarquable dans l'étude des causes qui amenèrent la décadence de ce grand empire : les guerres lointaines, la concession du droit de cité à tous les alliés, la dépravation des mœurs, l'infiltration des barbares dans l'Empire, en attendant les invasions : tous ces éléments dissolvants sont étudiés avec un soin extrême.

Ce qu'il importe de bien remarquer, et ce qui donne à des travaux de ce genre leur véritable valeur, c'est que Montesquieu a bien saisi le génie du peuple romain. Moins enthousiaste que Bossuet qui a été captivé par l'aspect imposant de l'ensemble, par la grandeur des résultats, il a vu ce qu'avait de dur et d'égoïste cette politique plus habile que scrupuleuse; il a vu les qualités de soumission et de patience dont a fait preuve le peuple romain, tant qu'il ne s'est agi que de la conquête de l'Italie et même du monde : il a vu enfin les germes de dissolution que portait en lui ce corps gigantesque, assemblage monstrueux de tous les éléments les plus divers et les plus contraires. Aussi a-t-on pu dire que si Bossuet s'était complu à énumérer les causes de la grandeur de Rome, Montesquieu avait pris un secret plaisir à mettre au grand jour les causes de sa décadence.

Tout grand historien semble avoir eu sur l'avenir des vues profondes, une sorte d'intuition prophétique. On en trouve plus d'un exemple dans notre Commines, pour ne citer que celui-là. Montesquieu a eu lui aussi de ces inspirations. On sait quelles lourdes charges le militarisme nous impose aujourd'hui : espérons que l'auteur des *Considérations* n'aura pas été bon prophète, lorsqu'il a posé en principe « qu'un prince qui a un million de sujets ne peut, sans se détruire lui-même, entretenir plus de 10.000 hommes de troupes (Ch. III). Mais les faits ont prouvé quelle avait été sa clairvoyance lorsqu'il écrivait : « L'Empire des Turcs est à présent à peu près dans le même degré de faiblesse où était autrefois celui des Grecs, mais il subsistera longtemps : car si quelque prince que ce fût mettait cet empire en péril, en poursuivant ses conquêtes, les trois puissances commerçantes de l'Europe connaissent trop leurs affaires pour n'en pas prendre la défense sur le champ. » (Ch. XXIII). C'est la fameuse *question d'Orient* ; et il est inutile de faire ressortir l'importance capitale qu'elle a prise de nos jours.

Encore une fois tout cela n'est pas l'œuvre d'un écrivain vulgaire, d'un historien ordinaire ; et le mérite de Montesquieu reste grand en dépit de ses erreurs.

*
* *

Parmi ces erreurs, les unes, et ce sont les plus graves, tiennent à l'esprit même de l'auteur, les autres à l'état de la science historique au XVIIIe siècle.

L'histoire doit être, selon l'expression de Cicéron, le témoin incorruptible des temps, le flambeau de la vérité. L'historien a donc une grave responsabilité : et cette responsabilité sera d'autant plus grande que son talent sera moins contesté. Ici, les erreurs, les mensonges ne sont ni des mensonges ni des erreurs ordinaires. L'homme disparu, l'œuvre reste : et les jugements portés à la légère, ou sous l'inspiration des passions et des préjugés feront d'une œuvre, d'ailleurs remarquable, une œuvre dangereuse. L'histoire de Rome, malgré l'éloignement des temps, n'échappe pas à cette loi. Au même titre que l'histoire moderne, elle doit être écrite avec ce respect absolu de la vérité qui n'est qu'une forme du respect des intelligences et des âmes. Nous pourrions trouver, parmi les historiens modernes de l'Empire romain, plus d'un exemple illustre de l'oubli étrange de cette haute impartialité qui est l'honneur d'un écrivain. L'auteur des *Lettres Persanes* et de l'*Esprit des Lois*, le contemporain de Voltaire et de d'Alembert, l'hôte assidu des salons de Mme de Tencin et de Mme du Deffand, ne se retrouve-t-il pas dans quelques endroits des *Considérations* ?

Nous avons dit que Montesquieu avait de l'histoire une conception beaucoup moins élevée que Bossuet. Chez lui les causes purement humaines dominent tout. Mais il va plus loin. Dans certains passages, il semble incliner vers le fatalisme. Par exemple, il dit que « si César et Pompée avaient pensé comme Caton, d'autres auraient pensé comme César et Pompée, et la république destinée à périr aurait été entraînée au précipice par une autre main » (XI). De même, lorsqu'il parle des invasions, il donne à penser qu'à son avis l'histoire n'est qu'un jeu de bascule où les vaincus de la veille deviennent les vainqueurs du lendemain (XVII). Mais nous aimons mieux croire que dans ces deux passages l'expression a dépassé la pensée de Montesquieu ; et nous nous en tenons à cette déclaration que « ce n'est pas la fortune qui domine le monde ».

Le chapitre XII se termine par certains développements sur le suicide, peu concluants dans la présente édition, mais auxquels l'édition de 1734 donne leur vrai sens. Montesquieu y faisait simplement l'apologie du suicide : « Il est certain que les hommes sont devenus moins libres, moins courageux, moins portés aux grandes entreprises qu'ils n'étaient lorsque, par cette puissance qu'on prenait sur soi-même, on pouvait à tous les instants échapper à toute autre puissance. »

Au ch. XI l'auteur voit dans l'assassinat de César l'effet d'un « amour dominant pour la patrie, qui, sortant des règles ordinaires des crimes et des vertus, n'écoutait que lui seul et ne voyait ni citoyen, ni ami, ni bienfaiteur, ni père ». Subtils et détestables arguments qui tendent à excuser le tyrannicide et que peuvent mettre en avant tous les assassins politiques.

Comment expliquer que, dans le chapitre où il examine la conduite des empereurs envers leurs sujets, Montesquieu n'ait accordé aucune place aux persécutions, et qu'il n'ait parlé qu'incidemment et dans une seule phrase de l'établissement de la religion chrétienne ? Certaines omissions sont plus graves encore que des erreurs formelles : et celle-ci est du nombre.

Au contraire, lorsqu'il en est arrivé à l'histoire de l'Empire d'Orient, il s'étend longuement sur les disputes théologiques et les intrigues politiques des moines grecs, disputes et intrigues que nous ne révoquerons pas en doute et que nous condamnerons les premiers ; mais peut-être pouvons-nous estimer que Montesquieu leur a accordé trop d'importance. Le grand malheur de cette église fut la manie des controverses, ce que Bossuet appelle « le plaisir de dogmatiser ».

Ajoutons enfin que cet écrivain qui aime tant à rechercher les causes des événements et qui y réussit souvent si bien, a jugé le grand mouvement des croisades avec une singulière légèreté : « Tout à coup, dit-il, se répandit en Europe une opinion religieuse que les lieux où Jésus-Christ était né, ceux où il avait souffert, étant profanés par les infidèles, le moyen d'effacer ses péchés était de prendre les armes pour les en chasser » (XXIII). Il est vrai que, d'après lui, si les Français furent aussi indignement trahis par Manuel Comnène, lors de la 2e croisade, ils avaient tout fait pour cela, et que « les Allemands, qui étaient les meilleurs gens du monde, firent une rude pénitence de nos étourderies ». On peut rapprocher de ces passages celui où Montesquieu se déclare pour les armées fanatiques contre « les armées bigotes » et en prend prétexte pour malmener la malheureuse Irlande (XXII).

Il résulte donc clairement de tout ce qui précède que Montesquieu était bien de son siècle et que Voltaire eût pu reconnaître en lui un de ses disciples. Montesquieu n'eut du chrétien que les dehors. Ce fut un stoïcien, et c'était déjà un mérite dans un siècle où l'épicurisme était si fort en faveur. A 20 ans, il composait une dissertation pour démontrer que les philosophes païens ne méritaient pas la mort éternelle : et dans les *Considérations* toutes ses tendresses et son admiration sont pour Marc-Aurèle (XVI), en attendant que dans l'*Esprit des Lois* il écrivît ces lignes : « Si je pouvais un moment cesser de penser que je suis chrétien, je ne pourrais m'empêcher de mettre la destruction de la secte de Zénon au nombre des malheurs du genre humain » (Liv. XXIV, ch. X).

Il fait de Sylla un portrait trop bienveillant, surtout si on rapproche le passage des *Considérations* (XI) du *Dialogue de Sylla et d'Eucrate*. Par contre, il est peu disposé en faveur de César (XI) et ne voit dans Cicéron, le grand patriote, qu'une « âme commune ». Nous avons la faiblesse d'admirer et d'aimer Cicéron, tout en reconnaissant ce qui lui a manqué. Montesquieu a été mieux inspiré le jour où il jetait ces lignes sur son journal : « Cicéron, selon moi, est un des plus grands esprits qui aient jamais été ; l'âme toujours belle, lorsqu'elle n'était pas faible. » Est-il bien vrai aussi qu'Auguste ait donné « sans cesse des marques d'une lâcheté naturelle » (XIII) ? Mais rien n'approche de la sévérité que Montesquieu a témoignée à l'égard de Constantin et de Justinien. Il accuse le premier d'avoir fondé Constantinople par pure vanité, et sans aucune bonne raison, et d'avoir affaibli l'empire (XVII). De Justinien il n'a vu que les fautes. Il ne sait rien des travaux considérables sur la législation romaine accomplis sous son règne et à son instigation ; ou, s'il en parle, c'est pour critiquer les *Novelles* qui forment la dernière partie et de beaucoup la moins importante du Code Justinien (XX).

D'autres erreurs que nous ne pouvons relever en détail dans cette étude sont imputables plutôt à l'état de la science au XVIIIe siècle qu'à Montesquieu lui-même. Nous signalerons des idées fausses ou inexactes sur le prétendu partage des terres dans les républiques anciennes (III) ; sur le rôle de l'argent à Rome, où, quoi qu'en dise Montesquieu, les emplois publics s'obtenaient autrement que par la vertu (IV) ; sur la situation de la Grèce, en réalité fort peu redoutable, au moment où les Romains en entreprirent la conquête (V) ; sur les mœurs électorales dont la corruption remonte bien plus loin que Pompée (XI) ; sur la fausse distinction d'une nation noble et d'une nation roturière chez les anciens Gaulois (XIX) ; sur l'absence de places fortes dans l'empire romain aux premiers temps de son histoire (XX) ; sur le feu grégeois et ses vertus merveilleuses (XXIII).

Ajoutons à cela des idées singulières. Ainsi Montesquieu prétend « qu'il n'y a point d'État qui menace si fort les autres d'une conquête que celui qui est dans les horreurs de la guerre civile » (XI). — Il avoue que si les empereurs eurent leurs flatteurs empressés, lorsque le peuple disposait des dignités, les magistrats qui les briguaient faisaient bien des bassesses. Mais cette flatterie qui s'adressait au peuple, il la trouve plus noble « parce qu'il convient toujours à un grand homme d'obtenir par des libéralités la faveur du peuple »!... (XIV) — Nous ne voyons pas non plus en quoi Constantin en faisant au peuple de sa capitale des distributions de blé, comme c'était l'usage autrefois à Rome, agit « contre les principes de la monarchie » (XVII); ni pourquoi les divisions sont nécessaires dans un gouvernement républicain pour le maintenir (XX).

Mais ces bizarreries ont peu d'importance. Ce que nous regrettons davantage, ce sont certaines lacunes. Ainsi Montesquieu ne nous dit rien ou presque rien de cette administration centralisatrice de Rome, qui fut sa force et la ruine des provinces; de ces longues luttes autour du droit de cité; de ce droit de cité lui-même et de son extension successive; et, dans un autre ordre d'idées, du schisme de Photius qui, plus que les disputes des moines, déchaîna tant de malheurs sur l'Eglise grecque, et amena peut-être la chute de Constantinople, en creusant un fossé infranchissable entre les Grecs schismatiques et les Latins qui se désintéressèrent de leurs luttes contre les Musulmans, luttes où n'était pas engagée la catholicité. Peut-être Montesquieu aurait-il pu consacrer quelques lignes aux lettres qui ne furent pas une des moindres gloires de l'empire romain; mais un homme qui mettait Crébillon et La Motte au dessus de tout, était-il apte à comprendre Horace et Virgile?

On désirerait aussi chez l'auteur un peu plus de critique historique. Nous sommes aujourd'hui devenus très sévères sur ce point, et avec raison. Tant de savants travaux nous ont habitués à la plus scrupuleuse exactitude que nous n'estimerions pas un historien qui se contenterait de renseignements de seconde main. Nous ne pouvons être aussi sévère pour Montesquieu : mais nous devons signaler cette absence de critique sur plusieurs points importants. Nous aimerions voir Montesquieu donner moins facilement créance aux racontars d'un Procope, ou se défier d'autorités telles que Lampridius, Hérodien ou Philostorgue.

Enfin on remarque dans les *Considérations* bien des inégalités. Les premiers chapitres sont languissants. Montesquieu n'est pas encore, semble-t-il, en possession de son sujet : les derniers, et particulièrement ceux qui concernent l'Empire d'Orient, trahissent la hâte et la fatigue.

Nous comprenons d'ailleurs ce qu'avait de fastidieux l'étude de ces règnes pour la plupart profondément ignorés. Toujours est-il que les dernières pages manquent d'intérêt. L'auteur était probablement moins sûr de lui; et nous-mêmes sommes moins préparés à cette lecture. La méthode de Montesquieu est d'aller à l'aventure, sans s'astreindre à un ordre rigoureux. Pour l'histoire romaine jusqu'aux Antonins, nous avons peu de peine à le suivre. Il n'en est plus de même pour les temps postérieurs et surtout pour l'histoire du Bas-Empire. C'eût été pour l'écrivain une raison de plus de soigner tout particulièrement cette deuxième partie de son œuvre.

Tels sont les points faibles des *Considérations*. La critique, ici comme toujours, tient plus de place que l'éloge. Est-ce à dire que les défauts sont plus nombreux que les qualités? Nous ne croyons pas que la valeur de l'ouvrage puisse être mise en doute. Si des travaux plus récents l'ont réformé sur bien des points et complété sur d'autres, il n'en garde pas moins son très grand intérêt et son utilité.

*
* *

Nous ne dirons que quelques mots du style de Montesquieu. Il faudrait n'avoir lu aucun écrivain du XVIIIe siècle pour ne pas voir, du premier coup d'œil, la distance qui sépare Montesquieu de ses contemporains au point de vue du style. La langue du XVIIIe siècle est alerte, vive, spirituelle; ce n'est plus la gravité, la solennité un peu tendue du XVIIe siècle : il y a entre les deux époques un abîme. Or Montesquieu, s'il est, par les idées, un digne contemporain de Voltaire et de J.-J. Rousseau, semble appartenir, par la langue qu'il parle, au siècle précédent. Lisez une page de Bossuet et une page des *Considérations* : vous y retrouverez la même allure, les mêmes constructions, le même caractère. Bien que la phrase de Montesquieu soit plus sèche que celle de Bossuet, dans le style comme dans la marche générale de l'œuvre, on sent l'inspiration directe, l'imitation du *Discours sur l'Histoire universelle*.

Les *Considérations* sont, de tous les ouvrages de Montesquieu, le mieux écrit. Ce style nerveux, précis, concis même, nous paraît convenir plus que tout autre à un sujet de ce genre. Il n'y a pas jusqu'à la tournure et aux expressions latines qui nous plaisent dans cette étude de l'antiquité romaine, et lui donnent une saveur toute spéciale. Ainsi Montesquieu écrit :

« Tarente avait bien dégénéré de l'*institution* des Lacédémoniens ses ancêtres (IV). »

« Tout ce que *le public* peut donner aux particuliers se vendait à Carthage, et tout service rendu par les particuliers y était payé par *le public* (IV).

« Elle (la Grèce) avait été bien *étonnée* par le premier Philippe, Alexandre et Antipater, mais non pas subjuguée (V).

« Pendant que les armées *consternaient* tout, il (le sénat) tenait à terre ceux qu'il trouvait abattus (VI).

« Les soldats vétérans, qui craignaient qu'on ne *répétât* les dons immenses qu'ils avaient reçus, entrèrent dans Rome (XII).

« Octave lui fit deux guerres très laborieuses, et après bien des *mauvais succès*, il le vainquit par l'habileté d'Agrippa (XIII).

« La cour fut gouvernée et gouverna par plus d'artifices, par des arts plus *exquis* (XVII).

« Les premiers empereurs... furent plus oisifs, plus livrés à leurs *domestiques* (XVII).

« Il (l'empereur) ne *convenait* pas lui-même avec l'impératrice sur les points les plus essentiels (XX).

« *Autant que* les Romains avaient négligé l'art militaire, *autant* les Perses l'avaient-ils cultivé (XXI).

Montesquieu affectionne tout particulièrement la proposition participe absolu, si usitée chez les Latins, et à présent assez rare en français : « Les soldats même étaient jaloux de la liberté de leur patrie, quoiqu'ils les détruisissent sans cesse, *n'y ayant rien* de si aveugle qu'une armée (XIII).

A côté de ces latinismes on peut relever des expressions devenues des archaïsmes : comme l'emploi fréquent de *d'abord après*; l'emploi de *il* sujet, lorsque le sujet est déjà exprimé : « Mais Galère et Constance Chlore n'ayant pu s'accorder, *ils* partagèrent réellement l'empire » (XVII).

Notons aussi des constructions peu usitées : « Les censeurs... distribuaient *de manière* le peuple dans les diverses tribus *que* les tribuns et les ambitieux ne pussent pas se rendre maîtres des suffrages (VIII). — *La guerre* qu'ils firent contre Antiochus *est la vraie époque* de leur corruption (V). — Ceux-ci s'étaient *engagés de* les favoriser dans la poursuite du consulat pour l'année suivante (X). — Caligula rétablit les comices que Tibère avait *ôtés* (XV).

Que ce soit là des défauts, si l'on veut : mais tout au moins il faut se souvenir que bien des points établis aujourd'hui par nos grammairiens étaient alors indécis et laissés au libre choix des écrivains. C'est dans ce style, une saveur, une originalité de plus ; cette tournure archaïque n'est pas pour nous déplaire.

*
* *

Nous avons jugé Montesquieu d'après les *Considérations*. Mais les *Considérations* ne sont qu'une petite partie de son œuvre. Il pourrait donc sembler que l'étude de l'œuvre entière pût modifier nos appréciations. Evidemment, pour bien connaître Montesquieu, il faut lire l'*Esprit des Lois*. Pourtant nous croyons avoir retrouvé dans les *Considérations* les principales idées développées par l'auteur dans son grand ouvrage. C'est le même esprit, c'est la même méthode, c'est le même style. L'esprit nous déplait ; mais la méthode et le style nous charment : c'est la vraie méthode historique, large et sévère ; c'est le grand style, clair, sobre et précis. Si nous ne pouvons tout louer, nous avons assez à admirer pour conclure que le nom de Montesquieu, s'il n'est pas parmi les plus grands, doit du moins garder un rang honorable dans l'histoire des lettres françaises.

CONSIDÉRATIONS SUR LES CAUSES

DE LA

GRANDEUR DES ROMAINS

ET DE LEUR DÉCADENCE

CHAP. I. — Commencements de Rome. Ses guerres.

Il ne faut pas prendre, de la ville de Rome, dans ses commencements, l'idée que nous donnent les villes que nous voyons aujourd'hui, à moins que ce ne soit de celles [1] de la Crimée [2], faites pour renfermer le butin, les bestiaux et les fruits de la campagne. Les noms anciens des principaux lieux de Rome ont tous du rapport à cet usage [3].

La ville n'avoit pas même de rue, si l'on n'appelle [4] de ce nom la continuation des chemins qui y aboutissoient. Les maisons étoient placées sans ordre et très petites; car les hommes, toujours au travail [5] ou dans la place publique, ne se tenoient guère dans les maisons.

Mais la grandeur de Rome parut bientôt dans ses édifices publics. Les ouvrages qui ont donné, et qui donnent encore aujourd'hui la plus haute idée de sa

1. La phrase est mal équilibrée. Il faut entendre : *à moins que nous n'en prenions une idée des villes de la Crimée.* Quelques éditions portent : *à moins que ce ne soit celles de la Crimée*, ce qui serait plus correct.

2. Au moment où Montesquieu écrivait, la Crimée, l'ancienne Chersonèse taurique dépendait de l'empire ottoman. Le traité d'Iassy (1792) l'abandonna à la Russie.

3. D'après Varron, le mont Palatin aurait tiré son nom du *bêlement* des troupeaux qui y paissaient. A moins que ce ne soit de *palari*, errer, ou de la déesse *Palès*. Ces étymologies donnent d'ailleurs lieu à trop de controverses pour qu'on puisse se prononcer.

4. C'est-à-dire : *à moins que l'on n'appelle.* Nous disons encore aujourd'hui dans ce sens : *si je ne me trompe.*

5. Il s'agit évidemment ici du *travail des champs.*

puissance, ont été faits sous les rois [1]. On commençoit déjà à bâtir la ville éternelle.

Romulus et ses successeurs furent presque toujours en guerre avec leurs voisins pour avoir des citoyens, des femmes ou des terres [2]; ils revenoient dans la ville avec les dépouilles des peuples vaincus; c'étoient des gerbes de blé et des troupeaux : cela y causoit une grande joie. Voilà l'origine des triomphes qui furent dans la suite la principale cause des grandeurs où cette ville parvint.

Rome accrut beaucoup ses forces par son union avec les Sabins, peuples durs et belliqueux comme les Lacédémoniens, dont ils étoient descendus [3]. Romulus prit leur bouclier, qui étoit large, au lieu du petit bouclier argien dont il s'étoit servi jusqu'alors. Et on doit remarquer que ce qui a le plus contribué à rendre les Romains les maîtres du monde, c'est qu'ayant combattu contre tous les peuples, ils ont toujours renoncé à leurs usages sitôt qu'ils en ont trouvé de meilleurs [4].

On pensoit alors, dans les républiques d'Italie, que les traités qu'elles avoient faits avec un roi ne les obligeoient point envers son successeur : c'étoit pour elles une espèce de droit des gens; ainsi, tout ce qui avoit été soumis par un roi de Rome se prétendoit

1. Les premiers travaux d'embellissement de Rome datent des rois. Mais si l'on en excepte la *Cloaca Maxima* et quelques débris de l'*Agger* de Servius, les ruines qui subsistent encore aujourd'hui datent de l'époque impériale.

2. Rome cherchait des alliés bien plus que des citoyens. Et, sauf l'enlèvement des Sabines, nous ne voyons pas qu'elle ait jamais fait la guerre pour avoir des femmes. Elle voulait surtout imposer son joug aux pays voisins et accroître sa puissance territoriale. Après sa victoire elle s'adjugeait toujours une partie du pays ennemi. Ces terres formaient l'*ager publicus* qui était affermé à des cultivateurs ou à des éleveurs.

3. Denys d'Halicarnasse rapporte cette descendance fabuleuse. En réalité les Sabins appartenaient comme les Samnites à la race sabellienne. Ils habitaient l'Abruzze supérieure et descendirent bientôt par la vallée de l'Anio jusqu'au Tibre. Amiternum, Reate, et Cures surtout, où ils se réunissaient, étaient leurs principaux bourgs. Cicéron et Tite-Live parlent de leur caractère sombre : *severissimorum hominum, Sabinorum* (Cic. *In Vat.* 15) cf. *pro Lig.* II. — *Disciplina tetrica ac tristi veterum Sabinorum* (Tite-Live. I, 18).

4. *Quod ubique apud socios aut hostes idoneum videbatur, cum summo studio domi exsequebantur; imitari quam invidere bonis malebant* (Salluste Catilina, L).

libre sous un autre, et les guerres naissoient toujours des guerres.

Le règne de Numa[1], long et pacifique, étoit très propre à laisser Rome dans sa médiocrité ; et, si elle eût eu dans ce temps-là un territoire moins borné et une puissance plus grande, il y a apparence que sa fortune eût été fixée pour jamais.

Une des causes de sa prospérité c'est que ses rois furent tous de grands personnages. On ne trouve point ailleurs, dans les histoires, une suite non interrompue de tels hommes d'Etat et de tels capitaines.

Dans la naissance des sociétés, ce sont les chefs des républiques qui font l'institution ; et c'est ensuite l'institution qui forme les chefs des républiques.

Tarquin [2] prit la couronne sans être élu par le sénat ni par le peuple [3]. Le pouvoir devenoit héréditaire : il le rendit absolu. Ces deux révolutions furent bientôt suivies d'une troisième.

Son fils Sextus, en violant Lucrèce, fit une chose qui a presque toujours fait chasser les tyrans des villes où ils ont commandé : car le peuple, à qui une action pareille fait si bien sentir sa servitude, prend d'abord [4] une résolution extrême.

Un peuple peut aisément souffrir qu'on exige de lui de nouveaux tributs : il ne sait pas s'il ne retirera point quelque utilité de l'emploi qu'on fera de l'argent qu'on lui demande ; mais, quand on lui fera un affront, il ne sent que son malheur, et il ajoute l'idée de tous les maux qui sont possibles.

1. Les Allemands, et Niebuhr en particulier, ont beaucoup discuté ces légendes de la période royale, pour les combattre, et, en fin de compte, y substituer des hypothèses plus ou moins ingénieuses. En France, nous préférons nous en tenir, comme l'a fait et remarqué M. Duruy dans son *Histoire des Romains*, à l'histoire traditionnelle des rois. Nous ne ferons donc pas à Montesquieu un crime d'avoir suivi le récit de Tite-Live.

2. Tarquin le Superbe qui, par ambition, s'était fait le défenseur de l'aristocratie et avait ainsi gagné ses faveurs.

3. Le Sénat nommoit un magistrat de l'interrègne qui élisoit le roi ; cette élection devoit être confirmée par le peuple. Voy. Denys d'Halicarnasse, liv. II, III et IV. (*N. de M.*)

4. Nous retrouverons très souvent cette expression sous la plume de Montesquieu. Il l'entend au sens de *aussitôt*.

Il est pourtant vrai que la mort de Lucrèce ne fut que l'occasion de la révolution qui arriva; car un peuple fier, entreprenant, hardi, et renfermé dans des murailles, doit nécessairement secouer le joug ou adoucir ses mœurs.

Il devoit arriver de deux choses l'une : ou que Rome changeroit son gouvernement, ou qu'elle resteroit une petite et pauvre monarchie.

L'histoire moderne nous fournit un exemple de ce qui arriva pour lors à Rome; et ceci est bien remarquable : car, comme les hommes ont eu dans tous les temps les mêmes passions, les occasions qui produisent les grands changements sont différentes, mais les causes sont toujours les mêmes.

Comme Henri VII, roi d'Angleterre, augmenta le pouvoir des communes pour avilir les grands, Servius Tullius [1], avant lui, avoit étendu les privilèges du peuple pour abaisser le Sénat. Mais le peuple devenu d'abord plus hardi, renversa l'une et l'autre monarchie.

Le portrait de Tarquin n'a point été flatté; son nom n'a échappé à aucun des orateurs qui ont eu à parler contre la tyrannie; mais sa conduite avant son malheur, que l'on voit qu'il prévoyoit; sa douceur pour les peuples vaincus; sa libéralité envers les soldats; cet art qu'il eut d'intéresser tant de gens à sa conservation; ses ouvrages publics [2]; son courage à la guerre; sa constance dans son malheur; une guerre de vingt ans qu'il fit ou qu'il fit faire au peuple

1. « Si la constitution de Servius s'était maintenue, dit Niebuhr, Rome aurait atteint, 200 ans plus tôt, et sans sacrifices, à une félicité qu'elle ne put ressaisir qu'au prix de rudes combats et de grandes souffrances. » Servius avait essayé de fonder les libertés plébéiennes; aussi le peuple fêtait toujours la naissance du bon roi. Nous ne voyons pas d'ailleurs quel rapprochement on peut établir entre Henri VII qui augmenta surtout son propre pouvoir, et le roi ami des plébéiens.

2. Le plus considérable de ces ouvrages fut la *Cloaca Maxima* destinée à recevoir les eaux et les boues qui faisaient de la partie basse de la ville et du Forum en particulier des marécages malsains. Le canal principal comportait une triple voûte et sa hauteur était telle que, au rapport de Pline, un char à foin aurait pu y passer. Nous savons qu'Agrippa y pénétra dans une barque. La *Cloaca Maxima* existe encore : on peut voir son embouchure dans le Tibre au *ponte Rotto*.

romain, sans royaume et sans biens; ses continuelles ressources, font bien voir que ce n'étoit pas un homme méprisable.

Les places que la postérité donne sont sujettes, comme les autres, aux caprices de la fortune. Malheur à la réputation de tout prince qui est opprimé par un parti qui devient le dominant [1], ou qui a tenté de détruire un préjugé qui lui survit!

Rome, ayant chassé les rois, établit des consuls annuels [2]; c'est encore ce qui la porta à ce haut degré de puissance. Les princes ont, dans leur vie, des périodes d'ambition; après quoi, d'autres passions, et l'oisiveté même, succèdent; mais la république ayant des chefs qui changeoient tous les ans [3], et qui cherchoient à signaler leur magistrature pour en obtenir de nouvelles, il n'y avoit pas un moment de perdu pour l'ambition; ils engageoient le sénat à proposer au peuple la guerre, et lui montroient tous les jours de nouveaux ennemis.

Ce corps y étoit déja assez porté de lui-même : car, étant fatigué sans cesse par les plaintes et les demandes du peuple, il cherchoit à le distraire de ses inquiétudes, et à l'occuper au dehors.

Or la guerre étoit presque toujours agréable au peuple, parce que, par la sage distribution du butin [4], on avoit trouvé le moyen de la lui rendre utile.

1. Nous dirions aujourd'hui : *le parti dominant*.

2. D'après tout ce qui précède, Montesquieu semble ne s'être pas rendu suffisamment compte de la portée réelle de la révolution qui substitua le consulat à la royauté. Les patriciens ne voulaient plus de roi qui, comme Servius, favorisât la plèbe à leur détriment, ou, comme le Superbe, les humiliât après les avoir flattés. Ils substituèrent au roi deux consuls choisis dans leur sein. Junius Brutus et Tarquin Collatin furent les deux premiers consuls élus par les Comices centuriates (510 av. J.-C). Ce ne fut qu'en 367 que le Consulat devint accessible aux plébéiens (lois Liciniennes).

3. Les magistrats *ordinaires* (consul, préteur, tribun, édile, questeur) étaient élus pour un an. Le censeur seul restait en fonctions pendant 18 mois.

4. Avant l'institution de la solde (406 av. J.-C), le butin (*præda*, butin en nature; *manubiæ*, produit de la vente du butin) appartenait d'abord aux soldats qui se payaient largement de leurs frais. Le reste revenait au Trésor. Après la réforme de 406 le butin appartenait en droit au Trésor, mais en fait il fallut toujours distribuer aux soldats une part proportionnelle à leur solde, sous peine de troubles graves.

Rome étant une ville sans commerce, et presque sans arts, le pillage étoit le seul moyen que les particuliers eussent pour s'enrichir.

On avoit donc mis de la discipline dans la manière de piller; et on y observoit à peu près le même ordre qui se pratique aujourd'hui chez les Petits Tartares [1].

Le butin étoit mis en commun, et on le distribuoit aux soldats; rien n'étoit perdu, parce que, avant de partir, chacun avoit juré qu'il ne détourneroit rien à son profit [2]. Or, les Romains étoient le peuple du monde le plus religieux sur le serment, qui fut toujours le nerf de leur discipline militaire.

Enfin, les citoyens qui restoient dans la ville jouissoient aussi des fruits de la victoire. On confisquoit une partie des terres du peuple vaincu [3], dont on faisoit deux parts : l'une se vendoit au profit du public; l'autre étoit distribuée aux pauvres citoyens, sous la charge d'une rente en faveur de la république.

Les consuls, ne pouvant obtenir l'honneur du triomphe [4] que par une conquête ou une victoire, faisoient la guerre avec une impétuosité extrême : on alloit droit à l'ennemi, et la force décidoit d'abord.

1. La Petite Tartarie comprenait les provinces d'Europe occupées par les Tartares, et particulièrement la Crimée.

2. On observait la discipline jusque dans la manière de piller. C'est ce que les Romains appelaient piller *sub signis* ou *auspicato*.

3. Sous sa forme générale ce paragraphe est inexact. Toutes les terres du peuple vaincu appartenaient, d'après le droit de la guerre, au peuple vainqueur. Des terres successivement conquises sur ses voisins, Rome faisait deux parts : l'une était rendue aux anciens habitants, l'autre, ordinairement le tiers, revenait au domaine : c'était l'*ager publicus*. Chacun avait le droit d'y mener paître ses troupeaux, moyennant une légère redevance (*scriptura*) perçue par tête de bétail, au delà d'un nombre déterminé de têtes franches de taxe. Ces pâturages constituaient l'*ager pascuus, compascuus*. Pour qu'il ne restât pas improductif, une partie de l'*ager publicus* était affermée moyennant le dixième de tous les produits. Ces terres étaient dites *occupées* (*ager occupatorius*). Quelquefois même certaines terres étaient *assignées* à des colons (*ager colonicus, assignatus*), et devenaient propriété privée, franche d'impôts.

4. Quatre conditions étaient requises pour obtenir les honneurs du triomphe:

1° Le général devait avoir été consul, ou préteur, ou dictateur.

2° Il devait avoir commandé l'attaque en personne et dirigé le combat après avoir pris les auspices.

3° La bataille devait avoir été décisive.

4° Les ennemis devaient avoir été des étrangers, et au moins cinq mille d'entre eux avoir été tués.

Rome étoit donc dans une guerre éternelle et toujours violente : or, une nation toujours en guerre, et par principe de gouvernement, devoit nécessairement périr, ou venir à bout de toutes les autres, qui, tantôt en guerre, tantôt en paix, n'étoient jamais si propres à attaquer, ni si préparées à se défendre.

Par là, les Romains acquirent une profonde connoissance de l'art militaire. Dans les guerres passagères, la plupart des exemples sont perdus ; la paix donne d'autres idées, et on oublie ses fautes et ses vertus mêmes.

Une autre suite du principe de la guerre continuelle fut que les Romains ne firent jamais la paix que vainqueurs : en effet, à quoi bon faire une paix honteuse avec un peuple pour aller en attaquer un autre ?

Dans cette idée, ils augmentoient toujours leurs prétentions à mesure de leurs défaites : par là ils consternoient les vainqueurs, et s'imposoient à eux-mêmes une plus grande nécessité de vaincre.

Toujours exposés aux plus affreuses vengeances, la constance et la valeur leur devinrent nécessaires ; et ces vertus ne purent être distinguées chez eux de l'amour de soi-même, de sa famille, de sa patrie, et de tout ce qu'il y a de plus cher parmi les hommes

Les peuples d'Italie n'avoient aucun usage des machines propres à faire des sièges [1] ; et, de plus, les soldats n'ayant point de paye [2], on ne pouvoit pas les retenir longtemps devant une place : ainsi peu de leurs guerres étoient décisives. On se battoit, pour avoir le pillage du camp ennemi, ou de ses terres ; après quoi, le vainqueur et le vaincu se retiroient

1. Denys d'Halicarnasse le dit formellement, liv. IX ; et cela paroît par l'histoire. Ils ne savoient point faire de galeries pour se mettre à couvert des assiégés ; ils tâchoient de prendre les villes par escalade. Euphorus a écrit qu'Artémon, ingénieur, inventa les grosses machines pour battre les plus fortes murailles. Périclès s'en servit le premier au siège de Samos, dit Plutarque, *Vie de Périclès*. (*N. de M.*)

2. Remarquons qu'il ne s'agit ici que des temps primitifs. Ce fut Camille qui introduisit la solde (*stipendium*), en 400, ce qui permit aux citoyens pauvres de servir dans l'armée.

chacun dans sa ville [1]. C'est ce qui fit la résistance des peuples d'Italie, et en même temps l'opiniâtreté des Romains à les subjuguer; c'est ce qui donna à ceux-ci des victoires qui ne les corrompirent point, et qui leur laissèrent toute leur pauvreté.

S'ils avoient rapidement conquis toutes les villes voisines, ils se seroient trouvés dans la décadence à l'arrivée de Pyrrhus, des Gaulois et d'Annibal; et, par la destinée de presque tous les Etats du monde, ils auroient passé trop vite de la pauvreté aux richesses, et des richesses à la corruption.

Mais Rome, faisant toujours des efforts, et trouvant toujours des obstacles, faisoit sentir sa puissance, sans pouvoir l'étendre, et, dans une circonférence très petite, elle s'exerçoit à des vertus qui devoient être si fatales à l'univers.

Tous les peuples d'Italie n'étoient pas également belliqueux : les Toscans [2] étoient amollis par leurs richesses et par leur luxe; les Tarentins, les Capouans, presque toutes les villes de la Campanie et de la Grande Grèce [3], languissoient dans l'oisiveté et dans les plaisirs. Mais les Latins, les Herniques, les Sabins, les Èques et les Volsques aimoient passionnément la guerre; ils étoient autour de Rome; ils lui firent une résistance inconcevable, et furent ses maîtres en fait d'opiniâtreté.

1. On peut dire également : *chacun dans leur ville*. Au XVIIe siècle, la première construction était employée couramment : « 426 *ans après le déluge, comme les peuples marchaient chacun en sa voie.* » (Bossuet, *Discours sur l'H. U.*, I, 4). Voir Ragon, *Gr. française*, Cours sup., § 658.

2. Les Etrusques, peut-être originaires de l'Asie, s'étaient d'abord établis dans la vallée du Pô, puis, franchissant l'Apennin, avaient occupé le pays situé entre le Tibre et l'Arno. Plus tard ils soumirent l'Ombrie et s'ouvrirent un chemin jusqu'au pays des Volsques et des Rutules. 880 ans avant notre ère, la Campanie elle-même était envahie, et ainsi s'était formée une nouvelle Etrurie, dont Volturnum (plus tard Capoue), Herculanum et Pompéi étaient les villes principales. Tite-Live signale cette immense domination des Etrusques : *tanta opibus Etruria erat, ut jam non terras solum, sed mare etiam per totam Italiæ longitudinem ab Alpibus ad fretum siculum fama nominis sui implesset* (I, 2). Mais la cohésion manquait à ce vaste assemblage, et le morcellement politique en fut la conséquence rigoureuse.

3. La colonisation de la partie méridionale de l'Italie par les Grecs remonte au VIIIe siècle avant J.-C. Cumes fut la première des colonies grecques.

commune avec les Romains, elles avoient encore des rites communs [2]; et Servius Tullius les avoit engagées à faire bâtir un temple [3] dans Rome pour être le centre de l'union des deux peuples. Ayant perdu une grande bataille auprès du lac Régille [4], elles furent soumises à une alliance et une société de guerre avec les Romains.

On vit manifestement pendant le peu de temps que dura la tyrannie des décemvirs, à quel point l'agrandissement de Rome dépendoit de sa liberté. L'État sembla avoir perdu l'âme qui le faisoit mouvoir [5].

Il n'y eut plus, dans la ville, que deux sortes de gens : ceux qui souffroient la servitude, et ceux qui, pour leurs intérêts particuliers, cherchoient à la faire souffrir. Les sénateurs se retirèrent de Rome comme d'une ville étrangère ; et les peuples voisins ne trouvèrent de résistance nulle part.

Le sénat ayant eu le moyen de donner une paye aux soldats, le siège de Véïes fut entrepris : il dura dix ans. On vit un nouvel art [6] chez les Romains, et une

1. Les *Prisci Latini* occupaient le pays situé entre Tibur et la mer d'une part, le Tibre et le mont Albain d'autre part. Albe en était la capitale. Ces *Prisci Latini* étaient probablement un mélange d'Osques ou Opiques, d'Ombriens et de Sicules.

2. Les Latins se rassemblaient sur le mont Albain ou à Lavinium pour des sacrifices communs en l'honneur des dieux indigètes : Janus, Saturne, Picus, Faunus, Latinus.

3. Servius avait, dit-on, conclu avec les trente villes latines, un traité dont Denys d'Halicarnasse prétend avoir vu le texte conservé dans le temple de Diane sur l'Aventin. Ce temple avait d'ailleurs été élevé par les Latins à frais communs. On y vit la première statue dressée dans Rome.

4. Tarquin le Superbe abandonné de Porsénna avait soulevé le Latium. Les armées se rencontrèrent auprès du lac Régille. Les Dioscures conduisirent les Romains à la victoire, et vinrent l'annoncer à Rome. En reconnaissance de leur protection on leur éleva sur le Forum, près de l'endroit où ils s'étaient arrêtés un temple qui devint un des plus célèbres de la ville.

5. Sous prétexte de donner au peuple des lois écrites, ils se saisirent du gouvernement. Voy. Denys d'Halicarnasse, liv. XI (*N. de M.*).

6. Nul plus que Camille ne travailla à réformer l'armée romaine. Il arma les soldats de longues piques, de casques d'airain, de boucliers bordés d'une lame de fer. Il changea surtout l'ordre de bataille et à la phalange substitua la division en manipules.

autre manière de faire la guerre ; leurs succès furent plus éclatants ; ils profitèrent mieux de leurs victoires ; ils firent de plus grandes conquêtes ; ils envoyèrent plus de colonies ; enfin la prise de Véies fut une espèce de révolution.

Mais les travaux ne furent pas moindres. S'ils portèrent de plus rudes coups aux Toscans, aux Èques et aux Volsques, cela même fit que les Latins et les Herniques, leurs alliés, qui avoient les mêmes armes et la même discipline qu'eux, les abandonnèrent ; que des ligues se formèrent chez les Toscans ; et que les Samnites, les plus belliqueux de tous les peuples de l'Italie, leur firent la guerre avec fureur.

Depuis l'établissement de la paye, le sénat ne distribua plus aux soldats les terres des peuples vaincus ; il imposa d'autres conditions : il les obligea, par exemple, de fournir à l'armée une solde pendant un certain temps, de lui donner du blé et des habits.

La prise de Rome par les Gaulois ne lui ôta rien de ses forces : l'armée, plus dissipée que vaincue, se retira presque entière à Véies ; le peuple se sauva dans les villes voisines ; et l'incendie de la ville ne fut que l'incendie de quelques cabanes de pasteurs [1].

CHAP. II. — De l'art de la guerre chez les Romains.

Les Romains se destinant à la guerre et la regardant comme le seul art, ils [2] mirent tout leur esprit et toutes leurs pensées à le perfectionner. C'est sans doute un dieu, dit Végèce [3], qui leur inspira la légion.

1. D'après Pline (*Histoire naturelle*, XVI, 15), Rome ne connut jusqu'aux guerres de Pyrrhus que des maisons couvertes de planches ; ce qui explique la rapide destruction et reconstruction de la ville. D'après les traditions, une année aurait suffi à reconstruire la ville incendiée. Il faut dire aussi que « ces quelques cabanes de pasteurs » étaient protégées par une enceinte de 12.000 m. et que le cens de 409 avait donné 150.700 citoyens.

2. Dans l'édition de 1734 Montesquieu n'avait pas mis le pronom *ils*, ce qui serait plus conforme à notre usage.

3. Flavius Vegetius Renatus vivait à la fin du IVe siècle sous Valentinien II. Il composa un ouvrage intitulé : *Rei militaris instituta* ou *Epitome rei militaris* C'est un traité rempli de documents

Ils jugèrent qu'il falloit donner aux soldats de la légion des armes offensives et défensives plus fortes et plus pesantes [1] que celles de quelque autre peuple que ce fût.

Mais, comme il y a des choses à faire dans la guerre dont un corps pesant n'est pas capable, ils voulurent que la légion [2] contînt dans son sein une troupe légère qui pût en sortir pour engager le combat, et, si la nécessité l'exigeoit, s'y retirer; qu'elle eût encore de la cavalerie, des hommes de trait et des frondeurs, pour poursuivre les fuyards et achever la victoire; qu'elle fût défendue par toutes sortes de machines de guerre qu'elle traînoit avec elle; que chaque fois elle se retranchât, et fût, comme dit Végèce, une espèce de place de guerre.

Pour qu'ils pussent avoir des armes plus pesantes que celles des autres hommes, il falloit qu'ils se rendissent plus qu'hommes : c'est ce qu'ils firent par un travail continuel qui augmentoit leur force, et par des exercices qui leur donnoient de l'adresse, laquelle n'est autre chose qu'une juste dispensation des forces que l'on a.

Nous remarquons aujourd'hui que nos armées périssent beaucoup par le travail immodéré des sol-

intéressants sur la milice romaine. Malheureusement dans cette compilation l'auteur a confondu les différentes époques.

1. Voyez dans Polybe et dans Josèphe, *De bello Judaico*, liv. III, quelles étoient les armes du soldat romain. Il y a peu de différence, dit ce dernier, entre les chevaux chargés et les soldats romains. « Ils portent, dit Cicéron, leur nourriture pour plus de quinze jours, tout ce qui est à leur usage, tout ce qu'il faut pour se fortifier; et, à l'égard de leurs armes, ils n'en sont pas plus embarrassés que de leurs mains. » *Tusculanes*, liv. II (*N. de M.*).

2. Sous la République, l'effectif normal de la légion était de 4.200 fantassins et 300 cavaliers; mais cet effectif pouvait être porté, selon les besoins, jusqu'à 6.000 hommes et plus. Les fantassins se répartissaient en 1.200 *hastati*, 1.200 *principes*, 600 *triarii* et 1.200 *velites*. Ce sont ces vélites armés à la légère, pris dans les dernières classes du cens, que Montesquieu a en vue. C'étaient de véritables *tirailleurs*, sans place déterminée dans l'ordre de bataille; ils se portaient partout où leur présence était jugée nécessaire. Les 300 *equites* de la légion étaient partagés en 10 *turmae*. Jusqu'à la guerre sociale ils se recrutaient exclusivement parmi les nobles et les chevaliers. Après la guerre sociale, on employa au service de la cavalerie les alliés italiens. La cavalerie de César était composée de troupes auxiliaires, Gaulois, Espagnols, Germains.

dats [1] : et cependant c'étoit par un travail immense que les Romains se conservoient. La raison en est, je crois, que leurs fatigues étoient continuelles ; au lieu que nos soldats passent sans cesse d'un travail extrême à une extrême oisiveté : ce qui est la chose du monde la plus propre à les faire périr.

Il faut que je rapporte ici ce que les auteurs nous disent de l'éducation des soldats romains [2]. On les accoutumoit à aller le pas militaire, c'est-à-dire à faire en cinq heures vingt milles [3], et quelquefois vingt-quatre. Pendant ces marches, on leur faisoit porter des poids de soixante livres [4]. On les entretenoit dans l'habitude de courir et de sauter tout armés ; ils prenoient dans leurs exercices des épées, des javelots, des flèches d'une pesanteur double des armes ordinaires ; et ces exercices étoient continuels.

Ce n'étoit pas seulement dans le camp qu'étoit l'école militaire : il y avoit dans la ville un lieu où les citoyens alloient s'exercer (c'étoit le Champ de Mars). Après le travail, ils se jetoient dans le Tibre, pour s'entretenir dans l'habitude de nager, et nettoyer la poussière et la sueur.

Nous n'avons plus une juste idée des exercices du corps : un homme qui s'y applique trop nous paroît

1. Montesquieu fait sans doute allusion aux grands travaux entrepris par Louis XIV, comme la construction de l'aqueduc de Maintenon qui devait amener à Versailles les eaux de l'Eure. 2.200 soldats y furent employés.

2. Voyez Végèce, liv. I ; voy. Tite-Live, liv. XXVI, les exercices que Scipion l'Africain faisoit faire aux soldats après la prise de Carthage-la-Neuve. Marius, malgré sa vieillesse, alloit tous les jours au Champ de Mars ; Pompée, à l'âge de cinquante-huit ans, alloit combattre tout armé avec les jeunes gens ; il montoit à cheval, couroit bride abattue et lançoit ses javelots. (Plutarque, *Vie de Marius et de Pompée.*) (*N. de M.*)

3. Le mille romain désigné par les plus anciens écrivains et par Tite-Live par *millia* tout court, et par Cicéron par *millia passuum*, comprenait 1.000 *passus*, ce qui, d'après les calculs les plus autorisés donne 1478 m 50, presque 1 kilom. 1/2. 20 milles en 5 heures donneraient donc exactement 5 kilom. 914 à l'heure, ou, en chiffres ronds, 6 kilom., ce qui n'a rien d'exagéré. Les milles étaient marqués sur les routes militaires par des colonnes de pierre, *milliaria*. Sous la république, on comptait, à partir de Rome, depuis la pierre placée près de la porte où commençait une route ; sous l'empire, à partir du milliaire d'or établi par Auguste au Forum.

4. La livre romaine pesait 327 gr. 45, ce qui donne un poids total de 19 kilog. 647.

méprisable, par la raison que la plupart de ces exercices n'ont d'autre objet que les agréments ; au lieu que, chez les anciens, tout, jusqu'à la danse [1], faisoit partie de l'art militaire.

Il est même arrivé, parmi nous, qu'une adresse trop recherchée dans l'usage des armes dont nous nous servons à la guerre est devenue ridicule, parce que, depuis l'introduction de la coutume des combats singuliers, l'escrime a été regardée comme la science des querelleurs ou des poltrons.

Ceux qui critiquent Homère [2] de ce qu'il relève ordinairement dans ses héros la force, l'adresse ou l'agilité du corps, devroient trouver Salluste bien ridicule, qui loue Pompée « de ce qu'il couroit, sautoit, et portoit un fardeau aussi bien qu'homme de son temps [3] ».

Toutes les fois que les Romains se crurent en danger ou qu'ils voulurent réparer quelques pertes, ce fut une pratique constante chez eux d'affermir la discipline militaire. Ont-ils à faire la guerre aux Latins, peuples aussi aguerris qu'eux-mêmes ? Manlius songe à augmenter la force du commandement, et fait mourir son fils, qui avoit vaincu sans ordre [4]. Sont-ils

1. Il est très vrai que les Grecs donnaient à la danse une place honorable dans leur système d'éducation, mais nous ne voyons nulle part qu'elle ait fait partie de l'art militaire. Quant aux Romains, ils la méprisaient comme amollissante et indigne d'un homme.

2. Il s'agit ici des reproches faits à Homère par les partisans des modernes dans la fameuse querelle des Anciens et des Modernes.

3. « *Cum alacribus saltu, cum velocibus cursu, cum validis recte certabat.* » Fragment de Salluste rapporté dans Végèce, liv. I, ch. IX. (*N. de M.*)

4. Pendant la guerre latine (340-338), les deux armées s'étaient rencontrées près d'un ruisseau nommé Veseris au pied du Vésuve. Avant la bataille le Tusculan Metius vint provoquer en combat singulier le fils du consul. Celui-ci accepta et fut vainqueur. Mais la discipline avait été violée, un édit des consuls ayant défendu, sous peine de mort, de sortir des rangs, même pour un coup de main heureux. Manlius ordonna que son fils fût décapité. Parlant de la milice romaine, Bossuet a dit : « *Les lois de cette milice étaient dures, mais nécessaires. La victoire était périlleuse, et souvent mortelle à ceux qui la gagnaient contre les ordres. Il y allait de la vie, non seulement à fuir, à quitter ses armes, à abandonner son rang, mais encore à se remuer, pour ainsi dire, et à branler tant soit peu sans le commandement du général.* » Et un peu plus loin, il ajoute : « *Aussi n'ont-ils rien eu dans tout leur gouvernement dont ils se soient tant vantés que de leur discipline militaire : ils l'ont toujours considérée comme le fondement de leur empire. La discipline militaire est la chose qui a paru la première dans leur État, et la dernière qui s'y est perdue, tant elle était attachée à la constitution de leur république.* (Discours, IIIe p., ch. VI.)

battus à Numance [1] ? Scipion Émilien les prive d'abord de tout ce qui les avoit amollis [2]. Les légions romaines ont-elles passé sous le joug en Numidie ? Métellus répare cette honte, dès qu'il leur fait reprendre les institutions anciennes. Marius [3], pour battre les Cimbres et les Teutons, commence par détourner les fleuves ; et Sylla fait si bien travailler les soldats de son armée effrayée de la guerre contre Mithridate, qu'ils lui demandent le combat comme la fin de leurs peines.

Publius Nasica, sans besoin, leur fit construire [4] une armée navale. On craignoit plus l'oisiveté que les ennemis.

Aulu-Gelle [5] donne d'assez mauvaises raisons de la coutume des Romains de faire saigner les soldats qui avoient commis quelque faute : la vraie est que, la force étant la principale qualité du soldat, c'étoit le dégrader que de l'affoiblir.

Des hommes si endurcis étoient ordinairement sains. On ne remarque pas, dans les auteurs, que les armées romaines, qui faisoient la guerre en tant de climats, périssent beaucoup par les maladies ; au lieu qu'il arrive presque continuellement aujourd'hui que des armées, sans avoir combattu, se fondent pour ainsi dire dans une campagne.

1. Lors de la révolte de l'Espagne, après la 2e guerre punique, tous les généraux romains avaient échoué devant cette place : « *Qu'ils se couvrent de boue, puisqu'ils ne veulent pas se couvrir de sang,* » avait dit Scipion Emilien en prenant le commandement des soldats campés sous Numance, et il les avait condamnés aux plus durs travaux de siège.

2. Il vendit toutes les bêtes de somme de l'armée, et fit porter à chaque soldat du blé pour trente jours, et sept pieux. (*Somm. de Florus,* liv. LVII.) (*N. de M.*)

3. Marius était allé attendre les Cimbres et les Teutons sur les bords du Rhône. Il avait établi son camp au nord d'Arles, et, pour le ravitailler, avait fait creuser par ses soldats un [canal] qui permettait aux navires d'éviter les embouchures difficiles du fleuve. Ce canal fut appelé *fossæ marinæ* : le petit village de *Fos* en rappelle aujourd'hui le nom. Ce travail fit donner par dérision aux soldats qui l'avaient exécuté le surnom de *mulets de Marius.*

4. Expression plus que hardie : on *construit* une *flotte*, mais non pas une *armée navale.*

5. Aulu-Gelle prétend que c'était là moins une punition qu'un remède nécessaire à des esprits troublés. On voulait indiquer par là que pour manquer à son devoir il fallait être malade ; *quasi minus sani viderentur omnes qui delinquerent* (*Nuits attiques,* liv. X, ch. VIII). L'explication d'Aulu-Gelle nous paraît au moins aussi bonne que celle de Montesquieu.

Parmi nous, les désertions sont fréquentes, parce que les soldats sont la plus vile partie de chaque nation [1], et qu'il n'y en a aucune qui ait ou qui croie avoir un certain avantage sur les autres. Chez les Romains, elles étoient plus rares : des soldats tirés d'un peuple si fier, si orgueilleux, si sûr de commander aux autres, ne pouvoient guère penser à s'avilir jusqu'à cesser d'être Romains.

Comme leurs armées n'étoient pas nombreuses [2], il étoit aisé de pourvoir à leur subsistance; le chef pouvoit mieux les connoître, et voyoit plus aisément les fautes et les violations de la discipline.

La force de leurs exercices, les chemins admirables qu'ils avoient construits [3], les mettoient en état de faire des marches longues et rapides. Leur présence inopinée glaçoit les esprits : ils se montroient surtout après un mauvais succès [4], dans le temps que leurs ennemis étoient dans cette négligence que donne la victoire.

Dans nos combats d'aujourd'hui, un particulier n'a

1. Ce paragraphe et celui qui précède n'ont plus de raison d'être aujourd'hui. Notre organisation militaire actuelle ne ressemble en rien à celle des XVIIe et XVIIIe siècles : aussi le métier des armes compte-t-il, et à juste titre, parmi les plus nobles.

2. Sous la République, jusqu'à Marius, Rome ne connut pas les armées permanentes. La levée se faisait au moment de l'entrée en campagne. Le sénat fixait l'effectif du contingent. Au temps de Polybe, la levée normale était de quatre légions formant deux armées consulaires. Les alliés devaient aussi fournir leur appoint. Polybe estime que, de son temps, l'effectif des troupes alliées était à peu près égal, pour l'infanterie, à celui de l'infanterie romaine et triple pour la cavalerie. Ce qui nous donne en prenant l'effectif moyen de la légion (4.200 fantassins et 300 cavaliers) 16.800 fantassins et 1.200 cavaliers légionnaires d'une part, 16.800 fantassins et 3.600 cavaliers alliés d'autre part, soit 33.600 fantassins et 4.800 cavaliers. A partir de Marius, les légions une fois constituées maintenaient leur effectif : on y entrait par engagement volontaire de 20 années. A la fin de la République, durant les guerres civiles, les légions ou les régiments qu'on décorait de ce nom montèrent à des chiffres exagérés. Après Actium, Octave avait autour de lui plus de 50 légions. Sous l'Empire le nombre des légions varie de 25 à 30, ce dernier chiffre étant le chiffre normal.

3. Ce fut une des premières préoccupations des Romains que l'établissement de ces voies qui, partant de Rome, aboutissaient aux extrémités de l'Italie. Il en était de même dans les provinces conquises : ce sont ces routes que le peuple appelle encore chez nous *chemins de César.*

4. *Succès* est pris ici dans son sens étymologique : *ce qui arrive, résultat.* Au XVIIe siècle, on l'employait souvent dans ce sens. Corneille, Racine, Molière et Bossuet en offrent des exemples nombreux.

guère de confiance qu'en la multitude [1]; mais chaque Romain, plus robuste et plus aguerri que son ennemi, comptoit toujours sur lui-même : il avoit naturellement du courage, c'est-à-dire de cette vertu qui est le sentiment de ses propres forces.

Leurs troupes étant toujours les mieux disciplinées, il étoit difficile que dans le combat le plus malheureux ils ne se ralliassent quelque part, ou que le désordre ne se mît quelque part chez les ennemis. Aussi les voit-on continuellement, dans les histoires, quoique surmontés [2] dans le commencement par le nombre ou par l'ardeur des ennemis, arracher enfin la victoire de leurs mains.

Leur principale attention étoit d'examiner en quoi leur ennemi pouvoit avoir la supériorité sur eux, et d'abord ils y mettoient ordre. Ils s'accoutumèrent à voir le sang et les blessures dans les spectacles des gladiateurs [3], qu'ils prirent des Étrusques.

Les épées tranchantes des Gaulois [4], les éléphants de Pyrrhus, ne les surprirent qu'une fois. Ils suppléèrent à la foiblesse de leur cavalerie [5], d'abord en ôtant les brides des chevaux pour que l'impétuosité n'en pût être arrêtée, ensuite en y mêlant des vélites [6]. Quand ils eurent connu l'épée espagnole [7],

1. C'est-à-dire chaque soldat pris isolément compte sur le grand nombre de ceux qui combattent avec lui. Cette opposition que Montesquieu établit entre nos armées modernes et les armées romaines n'est d'ailleurs pas heureuse. A aucune époque, le soldat français, même isolé, n'a manqué de courage.

2. Aujourd'hui, nous n'employons guère ce mot que lorsqu'il s'agit d'une difficulté morale : *surmonter sa timidité*... Au XVIIe et au XVIIIe siècle, on l'employait dans le sens général de *vaincre*.

3. Ce fut vers 264 av. J.-C., c'est-à-dire avant la 1re guerre punique, que furent introduits à Rome les combats de gladiateurs.

4. Les Romains présentoient leurs javelots, qui recevoient les coups des épées gauloises et les émoussoient. (*N. de M.*)

5. Elle fut encore meilleure que celle des petits peuples d'Italie. On la formoit des principaux citoyens, à qui le public entretenoit un cheval. Quand elle mettoit pied à terre, il n'y avoit point d'infanterie plus redoutable, et très souvent elle déterminoit la victoire. (*N. de M.*)

6. C'étoient des jeunes hommes légèrement armés, et les plus agiles de la légion, qui, au moindre signal, sautoient sur la croupe des chevaux ou combattoient à pied. (VALÈRE-MAXIME, liv. II ; TITE LIVE, liv. XXVI.) (*N. de M.*)

7. *Gladius hispanus*, μάχαιρα, épée courte, de deux pieds environ, droite et à deux tranchants. On s'en servait plutôt d'estoc que de taille.

ils quittèrent la leur. Ils éludèrent la science des pilotes par l'invention d'une machine que Polybe nous a décrite [1]. Enfin, comme dit Josèphe [2], la guerre étoit pour eux une méditation; la paix, un exercice.

Si quelque nation tint, de la nature ou de son institution, quelque avantage particulier, ils en firent d'abord usage: ils n'oublièrent rien pour avoir des chevaux numides, des archers crétois, des frondeurs baléares, des vaisseaux rhodiens.

Enfin, jamais nation ne prépara la guerre avec tant de prudence, et ne la fit avec tant d'audace.

Chap. III. — Comment les Romains purent s'agrandir.

Comme les peuples de l'Europe ont, dans ces temps-ci, à peu près les mêmes arts, les mêmes armes, la même discipline et la même manière de faire la guerre, la prodigieuse fortune des Romains nous paroît inconcevable. D'ailleurs il y a aujourd'hui une telle disproportion dans la puissance, qu'il n'est pas possible qu'un Etat sorte, par ses propres forces, de l'abaissement où la Providence l'a mis.

Ceci demande qu'on y réfléchisse: sans quoi nous y verrions des évènements sans les comprendre; et, ne sentant pas bien la différence des situations, nous croirions, en lisant l'histoire ancienne, voir d'autres hommes que nous.

Une expérience continuelle a pu faire connoître en Europe qu'un prince qui a un million de sujets ne peut, sans se détruire lui-même, entretenir plus de dix mille hommes de troupes [3]: il n'y a donc que les grandes nations qui aient des armées.

1. C'est le *corbeau*. C'était, tout à la fois, un grapin qui, en s'abattant sur le bateau ennemi, enchaînait les deux navires, et un pont qui permettait l'abordage. (V. Polybe, I, 22.)

2. *De bello Judaico*, liv. III, chap. VI. (*N. de M.*)

3. Montesquieu, dans sa haute sagesse politique, comprenait que le développement exagéré du militarisme était pour une nation une cause de ruine. L'état de l'Europe aujourd'hui ne lui donne que trop raison.

Il n'en étoit pas de même dans les anciennes républiques ; car cette proportion des soldats au reste du peuple, qui est aujourd'hui comme d'un à cent, y pouvoit être aisément comme d'un à huit[1].

Les fondateurs des anciennes républiques avoient également partagé les terres[2] : cela faisoit un peuple puissant, c'est-à-dire une société bien réglée ; cela faisoit ainsi une société bien armée, chacun ayant un égal intérêt, et très grand, à défendre sa patrie.

Quand les lois n'étoient plus rigidement observées, les choses revenoient au point où elles sont aujourd'hui parmi nous : l'avarice de quelques particuliers, et la prodigalité des autres, faisoient passer les fonds de terre dans peu de mains, et d'abord les arts s'introduisoient pour les besoins mutuels des riches et des pauvres. Cela faisoit qu'il n'y avoit presque plus de citoyens ni de soldats ; car les fonds de terre, destinés auparavant à l'entretien de ces derniers, étoient employés à celui des esclaves et des artisans, instruments du luxe des nouveaux possesseurs : sans quoi l'État, qui malgré son dérèglement[3] doit subsister, auroit péri. Avant la corruption, les revenus primitifs de l'Etat étoient partagés entre les soldats, c'est-à-dire les laboureurs : lorsque la république étoit corrompue, ils passoient d'abord à des hommes riches qui les rendoient aux esclaves et aux artisans, d'où on retiroit, par le moyen des tributs, une partie pour l'entretien des soldats[4].

1. A Rome, sous la République, quand le nombre de soldats qui devaient être enrôlés avait été fixé par le Sénat, on tirait au sort par tribus jusqu'à ce que le contingent fût formé.

2. Ce prétendu partage des terres n'a jamais existé qu'à Sparte dont l'organisation ne ressemblait en rien à celle des autres républiques de l'antiquité. Les Romains n'ont rien connu de semblable, car on ne peut, de bonne foi, considérer comme un partage des terres l'aliénation de quelques parties de l'*ager publicus* en faveur d'anciens soldats pauvres. Montesquieu donne ici dans les idées communistes, idées qui peuvent paraître généreuses, mais qui sont surtout dangereuses.

3. On dit bien encore : *le dérèglement du pouls, des saisons, des humeurs*, mais, sauf ces cas, ce mot s'entend au sens de *désordre moral*

4. Ce paragraphe est assez peu clair tout en étant suffisamment exact. Montesquieu a en vue cette partie de l'*ager publicus* qui était d'abord affermée à des particuliers (*ager occupatorius*). Les patriciens se virent bientôt fermiers de

Or ces sortes de gens n'étoient guère propres à la guerre : ils étoient lâches, et déjà corrompus par le luxe des villes, et souvent par leur art même ; outre que, comme ils n'avoient point proprement de patrie, et qu'ils jouissoient de leur industrie partout, ils avoient peu à perdre ou à conserver.

Dans un dénombrement de Rome fait quelque temps après l'expulsion des rois[1], et dans celui que Démétrius de Phalère fit à Athènes, il se trouva à peu près le même nombre d'habitants : Rome en avoit quatre cent quarante mille, Athènes quatre cent trente et un mille. Mais ce dénombrement de Rome tombe dans un temps où elle étoit dans la force de son institution, et celui d'Athènes dans un temps où elle étoit entièrement corrompue. On trouva que le nombre des citoyens pubères faisoit à Rome le quart de ses habitans, et qu'il faisoit à Athènes un peu moins du vingtième ; la puissance de Rome étoit donc à celle d'Athènes, dans ces divers temps, à peu près comme un quart est à un vingtième, c'est-à-dire qu'elle étoit cinq fois plus grande.

Les rois Agis et Cléomène voyant qu'au lieu de neuf mille citoyens qui étoient à Sparte du temps de Lycurgue[2], il n'y en avoit plus que sept cents, dont à

terrains d'une étendue considérable. Ces propriétés immenses (*latifundia*), qui auraient dû rapporter beaucoup au trésor, devinrent insensiblement, par la négligence intéressée des pouvoirs publics, sinon en droit, du moins en fait, propriétés privées. Les fermiers négligèrent de payer leurs redevances, et les esclaves ou les artisans qui y étaient employés en bénéficiaient seuls, alors que l'État tout entier eût dû en profiter.

1. C'est le dénombrement dont parle Denys d'Halicarnasse dans le liv. IX, art. 25, et qui me paroît être le même que celui qu'il rapporte à la fin de son sixième livre, qui fut fait seize ans après l'expulsion des rois. (*N. de M.*)

2. Au temps de Lycurgue, c'est-à-dire dans la première moitié du IXe siècle av. J.-C., le nombre des citoyens varie de 4.500 à 6.000 selon les écrivains les plus dignes de foi. Ce ne fut qu'un siècle et demi plus tard qu'on atteignit le chiffre de 9.000. Montesquieu s'est appuyé sur l'autorité souvent suspecte de Plutarque, dans sa *Vie d'Agis et de Cléomènes*. D'après Schœmann (*Antiquités grecques*, t. I, 3e section, ch. XIV), il restait 2.000 Spartiates lorsque le roi Agis III entreprit de régénérer Sparte. Cléomènes acheva cette œuvre, mais elle ne fut pas de longue durée. Sparte avait à lutter contre la ligue achéenne. Cléomènes fut vaincu à Sellasie et alla se donner la mort en Egypte. Dès lors Sparte, loin de reprendre sa première puissance, comme le prétend Montesquieu, retomba dans son obscurité.

peine cent possédoient des terres, et que tout le reste n'étoit qu'une populace sans courage, ils entreprirent de rétablir les lois à cet égard; et Lacédémone reprit sa première puissance, et redevint formidable à tous les Grecs.

Ce fut le partage égal des terres [1] qui rendit Rome capable de sortir d'abord de son abaissement, et cela se sentit bien quand elle fut corrompue.

Elle étoit une petite république, lorsque, les Latins ayant refusé le secours des troupes qu'ils étoient obligés de donner, on leva sur-le-champ dix légions dans la ville [2]. « A peine à présent, dit Tite Live, Rome, que le monde entier ne peut contenir, en pourroit-elle faire autant si un ennemi paraissoit tout à coup devant ses murailles : marque certaine que nous ne nous sommes point agrandis, et que nous n'avons fait qu'augmenter le luxe et les richesses qui nous travaillent. »

« Dites-moi, disoit Tibérius Gracchus aux nobles [3], qui vaut mieux, un citoyen, ou un esclave perpétuel; un soldat, ou un homme inutile à la guerre? Voulez-vous, pour avoir quelques arpents de terre plus que les autres citoyens, renoncer à l'espérance de la conquête du reste du monde, ou vous mettre en danger de vous voir enlever par les ennemis ces terres que vous nous refusez? »

Chap. IV. — Des Gaulois. De Pyrrhus. Parallèle de Carthage et de Rome. Guerre d'Annibal.

Les Romains eurent bien des guerres avec les Gaulois. L'amour de la gloire, le mépris de la mort, l'obstination pour vaincre, étoient les mêmes dans les deux peuples, mais les armes étoient différentes. Le

1. Voyez la note 2 de la page 18.

2. Tite-Live, première décade, liv. VII, ch. XXV. Ce fut quelque temps après la prise de Rome, sous le consulat de L. Furius Camillus et de Ap. Claudius Crassus. (*N. de M.*)

3. Appian, *De la guerre civ.*, liv. I, ch. XI. (*N. de M.*)

bouclier des Gaulois étoit petit, et leur épée mauvaise : aussi furent-ils traités à peu près comme, dans les derniers siècles, les Mexicains l'ont été par les Espagnols [1]. Et ce qu'il y a de surprenant, c'est que ces peuples, que les Romains rencontrèrent dans presque tous les lieux [2] et dans presque tous les temps, se laissèrent détruire les uns après les autres, sans jamais connoître, chercher ni prévenir la cause de leurs malheurs.

Pyrrhus [3] vint faire la guerre aux Romains dans le temps qu'ils étoient en état de lui résister et de s'instruire par ses victoires : il leur apprit à se retrancher, à choisir et à disposer un camp, il les accou-

1. La comparaison n'est pas heureuse. La conquête du Mexique fut facile pour les Espagnols, mais les Gaulois résistèrent longtemps et courageusement à Rome : eux seuls y entrèrent vainqueurs. La terreur qu'ils inspiraient aux Romains était telle que la langue latine lui dut une expression nouvelle : *tumultus gallicus*. Les Cisalpins surtout inquiétèrent longtemps Rome. Les Cénomans et les Boïes établis dans la vallée du Pô tentèrent un suprême effort sous la conduite d'Amilcar, et le sénat dut envoyer contre eux trois armées et Scipion l'Africain (192). M. Duruy a pu dire en parlant de cette dernière tentative : « *En dix années, ils avaient tenu tête à quinze consuls, tué deux préteurs et plus de légionnaires que n'en coûtèrent en trois quarts de siècle toutes les guerres de Grèce et d'Asie.* » Quant à la Gaule proprement dite, elle fut une des dernières conquêtes de Rome, et il fallut pour la réduire le génie de J. César aidé de la déplorable tactique de ses adversaires.

2. Les Romains rencontrèrent les Gaulois jusqu'en Asie Mineure sous le nom de *Galates*. Ils s'étaient établis dans ce pays vers 278. Dans la lutte d'Antiochus contre Rome ils avaient fourni au roi de Syrie quelques renforts. Celui-ci ayant été défait à Magnésie (190), les vainqueurs se tournèrent contre les Galates, et les défirent aux monts Olympe et Magaba (188). Ils n'en restèrent pas moins dans ces contrées, et c'est à eux que saint Paul écrivit une de ses épîtres.

3. « Neveu d'Olympias et fils d'Eacide, roi d'Epire, Pyrrhus était le plus habile peut-être de tous ceux qui se portaient pour héritiers d'Alexandre. Mais éprouvé par les fortunes les plus diverses, ayant deux fois déjà perdu et regagné son royaume, conquis et abandonné la Macédoine, il avait conservé, de ces vicissitudes, une ambition inquiète qui le jeta toute sa vie d'une entreprise dans l'autre. A Ipsus, il avait combattu pour Antigone contre Séleucus, Lysimaque et Ptolémée. L'Asie restant à ceux-ci, il rêva la conquête de Rome, de la Sicile et de Carthage : il voulait être l'Alexandre de l'Occident. La suite manqua toujours à ses desseins : aussi il vécut et mourut moins en roi qu'en aventurier. Du reste, brillant d'esprit et de courage, comme son cousin Alexandre ; comme lui, aimé des siens jusqu'au plus entier dévouement ; enfant gâté de la fortune qui, tant de fois, lui sourit et le délaissa ; cœur droit, ouvert à tous les nobles sentiments, et que l'histoire à la fois aime et condamne. Quand il vit Fabricius, il voulut l'avoir pour ami ; quand il connut les Romains, il voulut les avoir pour alliés, et jamais il ne rougit d'avoir été vaincu par eux. » (Duruy, *Histoire des Romains*, t. I, ch. XVI.)

tuma aux éléphants, et les prépara pour de plus grandes guerres.

La grandeur de Pyrrhus ne consistoit que dans ses qualités personnelles. Plutarque nous dit qu'il fut obligé de faire la guerre de Macédoine, parce qu'il ne pouvoit entretenir huit mille hommes de pied et cinq cents chevaux qu'il avoit. Ce prince, maître d'un petit État dont on n'a plus entendu parler après lui, étoit un aventurier qui faisoit des entreprises continuelles, parce qu'il ne pouvoit subsister qu'en entreprenant.

Tarente, son alliée [1], avoit bien dégénéré de l'institution des Lacédémoniens, ses ancêtres [2]. Il auroit pu faire de grandes choses avec les Samnites; mais les Romains les avoient presque détruits [3].

Carthage, devenue riche plus tôt que Rome [4], avoit aussi été plus tôt corrompue : ainsi, pendant qu'à Rome les emplois publics ne s'obtenoient que par la vertu, et ne donnoient d'utilité que l'honneur et une préférence aux fatigues, tout ce que le public peut donner aux particuliers se vendoit à Carthage [5], et

1. Il eût été plus juste de dire que Pyrrhus était l'allié de Tarente. Ce fut cette ville, en effet, qui commença la lutte avec Rome, et pour résister à une puissance déjà formidable, elle appela à son secours le roi d'Epire.

2. *Institution* au sens latin de *principes, système*; de même que plus bas *vertu* est pris, comme souvent le latin *virtus*, dans le sens général de *mérite*.

3. La 3e guerre samnite avait été terminée par Fabius et son fils Fabius Gurgès. Le héros des Fourches Caudines, Pontius Herennius, qui avait organisé la résistance, fut pris et servit au triomphe des vainqueurs. Ce fut Curius qui arracha au peuple samnite le traité qui en fit l'allié, c'est-à-dire l'esclave de Rome (290).

4. Les victoires de Rome ont fait oublier la puissance de Carthage. Cette ville, colonie de Tyr, était cependant le premier entrepôt du monde ancien, et, avec sa métropole, la première ville de ce vaste empire commercial des hommes de race punique, qui s'étendait de l'Océan Atlantique à l'Océan Indien. A son dernier jour elle comptait encore 700.000 habitants.

5. « *Chez les Carthaginois*, dit Polybe, *les dignités s'achètent.* » Aristote l'affirme aussi, et pourtant il vante l'excellence de leur gouvernement (*Polit.*, II, 8), sorte de composé de royauté, d'aristocratie et de démocratie, mais sans équilibre entre ces éléments : en résumé, c'est l'oligarchie qui dominait. Deux *suffètes*, choisis dans les familles privilégiées, et nommés d'abord à vie étaient les premiers magistrats de la cité. Plus tard, ils furent, comme les consuls, nommés pour un an. Le sénat était composé des représentants des grandes familles : cent de ses membres composaient le conseil suprême de la nation, et bientôt les centumvirs usurpèrent le pouvoir, au point que les suffètes ne furent plus que les chefs religieux de la nation et les présidents du grand conseil.

tout service rendu par les particuliers y étoit payé par le public [1].

La tyrannie d'un prince ne met pas un État plus près de sa ruine que l'indifférence pour le bien commun n'y met une république. L'avantage d'un État libre est que les revenus y sont mieux administrés ; mais lorsqu'ils le sont plus mal, l'avantage d'un État libre est qu'il n'y a point de favoris ; mais quand cela n'est pas, et qu'au lieu des amis et des parents du prince il faut faire la fortune des amis et des parents de tous ceux qui ont part au gouvernement, tout est perdu : les lois y sont éludées plus dangereusement qu'elles ne sont violées par un prince qui, étant toujours le plus grand citoyen de l'État, a le plus d'intérêt à sa conservation.

Des anciennes mœurs, un certain usage de la pauvreté, rendoient à Rome les fortunes à peu près égales ; mais à Carthage des particuliers avoient les richesses des rois.

De deux factions qui régnoient à Carthage [2], l'une vouloit toujours la paix, et l'autre toujours la guerre ; de façon qu'il étoit impossible d'y jouir de l'une, ni d'y bien faire l'autre.

Pendant qu'à Rome la guerre réunissoit d'abord tous les intérêts, elle les séparoit encore plus à Carthage [3].

Dans les Etats gouvernés par un prince, les divisions s'apaisent aisément, parce qu'il a dans ses mains une puissance coërcitive qui ramène les deux partis ;

1. Aujourd'hui nous dirions l'*Etat* ou le *Gouvernement*. C'est encore une imitation du latin *in publicum emere* : *acheter aux frais de l'Etat*.

2. La faction aristocratique, représentée par les Hannon, voulait la paix· la faction militaire, personnifiée dans les Barca, poussait à la guerre, prétendant que les conquêtes de Rome faisaient à Carthage un devoir de devenir une puissance militaire, si elle voulait rester une puissance commerciale.

3. La présence d'Annibal fit cesser parmi les Romains toutes les divisions ; mais la présence de Scipion aigrit celles qui étoient déjà parmi les Carthaginois : elle ôta au gouvernement tout ce qui lui restoit de force, les généraux, le sénat, les grands devinrent plus suspects au peuple et le peuple devint plus furieux. Voyez dans Appien toute cette guerre du premier Scipion. (*N. de M.*)

mais dans une république, elles sont plus durables, parce que le mal attaque ordinairement la puissance même qui pourroit le guérir.

A Rome, gouvernée par les lois, le peuple souffroit que le sénat eût la direction des affaires ; à Carthage, gouvernée par des abus [1], le peuple vouloit tout faire par lui-même.

Carthage, qui faisoit la guerre avec son opulence contre la pauvreté romaine [2], avoit, par cela même, du désavantage : l'or et l'argent s'épuisent ; mais la vertu, la constance, la force et la pauvreté ne s'épuisent jamais.

Les Romains étoient ambitieux par orgueil, et les Carthaginois par avarice ; les uns vouloient commander, les autres vouloient acquérir ; et ces derniers, calculant sans cesse la recette et la dépense, firent toujours la guerre sans l'aimer.

Des batailles perdues, la diminution du peuple, l'affaiblissement du commerce, l'épuisement du trésor public, le soulèvement des nations voisines, pouvoient faire accepter à Carthage les conditions de paix les plus dures ; mais Rome ne se conduisoit point par le sentiment des biens et des maux ; et ne se déterminoit que par sa gloire ; et, comme elle n'imaginoit point qu'elle pût être si elle ne commandoit pas [3], il n'y avoit point d'espérance, ni de crainte, qui pût l'obliger à faire une paix qu'elle n'auroit point imposée.

1. Dans ce parallèle entre Rome et Carthage, Montesquieu, après Bossuet, semble prendre plaisir à diminuer cette dernière. Nos deux écrivains suivent Polybe, qui, ayant connu Carthage dans sa décadence et sa ruine, accuse ses institutions. Mais Aristote l'avait connue dans sa prospérité et trouvait son gouvernement excellent, et Cicéron dit avec beaucoup de raison : *Nec tantum Carthago habuisset opum sescentos fere annos sine consiliis et disciplina* (*De Rep.*, I).

2. Montesquieu ne se laisse-t-il pas aller ici à ces déclamations faciles et toujours à la mode contre la richesse en faveur de la pauvreté ? La sagesse populaire prétend que *l'argent est le nerf de la guerre*, et il suffit de consulter les budgets des Etats modernes pour se convaincre que le vieux dicton n'est que l'expression de la vérité. Sans doute on ne fait pas la guerre avec de l'argent seulement, mais le courage n'y suffirait pas non plus.

3. C'est la pensée de Virgile :

Tu regere imperio populos, Romane, memento

(*Enéide*, chant VI.)

Il n'y a rien de si puissant qu'une république où l'on observe les lois, non pas par crainte, non pas par raison, mais par passion, comme furent Rome et Lacédémone; car pour lors, il se joint à la sagesse d'un bon gouvernement toute la force que pourroit avoir une faction.

Les Carthaginois se servoient de troupes étrangères et les Romains employoient les leurs [1]. Comme ces derniers n'avoient jamais regardé les vaincus que comme des instruments pour des triomphes futurs, ils rendirent soldats tous les peuples qu'ils avoient soumis; et plus ils eurent de peine à les vaincre, plus ils les jugèrent propres à être incorporés dans leur république. Ainsi nous voyons les Samnites, qui ne furent subjugués qu'après vingt-quatre triomphes, devenir les auxiliaires des Romains; et, quelque temps avant la seconde guerre punique, ils tirèrent d'eux et de leurs alliés, c'est-à-dire d'un pays qui n'étoit guère plus grand que les Etats du Pape [2] et de Naples, sept cent mille hommes de pied, et soixante et dix mille de cheval, pour opposer aux Gaulois [3].

1. « Carthage, enrichie par son trafic, voyait tous ses citoyens attachés à leurs richesses, et nullement exercés dans la guerre. Au lieu que les armées romaines étaient presque toutes composées de citoyens, Carthage, au contraire, tenait pour maxime de n'avoir que des troupes étrangères, souvent autant à craindre à ceux qui les payent qu'à ceux contre qui on les emploie... Aristote ne la reprend pas de n'avoir que des milices étrangères; et il est à croire qu'elle n'est tombée que longtemps après dans ce défaut. Mais les richesses y mènent naturellement une république marchande : on veut jouir de ses biens, et on croit tout trouver dans son argent. Carthage se croyait forte, parce qu'elle avait beaucoup de soldats, et n'avait pu apprendre, par tant de révoltes arrivées dans les derniers temps, qu'il n'y a rien de plus malheureux qu'un Etat qui ne se soutient que par les étrangers, où il ne trouve ni zèle, ni sûreté, ni obéissance. » (Bossuet, *Disc. H. U.*, IIIe partie, ch. VI.)

2. Les Etats de l'Eglise, en 1815, s'étendaient, suivant une ligne fort irrégulière : au Nord, de l'embouchure de la Marta aux bouches du Pô; au Sud, de Terracine à l'embouchure du Tronto. La première spoliation piémontaise (1860) ne laissa au Souverain Pontife que les territoires de Rome, Civita-Vecchia, Frosinone, Velletri et Viterbe, soit 723.000 habitants, au lieu de 3.130.000. L'attentat fut consommé en 1870, époque à laquelle les troupes de Victor-Emmanuel entrèrent dans Rome.

3. Il s'agit de l'expédition des Gaulois Cisalpins (Insubres et Boïes) commandés par Britomar, et des Gaulois Transalpins (Gésates) commandés par les brennes Concolitan et Anéroeste. Le sénat déclara qu'il y avait *tumultus*, et tous les hommes en état de tenir une épée prirent les armes. La bataille eut lieu au cap Télamone. Les

Dans le fort de la seconde guerre punique, Rome eut toujours sur pied de vingt-deux à vingt-quatre légions ; cependant il paroît par Tite Live que le cens n'étoit pour lors que d'environ cent trente-sept mille citoyens.

Carthage employoit plus de forces pour attaquer, Rome, pour se défendre ; celle-ci, comme on vient de dire, arma un nombre d'hommes prodigieux contre les Gaulois et Annibal qui l'attaquoient, et elle n'envoya que deux légions contre les plus grands rois ; ce qui rendit ses forces éternelles.

L'établissement de Carthage dans son pays étoit moins solide que celui de Rome dans le sien ; cette dernière avoit trente colonies [1] autour d'elle, qui en étoient comme les remparts. Avant la bataille de Cannes, aucun allié ne l'avoit abandonnée ; c'est que les Samnites et les autres peuples d'Italie étoient accoutumés à sa domination.

La plupart des villes d'Afrique étant peu fortifiées se rendoient d'abord à quiconque se présentoit pour les prendre ; aussi tous ceux qui y débarquèrent, Agathocle [2], Régulus, Scipion, mirent-ils d'abord Carthage au désespoir.

On ne peut guère attribuer qu'à un mauvais gouvernement ce qui leur arriva dans toute la guerre que leur fit le premier Scipion : leur ville et leurs armées même étoient affamées, tandis que les Romains étoient dans l'abondance de toutes choses.

Romains durent leur victoire à leur épée courte et solide. Les Gaulois, avec leur long sabre qui pliait à chaque coup, ne purent résister : « *s'ils avaient eu les épées des Romains*, dit Polybe, *ils remportaient la victoire.* » Les Insubres et les Gésates reprirent la lutte l'année suivante. Le consul Marcellus tua de sa propre main le brenn des Gésates, Virdumar, et voua ses dépouilles à Jupiter Férétrien. Il fut ainsi le troisième triomphateur opime (222).

1. Bossuet a très bien saisi le but de la politique romaine dans la fondation des colonies : « *Les colonies romaines établies de tous côtés dans l'empire faisaient deux effets admirables : l'un de décharger la ville d'un grand nombre de citoyens, et la plupart pauvres ; l'autre de garder les postes principaux et d'accoutumer peu à peu les peuples étrangers aux mœurs romaines. Ces colonies qui portaient avec elles leurs privilèges demeuraient toujours attachées au corps de la République et peuplaient tout l'Empire de Romains.* (*Disc. H. U.*, IIIe part., ch. IV).

2. Agathocle, tyran de Syracuse, menacé par les Carthaginois, descendit en Afrique, s'empara de presque toutes les villes, mais finit par être vaincu. Pyrrhus était son gendre, ayant épousé sa fille Larissa ou Lanessa.

Chez les Carthaginois, les armées qui avoient été battues devenoient plus insolentes; quelquefois elles mettoient en croix leurs généraux [1], et les punissoient de leur propre lâcheté. Chez les Romains, le consul décimoit les troupes qui avoient fui, et les ramenoit contre les ennemis.

Le gouvernement des Carthaginois étoit très dur [2] : ils avoient si fort tourmenté les peuples d'Espagne, que, lorsque les Romains y arrivèrent, ils furent regardés comme des libérateurs [3], et, si l'on fait attention aux sommes immenses qu'il leur en coûta, pour soutenir une guerre où ils succombèrent, on verra bien que l'injustice est mauvaise ménagère, et qu'elle ne remplit même pas ses vues.

La fondation d'Alexandrie avoit beaucoup diminué le commerce de Carthage. Dans les premiers temps, la superstition bannissoit, en quelque façon, les étrangers de l'Egypte; et, lorsque les Perses l'eurent conquise, ils n'avoient songé qu'à affoiblir leurs nouveaux sujets; mais, sous les rois grecs, l'Egypte fit presque tout le commerce du monde, et celui de Carthage commença à déchoir [4].

Les puissances établies par le commerce peuvent subsister longtemps dans leur médiocrité; mais leur grandeur est de peu de durée. Elles s'élèvent peu à peu, et sans que personne s'en aperçoive; car elles ne font aucun acte particulier qui fasse du bruit et

1. Ainsi, pendant la 1re guerre punique, Asdrubal qui avait échoué devant Panorme (Sicile), et avait perdu 20.000 hommes et 104 éléphants, fut, à son retour à Carthage, mis en croix (251).

2. Voy. ce que Polybe dit de leurs exactions, surtout dans le fragment du liv. IX. (*Extrait des vertus et des vices.*) (*N. de M.*)

3. Les impôts énormes que Carthage prélevait sur l'Espagne avaient rendu sa domination odieuse. Mais les Espagnols, qui avaient accueilli les Romains avec joie, ne tardèrent pas à s'apercevoir que la tyrannie de Rome était tout aussi dure que celle de Carthage. Aussi, en 197, ils se soulevèrent en masse : ce fut le commencement d'une lutte qui dura jusqu'à Auguste. Agrippa eut enfin raison des Astures et des Cantabres qui défiaient, dans leurs montagnes, la puissance romaine (19).

4. Le gouvernement des Ptolémées fut, pour Alexandrie, une période de gloire et de prospérité. Elle compta jusqu'à 900.000 habitants et son commerce, dans le bassin oriental de la Méditerranée, fut immense. En même temps elle devint la capitale intellectuelle de l'Orient.

signale leur puissance; mais, lorsque la chose est venue au point qu'on ne peut plus s'empêcher de la voir, chacun cherche à priver cette nation d'un avantage qu'elle n'a pris, pour ainsi dire, que par surprise.

La cavalerie carthaginoise valoit mieux que la romaine [1], par deux raisons : l'une, que les chevaux numides et espagnols étoient meilleurs que ceux d'Italie; et l'autre, que la cavalerie romaine étoit mal armée : car ce ne fut que dans les guerres que les Romains firent en Grèce qu'ils changèrent de manière, comme nous l'apprenons de Polybe.

Dans la première guerre punique, Régulus fut battu, dès que les Carthaginois choisirent les plaines pour faire combattre leur cavalerie; et dans la seconde, Annibal dut à ses Numides ses principales victoires [2].

Scipion, ayant conquis l'Espagne et fait alliance avec Massinisse [3], ôta aux Carthaginois cette supériorité. Ce fut la cavalerie numide qui gagna la bataille de Zama et finit la guerre.

Les Carthaginois avoient plus d'expérience sur la mer, et connaissoient mieux la maneuvre que les Romains; mais il me semble que cet avantage n'étoit pas pour lors si grand qu'il le seroit aujourd'hui.

Les anciens, n'ayant pas la boussole ne pouvoient guère naviguer que sur les côtes; aussi ne se ser-

1. Ou bien : *la cavalerie romaine.* La proportion de la cavalerie dans la légion (300 *equites* contre 4,200 fantassins) montre assez que les Romains négligèrent cette arme; tandis que les Africains, comme nos Arabes d'aujourd'hui, furent toujours d'excellents cavaliers. Mais il leur manqua ce qui fit la supériorité des Romains : la discipline. L'armement des cavaliers romains comprenait : la cuirasse de bronze, les jambières de cuir, le casque, le *scutum*, la lance, munie, aux deux extrémités, d'un fer aigu, et l'épée longue.

2. Des corps entiers de Numides passèrent du côté des Romains, qui, dès lors, commencèrent à respirer. (*N. de M.*)

3. Massinissa, roi des Massiliens (Numidie orientale), avait d'abord pris parti pour Carthage, et était passé en Espagne. Mais Scipion le détacha du parti carthaginois, et le nouvel allié de Rome contribua pour une large part à la victoire de Zama. Scipion, lorsqu'il quitta l'Afrique, laissa comme une menace, en face de Carthage désarmée, Massinissa auquel il avait donné le titre de roi avec les États de son père, la forte ville de Cirta et une partie du royaume de Syphax.

voient-ils que de bâtiments à rames, petits et plats; presque toutes les rades étoient pour eux des ports; la science des pilotes étoit très bornée, et leur maneuvre très peu de chose : aussi Aristote disoit-il qu'il étoit inutile d'avoir un corps de mariniers, et que les laboureurs suffisoient pour cela [1].

L'art étoit si imparfait, qu'on ne faisoit guère, avec mille rames, que ce qui se fait aujourd'hui avec cent.

Les grands vaisseaux étoient désavantageux, en ce qu'étant difficilement mus par la chiourme [2], ils ne pouvoient pas faire les évolutions nécessaires. Antoine en fit à Actium une funeste expérience [3] : ses navires ne pouvoient se remuer, pendant que ceux d'Auguste, plus légers [4], les attaquoient de toutes parts.

Les vaisseaux anciens étant à rames, les plus légers brisoient aisément celles des plus grands, qui, pour lors, n'étoient plus que des machines immobiles, comme sont aujourd'hui nos vaisseaux démâtés.

Depuis l'invention de la boussole, on a changé de manière; on a abandonné les rames [5], on a fui les côtes, on a construit de gros vaisseaux; la machine est devenue plus composée, et les pratiques [6] se sont multipliées.

1. Nous ne pouvons savoir, à tant de siècles de distance, ce qu'était exactement la marine des anciens. Toutes les questions se rapportant à ce sujet ont été longuement discutées et controversées, et la lumière ne sera sans doute jamais faite complètement. Pourtant, quand on voit des empires, comme ceux de Tyr et de Sidon, de Carthage et d'Alexandrie qui ont dû, en grande partie, à la navigation, leur prospérité commerciale, on peut, à bon droit, conclure que, même avec des bâtiments peu perfectionnés, les anciens étaient d'excellents marins.

2. L'ensemble des rameurs.

3. La même chose arriva à la bataille de Salamine. (Plutarque, *Vie de Thémistocle.*) — L'histoire est pleine de faits pareils. (*N. de M.*)

4. Auguste se servit de *liburnes* (*liburna* ou *liburnica*). On appelait ainsi des bâtiments très alongés et se terminant en pointe très mince à la proue comme à la poupe. Ils avaient, suivant les dimensions, une ou plusieurs voiles, le mât au milieu et la voile levantine au lieu de la voile latine ou carrée. On attribue aux pirates d'Illyrie l'invention de ces navires. Ce fut le modèle adopté dans la marine romaine après Actium.

5. En quoi on peut juger de l'imperfection de la marine des anciens, puisque nous avons abandonné une pratique dans laquelle nous avions tant de supériorité sur eux. (*N. de M.*)

6. *Pratiques* est pris ici dans le sens inusité de *manœuvres*.

L'invention de la poudre a fait une chose qu'on n'auroit pas soupçonnée : c'est que la force des armées navales a plus que jamais consisté dans l'art ; car, pour résister à la violence du canon, et ne pas essuyer un feu supérieur, il a fallu de gros navires. Mais à la grandeur de la machine on a dû proportionner la puissance de l'art.

Les petits vaisseaux d'autrefois s'accrochoient soudain, et les soldats combattoient des deux parts ; on mettoit sur une flotte toute une armée de terre. Dans la bataille navale que Régulus et son collègue gagnèrent [1], on vit combattre cent trente mille Romains contre cent cinquante mille Carthaginois. Pour lors les soldats étoient pour beaucoup, et les gens de l'art pour peu ; à présent, les soldats sont pour rien, ou pour peu, et les gens de l'art pour beaucoup.

La victoire du consul Duillius [2] fait bien sentir cette différence. Les Romains n'avoient aucune connoissance de la navigation : une galère carthaginoise échoua sur leurs côtes ; ils se servirent de ce modèle pour en bâtir [3] : en trois mois de temps leurs matelots furent dressés, leur flotte fut construite, équipée, elle mit à la mer, elle trouva l'armée navale des Carthaginois, et la battit.

A peine à présent toute une vie suffit-elle à un prince pour former une flotte capable de paroître devant une puissance qui a déja l'empire de la mer : c'est peut-être la seule chose que l'argent seul ne peut pas faire. Et si de nos jours un grand prince réussit d'abord [4], l'expérience a fait voir à d'autres que c'est un exemple qui peut être plus admiré que suivi [5].

1. Cette bataille fut livrée à la hauteur d'Ecnome, entre Géla et Agrigente. Les Romains avaient équipé 330 vaisseaux commandés par les consuls Manlius Vulso et Atilius Régulus. La flotte carthaginoise comptait 350 galères. 94 furent coulées. Les Romains n'en perdirent que 24.

2. La bataille eut lieu près de Myles (Melazzo) en 260.

3. On *bâtit* une maison, un vaisseau, un temple ; on *construit* une ville, une flotte (Lafaye, *Dict. des synonymes*).

4. Louis XIV. (*N. de M.*)

5. L'Espagne et la Moscovie. (*N. de M.*) La flotte espagnole en construction fut, en effet, détruite par les Anglais au cap Passaro (1718), mais la flotte de Pierre le Grand ne tarda pas à prendre dans la Baltique une influence prépondérante.

La seconde guerre punique est si fameuse que tout le monde la sait. Quand on examine bien cette foule d'obstacles [1] qui se présentèrent devant Annibal, et que cet homme extraordinaire surmonta tous, on a le plus beau spectacle que nous ait fourni l'antiquité.

Rome fut un prodige de constance [2]. Après les journées du Tésin, de Trébies et de Trasimène ; après celle de Cannes, plus funeste encore, abandonnée de presque tous les peuples d'Italie, elle ne demanda point la paix. C'est que le sénat ne se départoit jamais des maximes anciennes : il agissoit avec Annibal comme il avoit agi autrefois avec Pyrrhus, à qui il avoit refusé de faire aucun accommodement, tandis qu'il seroit en Italie ; et je trouve dans Denys d'Halicarnasse que, lors de la négociation de Coriolan, le sénat déclara qu'il ne violeroit point ses coutumes anciennes ; que le peuple romain ne pouvoit faire de paix, tandis que les ennemis étoient sur ses terres ; mais que, si les Volsques se retiroient, on accorderoit tout ce qui seroit juste.

Rome fut sauvée par la force de son institution [3]. Après la bataille de Cannes, il ne fut pas permis aux femmes mêmes de verser des larmes ; le sénat refusa de

1. Annibal ne compta jamais que sur lui-même ; il ne demanda rien à Carthage pour son entreprise gigantesque, et, après la Trébie et Trasimène, alors que sa patrie aurait pu profiter de ses étonnantes victoires, elle l'abandonna à sa destinée. Ce fut une faute irréparable que Carthage paya de sa liberté.

2. Bossuet a décrit ainsi ce prodige de constance : « *Un État qui se sent ainsi formé se sent aussi en même temps d'une force incomparable, et ne se croit jamais sans ressource. Aussi voyons-nous que les Romains n'ont jamais désespéré de leurs affaires, ni quand Porsenna, roi d'Étrurie, les affamait dans leurs murailles, ni quand les Gaulois, après avoir brûlé leur ville, inondaient tout leur pays et les tenaient serrés dans le Capitole, ni quand Pyrrhus, roi des Épirotes, aussi habile qu'entreprenant, les effrayait par ses éléphants et défaisait toutes leurs armées ; ni quand Annibal, déjà tant de fois vainqueur, leur tua encore plus de 50.000 hommes et leur meilleure milice dans la bataille de Cannes. Ce fut alors que le consul Térentius Varro, qui venait de perdre par sa faute une si grande bataille, fut reçu à Rome comme s'il eût été victorieux, seulement parce que, dans un si grand malheur, il n'avait point désespéré des affaires de la république. Le sénat l'en remercia publiquement, et dès lors on résolut, selon les anciennes maximes, de n'écouter dans ce triste état aucune proposition de paix : l'ennemi fut étonné, le peuple reprit cœur et crut avoir des ressources que le sénat connaissait par sa prudence.* (*Discours H. U.*, III° partie, ch. VI.)

3. Voir plus haut, note 2, page 22.

racheter les prisonniers, et envoya les misérables restes de l'armée faire la guerre en Sicile, sans récompense, ni aucun honneur militaire, jusqu'à ce qu'Annibal fut chassé d'Italie.

D'un autre côté, le consul Térentius Varron avoit fui honteusement jusqu'à Venouse; cet homme, de la plus basse naissance, n'avoit été élevé au consulat que pour mortifier la noblesse. Mais le sénat ne voulut pas jouir de ce malheureux triomphe; il vit combien il étoit nécessaire qu'il s'attirât dans cette occasion la confiance du peuple : il alla au devant de Varron, et le remercia de ce qu'il n'avoit pas désespéré de la république.

Ce n'est pas ordinairement la perte réelle que l'on fait dans une bataille (c'est-à-dire celle de quelques milliers d'hommes), qui est funeste à un Etat, mais la perte imaginaire et le découragement, qui le privent des forces mêmes que la fortune lui avoit laissées [1].

Il y a des choses que tout le monde dit, parce qu'elles ont été dites une fois [2]. On croit qu'Annibal fit une faute insigne de n'avoir point été assiéger Rome après la bataille de Cannes. Il est vrai que d'abord la frayeur y fut extrême; mais il n'en est pas de la consternation d'un peuple belliqueux, qui se tourne presque toujours en courage, comme de celle d'une vile populace, qui ne sent que sa foiblesse. Une preuve qu'Annibal n'auroit pas réussi, c'est que

1. « Très vrai et très solide. L'imagination frappée du soldat est un fantôme imaginaire qui gagne plus de batailles que la force réelle ou la supériorité de l'ennemi. » (Frédéric II.)

2. Cette prétendue faute tant reprochée à Annibal a été signalée par Tite Live. Ce jugement ne fait honneur ni à la pénétration ni à l'impartialité de l'historien latin. Annibal avait une armée de 50,000 hommes; Carthage lui refusait des secours. Il était en pays ennemi, c'est-à-dire dans le cas d'une marche en avant, obligé d'assurer ses derrières en laissant des garnisons dans les places fortes. Rome était à 88 lieues de Cannes, séparée de l'ennemi par des fleuves, des montagnes. De hautes murailles précédées d'un fossé profond de 10 m. et large de 34 la défendaient contre toute entreprise. Et nous savons que, huit ans après Cannes (108), c'est-à-dire après une guerre particulièrement meurtrière, le cens accusait encore 137.108 citoyens en état de porter les armes. Montesquieu s'est donc avec raison élevé contre l'opinion reçue, opinion adoptée sans discussion par Bossuet lui-même.

les Romains se trouvèrent en état d'envoyer partout du secours [1].

On dit encore qu'Annibal fit une grande faute de mener son armée à Capoue, où elle s'amollit; mais l'on ne considère point que l'on ne remonte pas à la vraie cause. Les soldats de cette armée, devenus riches après tant de victoires, n'auroient-ils pas trouvé partout Capoue [2]? Alexandre qui commandoit à ses propres sujets, prit dans une occasion pareille un expédient qu'Annibal, qui n'avoit que des troupes mercenaires, ne pouvoit pas prendre : il fit mettre le feu au bagage de ses soldats, et brûla toutes leurs richesses et les siennes. On nous dit que Kouli-Kan [3], après la conquête des Indes, ne laissa à chaque soldat que cent roupies d'argent [4].

Ce furent les conquêtes même d'Annibal qui commencèrent à changer la fortune de cette guerre. Il n'avoit pas été envoyé en Italie par les magistrats de Carthage; il recevoit très peu de secours, soit par la jalousie d'un parti, soit par la trop grande confiance

1. Voici des preuves données par Duruy (t. I, ch. XXIV). Au printemps de 215, Rome avait neuf armées et quatre flottes. Les neuf armées étaient ainsi réparties : Fabius Cunctator était à la tête des légions de Téanum. Sempronius Gracchus, établi à Liternum, près de Cumes, défendait les ports du golfe de Naples. Marcellus, de Nole, menaçait Capoue. Une garnison occupait Bénévent et complétait l'investissement du territoire campanien, donnant la main à la légion d'Apulie qui était établie à Lucérie. Varron organisait une cinquième armée dans le Picenum. Pomponius en avait une autre dans les Gaules. La Sicile était défendue par les débris des légions vaincues à Cannes et quelques autres troupes. Les Scipions conquéraient l'Espagne, et la Sardaigne était défendue par un préteur. Ces armées atteignaient le chiffre de 220,000 hommes, et les trois armées qui cernaient Annibal en comprenaient à elles seules 90,000.

2. « Jamais armée de mercenaires, remarque M. Duruy, n'a sacrifié à son chef, même le plus aimé, un lendemain de victoire. Pour demander beaucoup à de tels soldats, il faut aussi leur accorder beaucoup. Annibal les laissa ramasser le butin, dépouiller les morts, vendre leurs prisonniers, et célébrer, dans de longues orgies, leur triomphe. Il savait d'ailleurs qu'entre lui et Rome il y avait une distance de 88 lieues, des fleuves, des montagnes, des places fortes, un pays mal disposé pour lui, et, au bout de tout cela, une ville immense, défendue par de hautes murailles, par un fossé profond de 30 pieds, large de 100, et, derrière, tout un peuple en armes. » (*Histoire des Romains*, t. I, ch. XXIV).

3. Célèbre aventurier, usurpa le trône de Perse, régna sous le nom de Nadir-Chah, conquit l'Afghanistan et une partie de l'empire du grand Mogol Il périt assassiné (1747).

4. La roupie d'argent vaut environ 2 fr. 50.

de l'autre [1]. Pendant qu'il resta avec son armée ensemble, il battit les Romains ; mais lorsqu'il fallut qu'il mît des garnisons dans les villes, qu'il défendît ses alliés, qu'il assiégeât les places ou qu'il les empêchât d'être assiégées, ses forces se trouvèrent trop petites ; et il perdit en détail une partie de son armée. Les conquêtes sont aisées à faire, parce qu'on les fait avec toutes ses forces ; elles sont difficiles à conserver, parce qu'on ne les défend qu'avec une partie de ses forces [2].

Chap. V. — De l'état de la Grèce, de la Macédoine, de la Syrie et de l'Egypte, après l'abaissement des Carthaginois.

Je m'imagine qu'Annibal disoit très peu de bons mots, et qu'il en disoit encore moins en faveur de Fabius et de Marcellus contre lui-même. J'ai du regret de voir Tite Live jeter ses fleurs sur ces énormes colosses de l'antiquité ; je voudrois qu'il eût fait comme Homère, qui néglige de les parer, et qui sait si bien les faire mouvoir [3].

Encore faudroit-il que les discours qu'on fait tenir à Annibal fussent sensés. Que si, en apprenant la défaite de son frère, il avoua qu'il en prévoyoit la ruine de Carthage [4], je ne sache rien de plus propre à

1. Le parti d'Hannon s'opposait de tout son pouvoir à l'envoi de secours. Après Cannes, Annibal, établi à Capoue, demanda des renforts. Le parti des Barca, qui avait la majorité, décréta l'envoi de 4.000 Numides et de 40 éléphants, et la levée de troupes en Espagne. Mais ces mesures furent mal conduites.

2. M. Thiers, dans son *Histoire du Consulat et de l'Empire*, a fait le plus magnifique et le plus juste éloge d'Annibal, « *ce mortel à qui Dieu dispensa tous les dons de l'intelligence et du caractère et le plus propre aux grandes choses qu'on eût jamais vu.* »

3. Montesquieu fait allusion aux discours que Tite-Live met dans la bouche d'Annibal. On ne peut nier que l'écrivain latin ait quelquefois abusé de ce procédé : cependant on ne saurait refuser son admiration au langage qu'il prête au général carthaginois s'adressant à ses soldats effrayés par la vue des Alpes (XXI, 30), ou leur montrant en perspective la conquête de l'Italie (XXI, 43).

4. Annibal, retranché près de Canusium, dans les environs de Cannes, attendait les messagers de son frère Asdrubal. Pendant ce temps, le consul C. Claudius Néron attaquait ce dernier sur les bords du Métaure et taillait son armée en pièces. Asdrubal, qui s'était

désespérer des peuples qui s'étoient donnés à lui, et à décourager une armée qui attendoit de si grandes récompenses après la guerre.

Comme les Carthaginois, en Espagne, en Sicile et en Sardaigne, n'opposoient aucune armée qui ne fût malheureuse, Annibal, dont les ennemis se fortifioient sans cesse, fut réduit à une guerre défensive. Cela donna aux Romains la pensée de porter la guerre en Afrique[1] : Scipion y descendit. Les succès qu'il y eut obligèrent les Carthaginois à rappeler d'Italie Annibal, qui pleura de douleur en cédant aux Romains cette terre où il les avoit tant de fois vaincus[2].

Tout ce que peut faire un grand homme d'Etat et un grand capitaine, Annibal le fit pour sauver sa patrie : n'ayant pu porter Scipion à la paix, il donna une bataille où la fortune sembla prendre plaisir à confondre son habileté, son expérience et son bon sens[3].

Carthage reçut la paix, non pas d'un ennemi, mais d'un maître ; elle s'obligea à payer dix mille talents[4]

vaillamment précipité dans la mêlée, fut tué, et sa tête fut jetée dans les retranchements d'Annibal qui, en la reconnaissant, s'écria : « *Je reconnais là la fortune de Carthage.* » (T.-L., XXVII, 51.)

1. Montesquieu fait honneur aux Romains d'une idée qu'ils n'eurent pas. Scipion seul, comprenant qu'il était impossible de débusquer Annibal retranché dans le Bruttium, et qu'aller l'y chercher serait s'engager dans une guerre dont nul ne pouvait prévoir l'issue, soutenait qu'il fallait descendre en Afrique et attaquer Carthage. Fabius était d'un avis contraire et fit si bien qu'on envoya Scipion en Sicile. Le sénat refusa de confier une armée au pacificateur de l'Espagne, il fallut que les alliés lui fournissent des soldats et des armes, « *et l'on eut le singulier spectacle*, dit M. Duruy, *d'une flotte et d'une armée spontanément fournies par les sujets de Rome, quand Rome elle-même ne donnait à son consul ni un soldat ni un vaisseau.* »

2. « *Frendens gemensque ac vix lacrimis temperans dicitur legatorum verba audisse...* « *Vicit ergo Hannibalem, ait, non populus Romanus toties caesus fugatusque, sed senatus Carthaginiensis obtrectatione atque invidia. Neque hac deformitate reditus mei tam P. Scipio exsultabit atque efferet sese, quam Hanno, qui domum nostram, quando alia re non potuit, ruina Carthaginis oppressit.* » (Tite-Live, XXX, 20.)

3. C'est la bataille de Zama (Zouarin). Elle eut lieu le 10 octobre 202. Annibal avait admirablement disposé ses troupes. Mais il avait affaire à un véritable homme de guerre et sa vieille expérience ne pouvait suppléer à ce qui manqua toujours à son armée de mercenaires, la discipline. Scipion pouvait compter sur l'obéissance passive de ses soldats. Il fut, en outre, admirablement secondé par son ami Lélius et le traître Massinissa. Annibal laissa 20.000 de ses soldats sur le champ de bataille.

4. Le talent, monnaie fictive grecque, valait 5.804 fr. 23, d'après Wex ; un peu moins d'après d'autres. Ce qui donnerait un total de 58.040.000 fr., près de 50 millions.

en cinquante années, à donner des otages, à livrer ses vaisseaux et ses éléphants, à ne faire la guerre à personne sans le consentement du peuple romain[1] et, pour la tenir toujours humiliée, on augmenta la puissance de Massinisse, son ennemi éternel.

Après l'abaissement des Carthaginois, Rome n'eut presque plus que de petites guerres et de grandes victoires; au lieu qu'auparavant, elle avoit eu de petites victoires et de grandes guerres.

Il y avoit, dans ce temps-là, comme deux mondes séparés : dans l'un combattoient les Carthaginois et les Romains; l'autre étoit agité par des querelles qui duroient depuis la mort d'Alexandre : on n'y pensoit point à ce qui se passoit en Occident[2]; car, quoique Philippe, roi de Macédoine, eût fait un traité avec Annibal, il n'eut presque point de suite; et ce prince, qui n'accorda aux Carthaginois que de très foibles secours, ne fit que témoigner aux Romains une mauvaise volonté inutile[3].

Lorsqu'on voit deux grands peuples se faire une guerre longue et opiniâtre, c'est souvent une mauvaise politique de penser qu'on peut demeurer spectateur tranquille[4]; car celui des deux peuples qui est le

1. C'était là une des clauses du régime de liberté imposé par Rome à ses alliés : *Crudelissima ac superbissima gens sua omnia suique arbitrii facit; cum quibus pacem habeamus, se modum imponere æquum censet.* (T.-L., XXI, 44). Annibal en adressant ces paroles à ses soldats avant la bataille du Tésin ne faisait qu'exprimer la vérité.

2. Il est surprenant, comme Josèphe le remarque dans le livre contre Appion, qu'Hérodote ni Thucydide n'aient jamais parlé des Romains, quoiqu'ils eussent fait de si grandes guerres. (*N. de M.*)

Ce qui est encore plus surprenant, c'est que Montesquieu ait écrit la note qui précède, pour expliquer sa pensée. Hérodote mourut en 407, à une époque où Rome combattait encore contre ses voisins. Véies, à 12 kilom. au nord, ne lui appartint qu'en 395, c'est-à-dire l'année même de la mort de Thucydide.

3. Après Cannes, Philippe V de Macédoine avait envoyé à Annibal une ambassade dont Tite-Live a raconté les mésaventures (XXIII, 35). Il s'était engagé à fournir 200 vaisseaux, mais il mit une telle lenteur à exécuter ses promesses que les Romains purent le prévenir. Le préteur Valérius Lævinus força le camp macédonien, Philippe s'enfuit sur sa flotte mouillée dans les eaux de l'Aous, mais les galères romaines fermaient l'entrée du fleuve. Philippe, réduit à brûler ses vaisseaux, reprit le chemin de la Macédoine; Rome l'y fit poursuivre par ses alliés. En 205 le roi demanda la paix.

4. Montesquieu s'est inspiré ici des paroles que Polybe met dans la bouche d'un député de Naupacte dans l'assem-

vainqueur entreprend d'abord de nouvelles guerres ; et une nation de soldats va combattre contre des peuples qui ne sont que citoyens.

Ceci parut bien clairement dans ces temps-là ; car les Romains eurent à peine domté les Carthaginois, qu'ils attaquèrent de nouveaux peuples, et parurent dans toute la terre pour tout envahir.

Il n'y avoit pour lors, dans l'Orient, que quatre puissances capables de résister aux Romains : la Grèce, et les royaumes de Macédoine, de Syrie et d'Egypte. Il faut voir quelle étoit la situation de ces deux premières puissances, parce que les Romains commencèrent par les soumettre.

Il y avoit dans la Grèce trois peuples considérables : les Etoliens, les Achaïens et les Béotiens[1] ; c'étoient des associations de villes libres, qui avoient des assemblées générales et des magistrats communs. Les Etoliens étoient belliqueux, hardis, téméraires, avides du gain, toujours libres de leur parole et de leurs serments[2], enfin faisant la guerre sur la terre comme les pirates la font sur la mer[3]. Les Achaïens étoient sans cesse fatigués par des voisins ou des défenseurs incommodes. Les Béotiens, les plus épais de tous les Grecs[4], prenoient le mo[illegible] part qu'ils

b[illegible] des Grecs. « *Que la Grèce s'unisse, qu'elle considère ces armées immenses qui se disputent le champ de bataille de l'Italie. Cette lutte finira bientôt : Rome ou Carthage sera victorieuse. Quels que soient les vainqueurs, ils viendront nous chercher dans nos foyers. Soyez attentifs, ô Grecs, et toi surtout, ô Philippe. Mettons un terme à nos discordes et travaillons tous en commun à écarter le péril.* » (Liv. V).

1. Dans cette énumération, les Béotiens sont de trop. Les Etoliens et les Achéens, peuples ignorés jusqu'alors, prirent toute l'influence dans les affaires du pays. La ligue étolienne et la ligue achéenne poursuivaient par des moyens différents le rêve irréalisable d'une confédération hellénique : la première s'appuyant sur le peuple, la seconde sur l'aristocratie. Et en effet la division était au sein des cités ; les vrais partis étaient le parti des riches et le parti des pauvres. La révolution sociale était le grand péril à l'heure où parurent les Romains, et, pour le conjurer, les grands se mirent sous la protection de Rome.

2. *Libres de leur parole*, au sens de : *nullement engagés par leur parole*, est une expression à noter. Comparez *libre de ses mouvements, libre de sortir.*

3. Ce portrait des Etoliens est emprunté à Polybe. Or, Polybe était Achéen, c'est-à-dire du parti des grands, et il a probablement poussé son portrait au noir.

4. La stupidité (ἀναισθησία) et la gloutonnerie béotiennes (βοιωτία ὗς)

pouvoient aux affaires générales : uniquement conduits par le sentiment présent du bien et du mal, ils n'avoient pas assez d'esprit pour qu'il fût facile aux orateurs de les agiter ; et, ce qu'il y a d'extraordinaire, leur république se maintenoit dans l'anarchie même [1].

Lacédémone avoit conservé sa puissance [2], c'est-à-dire cet esprit belliqueux que lui donnoient les institutions de Lycurgue. Les Thessaliens étoient en quelque façon asservis par les Macédoniens. Les rois d'Illyrie avoient déjà été extrêmement abattus par les Romains. Les Acarnaniens et les Athamanes étoient ravagés tour à tour par les forces de la Macédoine et de l'Étolie. Les Athéniens, sans force par eux-mêmes, et sans alliés [3], n'étonnoient plus le monde que par leurs flatteries envers les rois ; et l'on ne montoit plus sur la tribune [4] où avoit parlé Démosthène, que pour proposer les décrets les plus lâches et les plus scandaleux.

D'ailleurs, la Grèce étoit redoutable [5] par sa situa-

étaient passées en proverbe chez les Grecs. Cependant la Béotie a produit Hésiode, Pindare et Epaminondas : et les admirables terres cuites retrouvées dans la nécropole de Tanagra prouvent que le sentiment artistique, et un sentiment artistique très délicat, existait dans ce pays.

1. « *Thèbes*, dit Polybe, *est morte avec Epaminondas. On y laissait ses biens, non à ses enfants, mais à ses compagnons de table, à condition de les dépenser en orgies ; beaucoup avaient ainsi plus de festins à faire par mois que le mois n'avait de jours.* » D'après le même historien, les Béotiens avaient fait une loi défendant de jamais s'occuper des affaires générales de la Grèce (Polybe, XX, 4).

2. Lacédémone était en proie à l'anarchie. Les richesses étaient entre les mains de quelques citoyens et tout se vendait. Agis et Cléomènes essayèrent, dit-on, de remettre en vigueur les lois de Lycurgue ; mais Cléomènes fit surtout appel aux passions populaires dans l'intérêt de son pouvoir personnel.

3. Ils n'avoient aucune alliance avec les autres peuples de la Grèce (Polybe, liv. VIII). (*N. de M.*)

4. Il y a contestation sur l'emplacement de la tribune à Athènes. Les assemblées du peuple se tenaient d'abord à l'Agora, puis, celui-ci étant devenu trop étroit, au Pnyx. Le Pnyx est probablement le demi-cercle rocheux qui se trouve entre l'Aréopage et le Musée (V. Atlas de Kiepert). On y voit aujourd'hui encore un bloc de 0 m. 50 de haut sur 3 m. 50, reposant sur trois gradins. Ce bloc est considéré comme la tribune aux harangues (βῆμα, λίθος.)

5. Voici ce qu'en dit M. Duruy : « En s'appuyant de l'autorité de Montesquieu, on s'est étrangement mépris sur les forces de la Grèce à cette époque... Athènes ne peut arrêter les courses des pirates de Chalcis ni celles de la garnison de Corinthe. En l'année 200, quelques bandes d'Acarnaniens

tion, sa force, la multitude de ses villes, le nombre de ses soldats, sa police, ses mœurs, ses lois ; elle aimoit la guerre, elle en connoissoit l'art ; et elle auroit été invincible si elle avoit été unie.

Elle avoit bien été étonnée [1] par le premier Philippe, Alexandre et Antipater, mais non pas subjuguée ; et les rois de Macédoine, qui ne pouvoient se résoudre à abandonner leurs prétentions et leurs espérances, s'obstinoient à travailler à l'asservir.

La Macédoine étoit presque entourée de montagnes inaccessibles ; les peuples en étoient très propres à la guerre, courageux, obéissants, industrieux, infatigables ; et il falloit bien qu'ils tinssent ces qualités-là du climat, puisque encore aujourd'hui les hommes de ces contrées sont les meilleurs soldats de l'empire des Turcs.

La Grèce se maintenoit par une espèce de balance : les Lacédémoniens étoient pour l'ordinaire alliés des Étoliens ; et les Macédoniens l'étoient des Achaïens. Mais, par l'arrivée des Romains, tout l'équilibre fut rompu.

Comme les rois de Macédoine ne pouvoient pas entretenir un grand nombre de troupes [2], le moindre échec étoit de conséquence ; d'ailleurs, ils pouvoient difficilement s'agrandir parce que leurs desseins n'étant pas inconnus, on avoit toujours les yeux ouverts sur leurs démarches ; et les succès qu'ils avoient dans les guerres entreprises pour leurs alliés

mettent impunément l'Attique à feu et à sang, et 2.000 Macédoniens tiennent la ville assiégée. Quand Philippe ravage la Laconie jusque sous les murs de Sparte, Lycurgue n'a que 2.000 hommes à lui opposer. Philippe lui-même entre en campagne avec 5.700 soldats, en 219, et avec 7.200, l'an d'après. Le contingent d'Argos et de Mégalopolis est de 570 hommes, et toute la confédération achéenne ne parvient à mettre sur pied, durant la guerre des deux ligues, la plus vive de cette époque, que 3.500 hommes de troupes nationales. » (*Histoire des Romains*, t. II, ch. XXIV.)

1. *Étonnée*, dans le sens du latin *attonita*. V. Bossuet : « *On le vit étonner de ses regards étincelants ceux qui échappaient à ses coups.* » (*Or. fun.* du prince de Condé).

2. Ainsi Philippe V de Macédoine, dont la vie fut employée à des conquêtes, ne put jamais réunir que quelques milliers d'hommes, et ses succès en Grèce prouvent que celle-ci était bien déchue de son ancienne puissance.

étoient un mal que ces mêmes alliés cherchoient d'abord à réparer.

Mais les rois de Macédoine étoient ordinairement des princes habiles. Leur monarchie n'étoit pas du nombre de celles qui vont par une espèce d'allure donnée dans le commencement. Continuellement instruits par les périls et par les affaires, embarrassés dans tous les démêlés des Grecs, il leur falloit gagner les principaux des villes, éblouir les peuples, et diviser ou réunir les intérêts ; enfin ils étoient obligés de payer de leur personne à chaque instant.

Philippe [1] qui, dans le commencement de son règne, s'étoit attiré l'amour et la confiance des Grecs par sa modération, changea tout à coup ; il devint un cruel tyran dans un temps où il auroit dû être juste par politique et par ambition [2]. Il voyoit, quoique de loin, les Carthaginois et les Romains, dont les forces étoient immenses : il avoit fini la guerre à l'avantage de ses alliés, et s'étoit réconcilié avec les Etoliens. Il étoit naturel qu'il pensât à unir toute la Grèce avec lui pour empêcher les étrangers de s'y établir ; mais il l'irrita au contraire par de petites usurpations ; et, s'amusant à discuter de vains intérêts, quand il s'agissoit de son existence, par trois ou quatre mauvaises actions il se rendit odieux et détestable à tous les Grecs [3].

Les Etoliens furent les plus irrités ; et les Romains, saisissant l'occasion de leur ressentiment, ou plutôt de leur folie, firent alliance avec eux, entrèrent dans la Grèce, et l'armèrent contre Philippe.

1. Philippe V de Macédoine, le troisième successeur d'Antigone Gonatas, fils de Démétrius Poliorcète et fondateur d'une nouvelle dynastie. Il régna de 221 à 178. Son successeur, Persée (178-168), vit la fin de cette dynastie et de l'indépendance de la Macédoine.

2. Voyez dans Polybe les injustices et les cruautés par lesquelles Philippe se décrédita. (*N. de M.*)

3. Il disait qu'un roi n'est obligé ni par sa parole ni par la morale. On l'accusa d'avoir fait empoisonner Aratus. Son impopularité devint bientôt universelle. Les Etoliens, les Athéniens, les Rhodiens demandaient du secours au sénat contre lui, et les Achéens, ses anciens et fidèles alliés, n'étaient plus disposés à le suivre. De plus Rome n'avait pas oublié son traité d'alliance avec Annibal.

Ce prince fut vaincu à la journée des Cynocéphales [1] ; et cette victoire fut due en partie à la valeur des Etoliens. Il fut si fort consterné [2] qu'il se réduisit à un traité qui étoit moins une paix qu'un abandon de ses propres forces : il fit sortir ses garnisons de toute la Grèce, livra ses vaisseaux, et s'obligea de payer mille talents en dix années.

Polybe, avec son bon sens ordinaire, compare l'ordonnance des Romains avec celle des Macédoniens, qui fut prise par tous les rois successeurs d'Alexandre. Il fait voir les avantages et les inconvénients de la phalange [3] et de la légion [4], il donne la préférence à l'ordonnance romaine ; et il y a apparence qu'il a raison, si l'on en juge par tous les évènements de ce temps-là [5].

1. La bataille eut lieu en 197, près de Scotussa, entre Pharsale et Larissa, dans une plaine parsemée de collines appelées *Cynocéphales*.

2. Au sens du latin *consternere*, *abattre*. V. Bossuet : « *On trouve tout consterné, excepté le cœur de cette princesse.* » (*Or. f.* de la duchesse d'Orléans.)

3. La phalange connue en Grèce dès les temps héroïques fut perfectionnée par Philippe et Alexandre. L'élément de formation était la file de 16 hommes, (λόχος). Le syntagme (σύνταγμα) était le carré parfait de 16 rangs et 16 files (256 hommes). La phalange simple comprenait 16 syntagmes ou 4.096 hommes disposés sur 256 files de 16 hommes. La phalange était quelquefois double et même quadruple. Les soldats portaient l'épée courte, une pique ou sarisse de 6 m. 50, un bouclier rond, un casque et une cuirasse. Les six premiers rangs présentaient leurs sarisses à l'ennemi, les autres, se réservant pour combler les vides ou présenter un nouveau front lorsqu'ils étaient menacés d'être enveloppés.

4. La légion était habituellement rangée en bataille sur trois lignes en forme d'échiquier. Au premier rang, les *hastati* (1.200), au deuxième, les *principes* (1.200), au troisième, les *triarii* (600). Les *vélites* (1.200) formaient les derniers rangs et combattaient séparément. Quand les *hastati* étaient obligés de céder, ils se retiraient derrière les *principes*, et à leur tour ces derniers se retiraient, le cas échéant, derrière les *triarii* ; de sorte que l'ennemi avait toujours affaire à des troupes fraîches.

5. Bossuet a fait ressortir les avantages de la légion sur la phalange : « *Les Romains ont trouvé, ou ils ont bientôt appris l'art de diviser les armées en plusieurs bataillons et escadrons, et de former les corps de réserve, dont le mouvement est si propre à pousser ou à soutenir ce qui s'ébranle de part et d'autre. Faites marcher contre des troupes ainsi disposées la phalange macédonienne : cette grosse et lourde machine sera terrible à la vérité à une armée sur laquelle elle tombera de tout son poids ; mais, comme parle Polybe, elle ne peut conserver longtemps sa propriété naturelle, c'est-à-dire sa solidité et sa consistance, parce qu'il lui faut des lieux propres, et pour ainsi dire faits exprès, et qu'à faute de les trouver, elle s'embarrasse elle-même, ou plutôt elle se rompt par son propre mouvement ; joint qu'étant une fois enfoncée, elle ne sait plus se rallier. Au lieu que l'armée romaine, divisée en ses petits corps, profite de tous les lieux, et s'y*

Ce qui avoit beaucoup contribué à mettre les Romains en péril dans la seconde guerre punique, c'est qu'Annibal arma d'abord ses soldats à la romaine; mais les Grecs ne changèrent ni leurs armes, ni leur manière de combattre; il ne leur vint point dans l'esprit de renoncer à des usages avec lesquels ils avoient fait de si grandes choses.

Le succès que les Romains eurent contre Philippe fut le plus grand de tous les pas qu'ils firent pour la conquête générale. Pour s'assurer de la Grèce, ils abaissèrent, par toutes sortes de voies, les Etoliens qui les avoient aidés à vaincre; de plus, ils ordonnèrent que chaque ville grecque qui avoit été à Philippe, ou à quelque autre prince, se gouverneroit dorénavant par ses propres lois.

On voit bien que ces petites républiques ne pouvoient être que dépendantes. Les Grecs se livrèrent à une joie stupide, et crurent être libres en effet, parce que les Romains les déclaroient tels [1].

Les Etoliens, qui s'étoient imaginés qu'ils domineroient dans la Grèce, voyant qu'ils n'avoient fait que se donner des maîtres, furent au désespoir; et, comme ils prenoient toujours des résolutions extrêmes, voulant corriger leurs folies par leurs folies, ils appelèrent dans la Grèce Antiochus, roi de Syrie, comme ils avoient appelé les Romains.

Les rois de Syrie étoient les plus puissants des

accommode : on l'unit et on la sépare comme on veut; elle défile aisément et se rassemble sans peine; elle est propre aux détachements, aux ralliements, à toute sorte de conversions et d'évolutions, qu'elle fait ou tout entière ou en partie, selon qu'il est convenable; enfin elle a plus de mouvements divers, et par conséquent plus d'action et plus de force que la phalange. Concluez donc, avec Polybe, qu'il fallait que la phalange cédât et que la Macédoine fût vaincue. » (*Disc. sur l'Hist. univ.*, 3e partie, liv. VI.

1. Aux jeux isthmiques et en présence de tous les Grecs, Flamininus fit promulguer le décret suivant : *Le sénat romain et T. Quinctius, vainqueur du roi Philippe, rendent leurs franchises, leurs lois et l'immunité des garnisons et d'impôts aux Corinthiens, aux Phocidiens, aux Locriens, à l'île d'Eubée et aux peuples de Thessalie. Tous les Grecs d'Europe et d'Asie sont libres.* L'enthousiasme des Grecs pour Rome tint du délire; ils crurent au désintéressement de l'oppresseur et, trois siècles plus tard, il y avait encore en Grèce des temples dédiés à Flamininus avec leurs prêtres et leurs sacrifices.

successeurs d'Alexandre[1] ; car ils possédoient presque tous les Etats de Darius, à l'Egypte près; mais il étoit arrivé des choses qui avoient fait que leur puissance s'étoit beaucoup affoiblie.

Séleucus, qui avoit fondé l'empire de Syrie, avoit, à la fin de sa vie, détruit le royaume de Lysimaque Dans la confusion des choses, plusieurs provinces se soulevèrent : les royaumes de Pergame, de Cappadoce et de Bithynie se formèrent. Mais ces petits Etats timides regardèrent toujours l'humiliation de leurs anciens maîtres comme une fortune pour eux.

Comme les rois de Syrie virent toujours avec une envie extrême la félicité du royaume d'Egypte, ils ne songèrent qu'à le conquérir; ce qui fit que, négligeant l'Orient, ils y perdirent plusieurs provinces, et furent fort mal obéis dans les autres.

Enfin les rois de Syrie tenoient la haute et la basse Asie[2] : mais l'expérience a fait voir que, dans ce cas, lorsque la capitale et les principales forces sont dans les provinces basses de l'Asie, on ne peut conserver les hautes ; et que, quand le siège de l'empire est dans les hautes, on s'affoiblit en voulant garder les basses. L'empire des Perses et celui de Syrie ne furent jamais si forts que celui des Parthes[3], qui n'avoit qu'une partie des provinces des deux premiers. Si Cyrus n'avoit pas conquis le royaume de Lydie, si Séleucus étoit resté à Babylone et avoit laissé les provinces maritimes aux successeurs d'Antigone, l'empire des Perses auroit été invincible pour les

1. Le démembrement définitif de l'empire d'Alexandre eut lieu après la bataille d'Ipsus (301). Les principaux royaumes qui en sortirent furent celui des Lagides et celui des Séleucides. Les Lagides régnèrent en Egypte, les Séleucides à Babylone. Ces derniers furent donc les vrais successeurs des rois de Perse. Séleucus Ier, le fondateur de la dynastie, conquit le pays au delà du Tigre jusqu'à l'Indus et l'Iaxarte. Il refit l'empire d'Alexandre.

2. La Haute-Asie comprenait les contrées situées à l'est du Tigre jusqu'à l'Indus et l'Iaxarte; la Basse-Asie les contrées de l'Ouest, Syrie et Asie-Mineure.

3. Ce royaume fut fondé à l'est du Tigre, dans le pays que nous appelons aujourd'hui la Perse, par un certain Arsace, d'origine inconnue, sous Antiochus Théos, douzième successeur de Séleucus Ier (207-247). La capitale fut d'abord Hécatompyle, puis Ctésiphon sur le Tigre.

Grecs, et celui de Séleucus pour les Romains. Il y a de certaines bornes que la nature a données aux Etats pour mortifier [1] l'ambition des hommes. Lorsque les Romains les passèrent, les Parthes les firent presque tous périr[2], quand les Parthes osèrent les passer, ils furent d'abord obligés de revenir ; et, de nos jours, les Turcs [3] qui ont avancé au delà de ces limites, ont été contraints d'y rentrer.

Les rois de Syrie et d'Egypte avoient dans leurs pays deux sortes de sujets : les peuples conquérants et les peuples conquis [4]. Ces derniers, encore pleins de l'idée de leur origine, étoient très difficilement gouvernés ; ils n'avoient point cet esprit d'indépendance qui nous porte à secouer le joug, mais cette impatience qui nous fait désirer de changer de maître.

Mais la foiblesse principale du royaume de Syrie venoit de celle de la cour où régnoient des successeurs de Darius, et non pas d'Alexandre [5]. Le luxe, la

1. *Mortifier* a le sens d'*humilier par une mortification.* Pascal a dit : « *On a bien de l'obligation à ceux qui avertissent des défauts : car ils mortifient.* » (*Pensées* XXV, 38). Il n'est donc pas permis d'employer ce verbe, comme on le fait trop souvent, dans le sens d'*être fâché.*

2. J'en dirai les raisons au chap. xv. Elles sont tirées en partie de la disposition géographique des deux empires. (*N. de M.*) Crassus nommé gouverneur de Syrie (1er triumvirat : César, Crassus et Pompée) eut la malencontreuse idée de vouloir faire des conquêtes sur les Parthes, contre lesquels Rome n'avait cependant aucun grief. Il fut défait et, peu après, tué par trahison, à Carrhes (Haran), dans une entrevue avec le Suréna (53). L'expédition d'Antoine (36) fut malheureuse, malgré ses prétendues victoires. Auguste n'eut pas besoin de combattre. Le roi des Parthes, Phraate, rendit, pour la rançon de son fils prisonnier des Romains, les drapeaux et les prisonniers pris sur Crassus et Antoine :

...Jus imperiumque Phraates
Caesaris accepit genibus minor.
(Horace, Ep. I, 12).

Plus tard, Trajan rêva de conquérir ce royaume des Parthes dont le nom était toujours odieux aux Romains. Il réussit d'abord (114), mais un soulèvement formidable éclata, et l'empereur s'estima heureux de traiter avec les Parthes pour conserver quelques parties de sa conquête éphémère. Sous Marc-Aurèle, les Parthes voulurent prendre leur revanche et se jetèrent sur les provinces romaines d'Asie. Les lieutenants de Lucius Vérus les firent rentrer dans le devoir (161-166).

3. Allusion aux conquêtes du sultan Achmet III (1703-1730) sur le royaume de Perse.

4. En Egypte, comme en Syrie, les Macédoniens imposèrent leur domination sans la faire accepter aux indigènes. Les Ptolémées essayèrent inutilement de fondre ces deux éléments étrangers l'un à l'autre et nécessairement ennemis. En dépit des efforts de Ptolémée, fondateur de la dynastie des Lagides, Alexandrie resta une ville grecque, et la civilisation grecque y trouva son dernier refuge et son dernier éclat.

5. Les Séleucides furent bien les successeurs d'Alexandre puisque Sé-

vanité et la mollesse, qui en aucun siècle n'a quitté les cours d'Asie, régnoient surtout dans celle-ci. Le mal passa aux peuples et aux soldats, et devint contagieux aux Romains même, puisque la guerre qu'ils firent contre Antiochus est la vraie époque de leur corruption [1].

Telle étoit la situation du royaume de Syrie, lorsque Antiochus, qui avoit fait de grandes choses [2], entreprit la guerre contre les Romains ; mais il ne se conduisit pas même avec la sagesse que l'on emploie dans les affaires ordinaires [3]. Annibal vouloit qu'on renouvelât la guerre en Italie, et qu'on gagnât Philippe, ou qu'on le rendît neutre. Antiochus ne fit rien de cela : il se montra dans la Grèce avec une petite partie de ses forces ; et, comme s'il avoit voulu y voir la guerre et non pas la faire, il ne fut occupé que de ses plaisirs. Il fut battu, et s'enfuit en Asie, plus effrayé que vaincu.

Philippe, dans cette guerre, entraîné par les Romains comme par un torrent, les servit de tout son pouvoir, et devint l'instrument de leurs victoires. Le plaisir de se venger et de ravager l'Etolie, la promesse qu'on lui diminueroit le tribut, et qu'on lui laisseroit quelques villes, des jalousies qu'il eut d'Antiochus, enfin de petits motifs, le déterminèrent ; et, n'osant concevoir la pensée de secouer le joug, il ne songea qu'à l'adoucir.

leucus, un de ses généraux et le fondateur de la dynastie, régna sur la plus grande partie du pays conquis par lui ; mais par leurs mœurs, ils furent plutôt les successeurs des rois de Perse.

1. *Asia primum devicta luxuriam misit in Italiam* (Pline l'Ancien, *Hist. nat.*, XXXIII, 11).

2. Les expéditions d'Antiochus III contre les Égyptiens et les Parthes furent plus brillantes que fécondes en résultats. Il en profita pour se faire donner le surnom de *Grand* (222-186).

3. En effet, Antiochus se lança étourdiment dans cette guerre. Il amenait 10.000 hommes que les Etoliens durent nourrir. Il trouva le moyen de blesser Philippe de Macédoine, alors qu'il aurait dû, selon le conseil d'Annibal, se l'attacher étroitement ; et pour comble de folie, il épousa une jeune fille grecque et passa l'hiver à donner des fêtes de toutes sortes. Aussi, lorsqu'au printemps de 191 il trouva devant lui l'armée du consul Acilius Glabrion aux Thermopyles, il fut honteusement vaincu et s'enfuit jusqu'à Chalcis où il arriva avec 500 soldats (juillet 191).

Antiochus jugea si mal des affaires, qu'il s'imagina que les Romains le laisseroient tranquille en Asie. Mais ils l'y suivirent : il fut vaincu encore [1] ; et, dans sa consternation, il consentit au traité le plus infâme qu'un grand prince ait jamais fait [2].

Je ne sache rien de si magnanime que la résolution que prit un monarque qui a régné de nos jours [3], de s'ensevelir plutôt sous les débris du trône que d'accepter des propositions qu'un roi ne doit pas entendre : il avoit l'âme trop fière pour descendre plus bas que ses malheurs ne l'avoient mis ; et il savoit bien que le courage peut raffermir une couronne, et que l'infamie ne le fait jamais.

C'est une chose commune de voir des princes qui savent donner une bataille. Il y en a bien peu qui sachent faire une guerre, qui soient également capables de se servir de la fortune et de l'attendre, et qui, avec cette disposition d'esprit qui donne de la méfiance avant que d'entreprendre, aient celle de ne craindre plus rien après avoir entrepris.

Après l'abaissement d'Antiochus, il ne restoit plus que de petites puissances, si l'on excepte l'Egypte, qui, par sa situation, sa fécondité, son commerce, le nombre de ses habitants, ses forces de mer et de terre, auroit pu être formidable ; mais la cruauté de ses rois, leur lâcheté, leur avarice, leur imbécilité, leurs affreuses voluptés, les rendirent si odieux à leurs sujets, qu'ils ne se soutinrent, la plupart du temps, que par la protection des Romains [4].

1. Lucius Scipion et l'Africain étaient à la tête des armées romaines. Lucius, en l'absence de son frère malade, livra bataille près de Magnésie du Sipyle (5 octobre 190). 300.000 Romains avaient devant eux 82.000 Asiatiques. Tite-Live rapporte que 52.000 Syriens furent tués ou pris et que le consul ne perdit que 350 hommes.

2. Le sénat interdit au roi toute guerre dans l'Asie-Mineure, donna ses éléphants à Eumène, brûla ses vaisseaux, lui défendit de dépasser le promontoire Sarpédon, fixa au Taurus la limite de ses États, le frappa d'une contribution de guerre équivalant à 80 millions de francs, prit comme otage son second fils et demanda qu'on lui livrât Annibal. La Syrie ne devait pas s'en relever.

3. Lorsque les alliés voulurent forcer Louis XIV à détrôner lui-même son petit-fils Philippe V d'Espagne.

4. La dynastie des Lagides eut trois grands rois : Ptolémée Ier Soter (306-283), Ptolémée Philadelphe (283-246), et Ptolémée Evergète (246-221). Mais,

C'étoit, en quelque façon, une loi fondamentale de la couronne d'Égypte, que les sœurs succédoient avec les frères ; et, afin de maintenir l'unité dans le gouvernement, on marioit le frère avec la sœur. Or il est difficile de rien imaginer de plus pernicieux dans la politique qu'un pareil ordre de succession : car tous les petits démêlés domestiques devenant des désordres dans l'État, celui des deux qui avoit le moindre chagrin soulevoit d'abord contre l'autre le peuple d'Alexandrie, populace immense toujours prête à se joindre au premier de ses rois qui vouloit l'agiter. De plus, les royaumes de Cyrène [1] et de Chypre [2] étant ordinairement entre les mains d'autres princes de cette maison, avec des droits réciproques sur le tout, il arrivoit qu'il y avoit presque toujours

sous le successeur de ce dernier, Ptolémée IV Philopator, l'Egypte rivalisa avec l'Orient pour la corruption des mœurs.

Dès 273, Philadelphe avait conclu un traité avec Rome. Pendant la 2e guerre punique, Philopator envoya du blé aux Romains, et les troubles se multipliant et s'agravant dans l'intérieur du royaume, on déféra au sénat la tutelle de Ptolémée Epiphane, qui n'avait encore que dix ans. Dès lors l'Egypte fut entre les mains de Rome.

1. La Cyrénaïque était située sur la côte septentrionale d'Afrique, à l'ouest de l'Egypte, et s'étendait jusqu'à la grande Syrte. Cyrène, Barca, Apollonie, Bérénice, Arsinoé formaient ce que l'on appelait la *Pentapole*. Alexandre le Grand conquit cette province qui ainsi fit partie du royaume des Lagides. En 158, le sénat, pris pour arbitre entre Ptolémée Physcon et Philométor, démembra le royaume de Ptolémée sous prétexte d'impartialité ; trois États furent fondés : Egypte, Chypre et Cyrénaïque. La Cyrénaïque forma ainsi un état indépendant jusqu'à ce que Ptolémée Apion la donnât par testament au peuple romain (95). Le sénat se contenta de déclarer libres les cinq villes principales de ce royaume moyennant un tribut, et ce ne fut qu'en 75 qu'il réduisit le pays en province romaine. La Cyrénaïque était d'une fertilité merveilleuse ; on en tirait le silphium, qui se vendait à Rome son poids d'argent. Et surtout Rome pouvait de là facilement surveiller l'Egypte. La Cyrénaïque forma avec la Crète à laquelle elle fut réunie en 27, une province *sénatoriale prétorienne* (c'est-à-dire gouvernée par un *quaestor pro praetore*). Aujourd'hui l'ancienne Cyrénaïque fait partie de la Tripolitaine : on l'appelle *plateau de Barka*.

2. Chypre détachée, comme la Cyrénaïque, de l'héritage des Ptolémées, tout en formant un apanage des fils ou frères des rois d'Egypte, avait été léguée aux Romains avec l'Egypte par Alexandre II (81). Sylla, alors dictateur, se contenta de réclamer la fortune du roi défunt. Mais, en 58, Clodius que Caton gênait à Rome et qui avait à se venger du roi de Chypre, dont il n'avait reçu, lorsqu'il avait été pris par les pirates, que deux talents pour sa rançon, Clodius fit ordonner à Caton par le peuple d'aller réduire Chypre en province et de rapporter les trésors du roi de cette île.

des princes régnants et des prétendants à la couronne; que ces rois étoient sur un trône chancelant, et que, mal établis au dedans, ils étoient sans pouvoir au dehors.

Les forces des rois d'Egypte, comme celles des autres rois d'Asie, consistoient dans leurs auxiliaires grecs[1]. Outre l'esprit de liberté, d'honneur et de gloire, qui animoit les Grecs, ils s'occupoient sans cesse à toutes sortes d'exercices du corps; ils avoient, dans leurs principales villes, des jeux établis[2], où les vainqueurs obtenoient des couronnes aux yeux de toute la Grèce; ce qui donnoit une émulation générale. Or, dans un temps où l'on combattoit avec des armes dont le succès dépendoit de la force et de l'adresse de celui qui s'en servoit, on ne peut douter que des gens ainsi exercés n'eussent de grands avantages sur cette foule de barbares pris indifféremment, et menés sans choix à la guerre, comme les armées de Darius le firent bien voir.

Les Romains, pour priver les rois d'une telle milice, et leur ôter sans bruit leurs principales forces, firent deux choses : premièrement, ils établirent peu à peu, comme une maxime, chez les villes grèques, qu'ils[3] ne pourroient avoir aucune alliance, accorder du secours, ou faire la guerre à qui que ce fût, sans leur consentement; de plus, dans leurs traités avec les rois, ils leur défendirent de faire aucunes

1. L'expédition des Dix-Mille prouve combien facilement les Grecs allaient se mettre au service des princes qui les appelaient, et de quel secours ils leur pouvaient être.

2. Les plus célèbres furent : les jeux *Isthmiques* célébrés tous les deux ans, alternativement au printemps et en été, dans l'isthme de Corinthe, en l'honneur de Neptune; les jeux *Pythiques* célébrés tous les quatre ans, en janvier, à Crisa en Phocide, en l'honneur d'Apollon, vainqueur du serpent Python; les jeux *Olympiques*, célébrés tous les quatre ans, en juillet, à Pise en Elide, en l'honneur de Zeus Olympien; les jeux *Néméens*, célébrés tous les deux ans, alternativement en été et en hiver, à Némée en Argolide, en l'honneur d'Hercule, vainqueur du lion.

3. *Ils*, dans l'esprit de Montesquieu, se rapporte aux Grecs; mais il aurait dû employer le féminin, puisqu'il vient de parler de *villes grecques*, ce qui aurait eu le double avantage d'être correct et d'éviter une amphibologie. Quelques éditeurs écrivent *qu'elles*.

levées chez les alliés des Romains ; ce qui les réduisit à leurs troupes nationales [1].

CHAP. VI. — De la conduite que les Romains tinrent pour soumettre tous les peuples.

Dans le cours de tant de prospérités, où l'on se néglige pour l'ordinaire, le sénat agissoit toujours avec la même profondeur ; et, pendant que les armées consternoient [2] tout, il tenoit à terre ceux qu'il trouvoit abattus.

Il s'érigea en tribunal qui jugea tous les peuples [3] : à la fin de chaque guerre, il décidoit des peines et des récompenses que chacun avoit méritées. Il ôtoit une partie du domaine du peuple vaincu, pour la donner aux alliés ; en quoi il faisoit deux choses : il attachoit à Rome des rois dont elle avoit peu à craindre, et beaucoup à espérer : et il en affoiblissoit d'autres, dont elle n'avoit rien à espérer, et tout à craindre.

On se servoit des alliés pour faire la guerre à un ennemi ; mais, d'abord, on détruisit les destructeurs. Philippe fut vaincu par le moyen des Etoliens, qui furent anéantis d'abord après [4] pour s'être joints à Antiochus. Antiochus fut vaincu par le secours des Rhodiens ; mais, après qu'on leur eut donné des

1. Ils avoient déjà eu cette politique avec les Carthaginois, qu'ils obligèrent par le traité à ne plus se servir de troupes auxiliaires, comme on le voit dans un fragment de Dion. (*N. de M.*)

2. *Consterner : abattre, détruire.*

3. Corneille a résumé avec son énergie ordinaire cette politique de Rome :

Je sais par quels moyens sa sagesse profonde
S'achemine à grands pas à l'empire du monde.
Aussitôt qu'un état devient un peu trop grand,
Sa chute doit guérir l'ombrage qu'elle en prend.
C'est blesser les Romains que faire une conquête,
Que mettre trop de bras sous une seule tête,
Et leur guerre est trop juste après cet attentat
Que fait sur leur grandeur un tel crime d'Etat.
Eux qui pour gouverner sont les premiers des hommes
Veulent que sous leur ordre on soit ce que nous sommes,
Veulent sur tous les rois un si haut ascendant
Que leur empire seul demeure indépendant.

(*Nicomède*, acte V, Sc. I.)

4. De même que Montesquieu emploie *d'abord* dans le sens de *aussitôt*, il se sert de *d'abord après* là où nous employons *aussitôt après*.

récompenses éclatantes, on les humilia pour jamais, sous prétexte qu'ils avoient demandé qu'on fît la paix avec Persée [1].

Quand ils avoient plusieurs ennemis sur les bras, ils accordoient une trêve [2] au plus foible, qui se croyait heureux de l'obtenir, comptant pour beaucoup d'avoir différé sa ruine.

Lorsque l'on étoit occupé à une grande guerre, le sénat dissimuloit toutes sortes d'injures [3], et attendoit, dans le silence, que le temps de la punition fût venu ; que si quelque peuple lui envoyoit les coupables, il refusoit de les punir, aimant mieux tenir toute la nation pour criminelle, et se réserver une vengeance utile.

Comme ils faisoient à leurs ennemis des maux inconcevables, il ne se formoit guère de ligues contre eux [4] : car celui qui étoit le plus éloigné du péril ne vouloit pas en approcher.

Par là, ils recevoient rarement la guerre, mais la faisoient toujours dans le temps, de la manière, et avec ceux qu'il leur convenoit : et, de tant de peuples

1. En effet, les Rhodiens dont cette guerre entravait le commerce avaient voulu imposer leur médiation. Après la bataille de Pydna, ils envoyèrent à Rome de riches présents, mais le sénat n'avait pas oublié leur démarche imprudente. On leur enleva la Lycie et la Carie, on leur défendit d'importer du sel en Macédoine, et d'en tirer les bois de construction nécessaires à leur marine : et tout cela en vertu du droit du plus fort. C'était la ruine pour Rhodes. En 164, elle demanda à Rome et en obtint le titre dangereux d'allié.

2. Ce fut la politique constante du sénat, surtout avant la conquête du monde. Ainsi, pendant la guerre samnite, au moment où les Latins inquiets des progrès de Rome se soulevaient en masse et auraient pu, avec l'aide des Volsques et des Campaniens, réduire à néant sa puissance naissante, le sénat se hâta de conclure une paix provisoire avec les Samnites, paix qu'il conserva avec soin pendant la guerre latine (340-337) et qu'il rompit aussitôt après la soumission définitive du pays latin.

3. Entendez : *injustices*. C'est le sens du latin *injuria*.

4. C'est peut-être, en effet, ce qu'il y a de plus extraordinaire dans cette longue suite de guerres que Rome eut à soutenir. Il semble que ses ennemis aient tenu à se faire écraser un à un au lieu de s'unir dans une alliance formidable. Ainsi, lorsque Rome était occupée à la 1re guerre punique, les Gaulois cisalpins semblèrent oublier leurs ressentiments et restèrent spectateurs impassibles des événements. Annibal fut le seul homme qui comprit la situation, mais il ne fut même pas soutenu par ses concitoyens, et la fin de sa vie se passa à susciter à Rome des ennemis qui ne voulurent ni s'entendre ni suivre ses conseils.

qu'ils attaquèrent, il y en a bien peu qui n'eussent souffert toutes sortes d'injures, si l'on avoit voulu les laisser en paix.

Leur coutume étant de parler toujours en maîtres, les ambassadeurs qu'ils envoyoient chez les peuples qui n'avoient point encore senti leur puissance étoient sûrement maltraités : ce qui étoit un prétexte sûr pour faire une nouvelle guerre [1].

Comme ils ne faisoient jamais la paix de bonne foi [2], et que, dans le dessein d'envahir tout, leurs traités n'étoient proprement que des suspensions de guerre, ils y mettoient des conditions qui commençoient toujours la ruine de l'État qui les acceptoit. Ils faisoient sortir les garnisons des places fortes, ou bornoient le nombre des troupes de terre, ou se faisoit livrer les chevaux ou les éléphants ; et si ce peuple étoit puissant sur la mer, ils l'obligeoient de brûler ses vaisseaux [3], et quelquefois d'aller habiter plus avant dans les terres [4].

Après avoir détruit les armées d'un prince, ils rui-

1. Un exemple de cela, c'est leur guerre contre les Dalmates. Voyez Polybe. (*N. de M.*)

2. Les Romains ont rendu proverbiale, en affectant d'en parler toujours, la mauvaise foi carthaginoise. Mais la *fides romana* valait la *fides punica*. Les traités de Rome avec les vaincus en sont la preuve. Elle savait avec une extrême habileté y introduire des clauses qui pouvaient toujours servir les besoins de sa politique cauteleuse. Le peu de précision de la langue latine s'y prêtait, et la loyauté du vainqueur faisait le reste.

3. C'est ainsi qu'ils en usèrent avec Carthage et avec Antiochus.

4. Le roi de Numidie, Massinissa, l'allié de Rome, pillait la campagne de Carthage, sans que les Carthaginois pussent se défendre, leur traité avec Rome leur interdisant de faire la guerre sans l'assentiment de celle-ci. Les vexations furent telles, cependant, qu'ils prirent les armes. Les Romains exigèrent une satisfaction : on leur donna Utique. Les consuls n'en arrivèrent pas moins à Lilybée avec une armée de 84.000 hommes. Carthage envoya une ambassade et se mit à la discrétion du peuple romain. On lui demanda 300 otages, puis les consuls débarquèrent à Utique, se firent livrer 200.000 armures complètes, 3.000 catapultes et tout le contenu des arsenaux. « *Maintenant*, dirent-ils, *le sénat vous ordonne de quitter votre ville et d'aller vous établir où vous voudrez, mais à dix milles au moins de la côte.* » Et par une ironie atroce, le consul Censorinus leur vanta les avantages que la vie agricole présentait sur la vie commerciale. Il prétendit d'ailleurs que le sénat n'avait garanti à Carthage que la liberté et l'existence de la *cité* (*civitas*), c'est-à-dire de l'ensemble des citoyens, et non son territoire actuel (*urbs*).

noient ses finances[1] par des taxes excessives, ou un tribut, sous prétexte de lui faire payer les frais de la guerre : nouveau genre de tyrannie qui le forçoit d'opprimer ses sujets, et de perdre leur amour.

Lorsqu'ils accordoient la paix à quelque prince, ils prenoient quelqu'un de ses frères ou de ses enfans en otage[2] : ce qui leur donnoit le moyen de troubler son royaume à leur fantaisie. Quand ils avoient le plus proche héritier, ils intimidoient le possesseur ; s'ils n'avoient qu'un prince d'un degré éloigné, ils s'en servoient pour animer les révoltes des peuples[3].

Quand quelque prince ou quelque peuple s'étoit soustrait de[4] l'obéissance de son souverain, ils lui accordoient d'abord le titre d'allié du peuple romain[5] ; et par là ils le rendoient sacré et inviolable : de manière qu'il n'y avoit point de roi, quelque grand qu'il fût, qui pût un moment être sûr de ses sujets, ni même de sa famille.

Quoique le titre de leur allié fût une espèce de servitude[6], il étoit néanmoins très recherché, car on étoit

1. Antiochus le Grand, pour payer les 86 millions qui lui furent imposés après la bataille de Magnésie, en fut réduit à piller les temples ; ses sujets indignés le lapidèrent.

2. Philippe de Macédoine dut livrer son fils Démétrius ; Antiochus de Syrie, son second fils. Après Pydna, les amis de Persée, ses commandants de flotte, ses gouverneurs de place, tous ceux qui avaient exercé quelque charge, durent suivre le consul en Italie avec leurs enfants.

3. Il faut lire, pour bien comprendre cette politique des Romains, l'admirable *Nicomède* de Corneille.

4. *Se soustraire de* se disait au XVIIe siècle concurremment avec *se soustraire à*. Aujourd'hui nous n'employons plus que cette dernière construction.

5. Voyez surtout leur traité avec les Juifs au premier livre des Machabées. (*N. de M.*) Voici le texte de ce traité conclu avec Rome par Judas Machabée, et gravé sur des tables d'airain : *Que les Romains et le peuple juif soient comblés de biens à jamais et sur mer et sur terre ; et que l'épée et l'ennemi s'écartent loin d'eux. S'il survient une guerre aux Romains ou à leurs alliés dans toute l'étendue de leur domination, les Juifs les assisteront avec une pleine volonté selon que le temps le permettra, sans que les Romains fournissent aux gens de guerre ni blé, ni armes, ni argent, ni vaisseaux : car c'est ainsi qu'il a plu aux Romains, et ces soldats juifs leur obéiront sans rien recevoir d'eux. Et de même s'il survient une guerre au peuple juif, les Romains les assisteront de bonne foi, selon que les circonstances le leur permettront. Et les Juifs ne fourniront point à ceux que l'on enverra à leur secours ni blé, ni armes, ni argent, ni vaisseaux : car c'est ainsi qu'il a plu aux Romains, et ils leur obéiront sincèrement. C'est là l'accord que les Romains font avec les Juifs.* (I *Machabées*, ch. VIII, 23-29.)

6. Parfois ce titre d'allié imposait des charges si lourdes, ou, en cas de guerre, créait de telles difficultés, que les alliés cherchaient à s'y soustraire.

sûr que l'on ne recevoit d'injures que d'eux, et l'on avoit sujet d'espérer qu'elles seroient moindres. Ainsi il n'y avoit point de services que les peuples et les rois ne fussent prêts de rendre[1] ni de bassesses qu'ils ne fissent pour l'obtenir.

Ils avoient plusieurs sortes d'alliés[2]. Les uns leur étoient unis par des privilèges, et une participation de leur grandeur, comme les Latins et les Herniques; d'autres, par l'établissement même, comme leurs colonies; quelques-uns par les bienfaits, comme furent Massinisse, Euménès et Attalus, qui tenoient d'eux leur royaume et leur agrandissement; d'autres, par des traités libres, et ceux-là devenoient sujets par un long usage de l'alliance, comme les rois d'Égypte, de Bithynie, de Cappadoce, et la plupart des villes

Mais les représailles étaient terribles. Ainsi les Epirotes, pendant la 3e guerre de Macédoine, avaient fait défection. Le sénat ordonna que 70 villes fussent livrées au pillage, les murailles abattues et les habitants vendus. 150.000 Epirotes furent emmenés en esclavage. Paul-Emile, dit-on, versa des larmes de douleur et de honte en recevant ce décret, mais il le fit exécuter.

Corneille a exprimé la même pensée que Montesquieu :

Comme simple Romain souffrez que je vous [dise
Qu'être allié de Rome et s'en faire un ap-[pui,
C'est l'unique moyen de régner aujourd'[hui :
Que c'est par là qu'on tient ses voisins en [contrainte,
Ses peuples en repos, ses ennemis en [crainte ;
Qu'un prince est dans son trône à jamais [affermi,
Quand il est honoré du nom de son ami.
(*Nicomède*, acte III, scène II.)

1. Aujourd'hui nous disons *prêts à rendre*. Les grammairiens distinguent *près de* dans le sens de *sur le point de* et *prêt à* dans le sens de *disposé à*. Mais au XVIIIe siècle comme au XVIIe, on disait *prêt de* dans les deux sens :

Qu'on rappelle mon fils, qu'il vienne se [défendre,
Qu'il vienne me parler, je suis prêt de [l'entendre.
(*Phèdre*, V, 5.)

...Faut-il être surprise
Que tout prêt d'achever cette grande en-[prise
Bajazet s'inquiète.
(*Bajazet*, III, 6.)

2. Ce que nous appelons les *alliés* du peuple romain comprenait bien des catégories diverses. Montesquieu en donne un aperçu en se basant sur l'origine même des traités qui les unissaient au peuple romain. Cette classification n'a aucune importance en droit. On peut distinguer : 1° les royaumes et principautés qui avaient avec Rome des traités ; 2° les membres de l'ancienne fédération latine (*nomen latinum*) ; 3° les autres Italiens (*socii Italici*) ; 4° les colonies romaines ; 5° les colonies latines ; 6° les municipes de droit romain ou latin ; 7° les villes libres qui comprenaient les *civitates foederatae* et les *civitates liberae et immunes* ; 8° les villes sujettes *civitates stipendiariae*. Le territoire romain proprement dit, partagé en 35 tribus, comprenait les colonies et municipes jouissant du plein droit de cité ainsi que les préfectures et municipes dotés de la *civitas sine suffragio*.

grecques ; plusieurs enfin par des traités forcés et par la loi de leur sujétion, comme Philippe et Antiochus : car ils n'accordoient point de paix à un ennemi, qui ne contînt une alliance : c'est-à-dire qu'ils ne soumettoient point de peuple qui ne leur servît à en abaisser d'autres.

Lorsqu'ils laissoient la liberté à quelques villes, ils y faisoient d'abord naître deux factions [1] : l'une défendoit les lois et la liberté du pays ; l'autre soutenoit qu'il n'y avoit de lois que la volonté des Romains ; et, comme cette dernière faction étoit toujours la plus puissante, on voit bien qu'une pareille liberté n'étoit qu'un nom.

Quelquefois ils se rendoient maîtres d'un pays sous prétexte de succession : ils entrèrent en Asie, en Bithynie, en Libye, par les testaments d'Attalus, de Nicomède et d'Appion ; et l'Egypte fut enchaînée par celui du roi de Cyrène [2].

Pour tenir les grands princes toujours foibles, ils ne vouloient pas qu'ils reçussent dans leur alliance ceux à qui ils avoient accordé la leur ; et comme ils ne la refusoient à aucun des voisins d'un prince puissant, cette condition, mise dans un traité de paix, ne lui laissait plus d'alliés.

De plus, lorsqu'ils avoient vaincu quelque prince considérable, ils mettoient dans le traité qu'il ne pourroit faire la guerre pour ses différends avec les alliés des Romains (c'est-à-dire ordinairement avec tous ses voisins), mais qu'il les mettroit en arbitrage ; ce qui lui ôtait pour l'avenir la puissance militaire [3].

Et, pour se la réserver toute, ils en privoient leurs alliés même ; dès que ceux-ci avoient le moindre

1. La faction romaine, qui réunissait tous les ambitieux, et le parti national.

2. Voyez la note 1 de la page 47.

3. Ce fut ce qui arriva aux Carthaginois après la seconde guerre Punique, et l'infraction inévitable à cette clause tyrannique fut le prétexte de la troisième guerre. Massinissa harcelait sans cesse les Carthaginois ; ceux-ci demandèrent protection à Rome ; lassés d'attendre, ils se défendirent. Le sénat déclara aussitôt que le traité était violé.

démêlé, ils envoyoient des ambassadeurs qui les obligeoient de faire la paix. Il n'y a qu'à voir comme ils terminèrent les guerres d'Attalus et de Prusias [1].

Quand quelque prince avoit fait une conquête, qui souvent l'avait épuisé, un ambassadeur romain survenoit d'abord, qui la lui arrachoit des mains. Entre mille exemples, on peut se rappeler comment, avec une parole, ils chassèrent d'Egypte Antiochus [2].

Sachant combien les peuples d'Europe étoient propres à la guerre, ils établirent comme une loi qu'il ne seroit permis à aucun roi d'Asie d'entrer en Europe, et d'y assujétir quelque peuple que ce fut [3]. Le principal motif de la guerre qu'ils firent à Mithridate fut que, contre cette défense, il avoit soumis quelques barbares [4].

Lorsqu'ils voyoient que deux peuples étoient en guerre, quoiqu'ils n'eussent aucune alliance, ni rien à démêler avec l'un ni avec l'autre, ils ne laissoient point de paroître sur la scène, et, comme nos chevaliers errants, ils prenoient le parti du plus foible [5]. C'étoit, dit Denys d'Halicarnasse, une ancienne coutume des Romains d'accorder toujours leur secours à quiconque venoit l'implorer.

1. Prusias, qui avait vaincu le roi de Pergame, Attale II, fut condamné à lui payer 600 talents.

2. Antiochus IV Epiphane auquel le sénat dépêcha Popilius Laenas. Celui-ci, traçant un cercle autour du roi, lui intima l'ordre de répondre au sénat avant d'en sortir. Antiochus rappela ses armées.

3. La défense faite à Antiochus, même avant la guerre, de passer en Europe, devint générale contre les autres rois. (*N. de M.*)

4. Le père de Mithridate VI Eupator avait été un allié de Rome ; il lui avait même fourni des troupes et des vaisseaux pendant la 3e guerre punique. Il reçut une partie de la Phrygie en récompense ; mais le sénat se hâta de reprendre cette province, lorsque le roi fut mort, et Mithridate VI n'hérita que du royaume de Pont (120). Le souvenir de cette spoliation jointe aux visées du nouveau prince sur la Cappadoce fut la vraie cause des guerres de Mithridate. Les barbares que Montesquieu a ici en vue étaient les habitants du Bosphore Cimmérien, pays très riche que le jeune roi avait réuni à ses Etats.

5. M. Léon Gautier, dans son bel ouvrage sur *La chevalerie*, donne le décalogue du chevalier. Le dixième commandement est celui-ci : *Tu seras partout et toujours le champion du Droit et du Bien contre l'Injustice et le Mal.* Et V. Hugo a ainsi défini le chevalier chrétien :

Il écoute partout si l'on crie au secours.

La politique du sénat romain, si bien exposée par Montesquieu dans ce chapitre même, n'avait rien, que nous sachions, de chevaleresque et de désintéressé.

Ces coutumes des Romains n'étoient point quelques faits particuliers arrivés par hasard, c'étoient des principes toujours constants; et cela se peut voir aisément : car les maximes dont ils firent usage contre les plus grandes puissances furent précisément celles qu'ils avoient employées, dans les commencements [1], contre les petites villes qui étoient autour d'eux.

Ils se servirent d'Euménès et de Massinisse [2] pour subjuguer Philippe et Antiochus, comme ils s'étoient servis des Latins et des Herniques pour subjuguer les Volsques et les Toscans; ils se firent livrer les flottes de Carthage et des rois d'Asie, comme ils s'étoient fait donner les barques d'Antium [3]; ils ôtèrent les liaisons [4] politiques et civiles entre les quatre parties de la Macédoine [5], comme ils avoient autrefois rompu l'union des petites villes latines.

Mais surtout leur maxime constante fut de diviser [6]. La république d'Achaïe [7] étoit formée par une association de villes libres : le sénat déclara que chaque ville se gouverneroit dorénavant par ses propres lois, sans dépendre d'une autorité commune.

1. C'est évidemment à son sénat que Rome dut cette unité de politique et de principes. Les sénateurs changeaient, le sénat restait toujours le même; là les traditions se perpétuaient. Et cette constance, en dépit des changements sociaux et des préférences individuelles, est la plus haute preuve de la sagesse qui présidait aux destinées de Rome.

2. On s'étonne de trouver ici le nom du roi de Numidie. Bien que Massinissa fournît aux Romains, en qualité d'allié, quelques troupes et surtout des approvisionnements, ce secours ne peut guère être comparé à celui qu'ils retirèrent d'Eumène.

3. Ce fait arriva pendant la guerre des Volsques à laquelle prit part Coriolan. T. Quinctius s'empara, en 467, du territoire d'Antium, qui fut distribué à des colons romains. Et son triomphe fut si brillant qu'il en garda le surnom de *Capitolinus*.

4. Nous dirions aujourd'hui : *les liens politiques*. Bossuet emploie ce mot dans le même sens : *Le cœur de l'homme étant destiné pour posséder un bien immense, quoique la liaison qui l'y tenait attaché soit rompue...* (Sermon sur l'honneur, I.)

5. Après la bataille de Pydna, Paul Émile déclara aux Macédoniens qu'ils étaient libres, mais que la Macédoine serait divisée en quatre districts avec interdiction aux habitants de contracter mariage, de vendre ou d'acheter hors de leur territoire.

6. M. Duruy remarque avec Montesquieu que « *les Romains n'ont pas pu s'élever à une conception plus haute que celle de la force* » et que « *toute leur science politique se formule en deux mots : divide et impera* ».

7. C'est ce que nous appelons communément : *ligue achéenne*.

La république des Béotiens étoit pareillement une ligue de plusieurs villes ; mais comme, dans la guerre contre Persée, les unes suivirent le parti de ce prince, les autres celui des Romains ; ceux-ci les reçurent en grâce, moyennant la dissolution de l'alliance commune.

Si un grand prince [1], qui a régné de nos jours, avoit suivi ces maximes, lorsqu'il vit un de ses voisins détrôné, il auroit employé de plus grandes forces pour le soutenir, et le borner dans l'île qui lui resta fidèle : en divisant la seule puissance qui pût s'opposer à ses desseins, il auroit tiré d'immenses avantages du malheur même de son allié.

Lorsqu'il y avoit quelques disputes dans un Etat, ils jugeoient d'abord l'affaire ; et par là ils étoient sûrs de n'avoir contre eux que la partie qu'ils avoient condamnée. Si c'étoient des princes du même sang qui se disputoient la couronne, ils les déclaroient quelquefois tous deux rois [2] ; si l'un d'eux étoit en bas âge [3], ils décidoient en sa faveur, et ils prenoient la tutelle, comme protecteurs de l'univers. Car ils avoient porté les choses au point que les peuples et les rois étoient leurs sujets, sans savoir précisément par quel titre ; étant établi [4] que c'étoit assez d'avoir ouï parler d'eux pour devoir leur être soumis.

Ils ne faisoient jamais de guerres éloignées sans s'être procuré quelque allié auprès de l'ennemi qu'ils attaquoient [5], qui pût joindre ses troupes à l'armée

1. Louis XIV soutint Jacques II, roi d'Angleterre, dans sa prétention au trône que lui avait enlevé Guillaume III. L'Irlande était restée fidèle à son roi.

2. Comme il arriva à Ariarathe et à Holopherne, en Cappadoce ; APPIAN, *in Syriac.*, chap. XLVII. (*N. de M.*)

3. Pour pouvoir ruiner la Syrie en qualité de tuteurs, ils se déclarèrent pour le fils d'Antiochus, encore enfant, contre Démétrius, qui étoit chez eux en otage, et qui les conjuroit de lui rendre justice, disant que Rome étoit sa mère, et les sénateurs ses pères. (*N. de M.*)

4. Ce participe pris absolument est une imitation de l'ablatif absolu latin L'usage en était fréquent au XVIIe et au XVIIIe siècle. Aujourd'hui, nous l'employons surtout dans certaines expressions comme : *étant donné, admis que...* (Ragon, *Gr. fr.*, § 942 rem. 4).

5. « Je me contenterai de dire en peu de mots comment toujours ils eurent soin d'avoir dans les pays voisins un ami qui fût une échelle, une porte pour y monter, pour y entrer, un auxiliaire pour les soumettre. Ainsi les Capouans les introduisirent dans le Samnium, les Camertins dans l'Etrurie, les Mamertins dans la Si-

qu'ils envoyoient ; et, comme elle n'étoit jamais considérable par le nombre, ils observoient [1] toujours d'en tenir une autre dans la province la plus voisine de l'ennemi, et une troisième dans Rome, toujours prête à marcher. Ainsi ils n'exposoient qu'une très petite partie de leurs forces, pendant que leur ennemi mettoit au hasard [2] toutes les siennes.

Quelquefois ils abusoient de la subtilité [3] des termes de leur langue. Ils détruisirent Carthage, disant qu'ils avoient promis de conserver la cité et non pas la ville [4]. On sait comment les Etoliens, qui s'étoient abandonnés à leur foi, furent trompés : les Romains prétendirent que la signification de ces mots, *s'abandonner à la foi d'un ennemi*, emportoit la perte de toutes sortes de choses, des personnes, des terres, des villes, des temples et des sépultures même.

Ils pouvoient même donner à un traité une interprétation arbitraire : ainsi, lorsqu'ils voulurent abaisser les Rhodiens [5], ils dirent qu'ils ne leur avoient pas donné autrefois la Lycie comme présent, mais comme amie et alliée.

Lorsqu'un de leurs généraux faisoit la paix pour sauver son armée prête à périr, le sénat, qui ne la ratifioit point, profitoit de cette paix, et continuoit la guerre. Ainsi, quand Jugurtha eut enfermé une armée

---

elle, les Sagontins dans l'Espagne, Massinissa dans l'Afrique, les Etoliens dans la Grèce, Eumène et d'autres princes dans l'Asie, les Marseillais et les Eduens dans la Gaule » (Machiavel, *Le Prince*, *Discours sur Tite-Live*, II, 1).

1. On *observe* une *loi*, une *règle*. Mais *observer* avec un verbe est plus rare.

2. *Mettre au hasard*, c'est-à-dire *risquer*.

Pourquoi mettre au hasard ce que la mort assure ?
(*Polyeucte*, II, 6.)

3. L'excès de finesse n'est pas précisément un des caractères de la langue latine. Mais, comme dans toute langue synthétique, le sens vrai de chaque mot dépendant du contexte, il en résulte un défaut de précision que les Romains surent habilement exploiter au mieux de leurs intérêts.

4. *Civitas* a proprement le sens de *société*, *état*, *nation*. Cicéron ne l'emploie jamais que dans ce sens. *Urbs* désigne la *ville*.

5. Les flottes rhodiennes avaient été d'une très grande utilité aux Romains dans leur guerre contre Antiochus. On donna aux Rhodiens quelques agrandissements dans la Carie et la Lycie. Les Lyciens s'étant révoltés, Rhodes reconnut dans ce soulèvement la main du sénat, et se rapprocha de Persée. Après Pydna, elle s'empressa de mettre à mort les partisans de Persée ; mais il était trop tard. La Lycie et la Carie lui furent définitivement enlevées.

romaine, et qu'il l'eut laissé aller sous la foi d'un traité, on se servit contre lui des troupes mêmes qu'il avoit sauvées ; et lorsque les Numantins eurent réduit vingt mille Romains, prêts à mourir de faim, à demander la paix, cette paix, qui avoit sauvé tant de citoyens, fut rompue à Rome, et l'on éluda la foi publique en envoyant le consul qui l'avoit signée [1].

Quelquefois, ils traitoient de la paix avec un prince sous des conditions raisonnables, et lorsqu'il les avoit exécutées, ils en ajoutoient de telles, qu'il étoit forcé de recommencer la guerre. Ainsi, quand ils se furent fait livrer par Jugurtha ses éléphants, ses chevaux, ses trésors, ses transfuges, ils lui demandèrent de livrer sa personne, chose qui, étant pour un prince le dernier des malheurs, ne peut jamais faire une condition de paix.

Enfin ils jugèrent les rois pour leurs fautes et leurs crimes particuliers. Ils écoutèrent les plaintes de tous ceux qui avoient quelques démêlés avec Philippe ; ils envoyèrent des députés pour pourvoir à leur sûreté ; et ils firent accuser Persée devant eux pour quelques meurtres et quelques querelles avec les citoyens des villes alliées.

Comme on jugeoit de la gloire d'un général par la quantité de l'or et de l'argent qu'on portoit à son triomphe, il ne laissait rien à l'ennemi vaincu. Rome s'enrichissoit toujours [2], et chaque guerre la mettoit en état d'en entreprendre une autre.

1. Le consul Mancinus, enfermé par les Numantins, dans une gorge sans issue, engagea sa parole qu'il cesserait les hostilités. Les Numantins, qui connaissaient déjà la foi romaine, firent prêter le même serment aux officiers de Mancinus et à son questeur Tibérius Gracchus. Le sénat leur renvoya le consul nu et les mains liées. C'était d'ailleurs un procédé renouvelé des Fourches Caudines. Les consuls, questeurs, tribuns furent reconduits enchaînés à l'armée samnite. Là, le consul Postumius s'écria : « *Maintenant je suis Samnite,* » et frappant le fécial : « *Je viole le caractère sacré d'un ambassadeur. Que les Romains vengent cet outrage !* »

2. Il en était ainsi dès les premiers temps. Ainsi, après la défaite de la coalition samnite (290), Papirius rapporta au trésor 2.033.000 livres de cuivre provenant de la vente des prisonniers et 1.880 livres d'argent. Carvilius, de son côté, y déposa 880.000 livres d'airain, sans compter les sommes et les armes distribuées aux soldats. Des armes qui lui échurent

Les peuples qui étoient amis ou alliés se ruinoient tous par les présents immenses qu'ils faisoient pour conserver la faveur ou l'obtenir plus grande, et la moitié de l'argent qui fut envoyé pour ce sujet aux Romains auroit suffi pour les vaincre [1].

Maîtres de l'univers, ils s'attribuèrent tous les trésors : ravisseurs moins injustes en qualité de conquérants qu'en qualité de législateurs. Ayant su que Ptolomée, roi de Chypre, avoit des richesses immenses, ils firent une loi, sur la proposition d'un tribun, par laquelle ils se donnèrent l'hérédité d'un homme vivant et la confiscation d'un prince allié.

Bientôt la cupidité des particuliers acheva d'enlever ce qui avoit échappé à l'avarice [2] publique. Les magistrats et les gouverneurs vendoient aux rois leurs injustices. Deux compétiteurs se ruinoient à l'envi, pour acheter une protection toujours douteuse contre un rival qui n'étoit pas entièrement épuisé . car on n'avoit pas même cette justice des brigands, qui portent une certaine probité dans l'exercice du crime. Enfin les droits légitimes ou usurpés ne se soutenant que par l'argent, les princes, pour en avoir, dépouilloient les temples [3], confisquoient les biens des plus riches citoyens : on faisoit mille crimes pour donner aux Romains tout l'argent du monde.

pour sa part, il fit fondre une statue colossale de Jupiter qu'il plaça sur le Capitole. Pline dit qu'on la voyait du mont Albain. Le triomphe de Paul-Emile dépassa en richesses tout ce qu'on avait vu jusqu'alors. Le premier jour défilèrent 250 chariots chargés de statues et de tableaux; le deuxième, des voitures chargées d'armes, puis 750 vases contenant chacun trois talents en argent monnayé, portés par 3,000 hommes, sans compter les coupes et les cratères d'argent. Le troisième jour, on vit des enfants portant des coupes d'argent et d'or, des soldats portant l'or monnayé dans 77 vases renfermant chacun trois talents, 400 couronnes d'or données par les villes de Grèce et d'Asie, une coupe du poids de 10 talents d'or, incrustée de pierreries, et toutes les coupes d'or qui ornaient la table des rois de Macédoine.

1. Les présents que le sénat envoyoit aux rois n'étaient que des bagatelles, comme une chaise et un bâton d'ivoire, ou quelque robe de magistrature. (*N de M.*)

2. Traduction directe du mot latin *avaritia* dont le sens premier est *aviditė* (de *aveo, désirer vivement*).

3. Allusion à Antiochus de Syrie. V. note 1, p. 52.

Mais rien ne servit mieux Rome que le respect qu'elle imprima à la terre. Elle mit d'abord les rois dans le silence, et les rendit comme stupides [1]. Il ne s'agissoit pas du degré de leur puissance, mais leur personne propre étoit attaquée. Risquer une guerre, c'étoit s'exposer à la captivité, à la mort, à l'infamie du triomphe. Ainsi des rois qui vivoient dans le faste et dans les délices n'osoient jeter des regards fixes sur le peuple romain; et, perdant le courage, ils attendoient, de leur patience et de leurs bassesses, quelque délai aux misères dont ils étoient menacés.

Remarquez, je vous prie, la conduite des Romains. Après la défaite d'Antiochus, ils étoient maîtres de l'Afrique, de l'Asie et de la Grèce, sans y avoir presque de villes en propre. Il sembloit qu'ils ne conquissent que pour donner; mais ils restoient si bien les maitres [2] que, lorsqu'ils faisoient la guerre à quelque prince, ils l'accabloient, pour ainsi dire, du poids de tout l'univers.

Il n'étoit pas temps encore de s'emparer des pays conquis. S'ils avoient gardé les villes prises à Philippe, ils auroient fait ouvrir les yeux aux Grecs; si, après la seconde guerre punique, ou celle contre Antiochus, ils avoient pris des terres en Afrique ou en Asie, ils n'auroient pu conserver des conquêtes si peu solidement établies [3].

Il falloit attendre que toutes les nations fussent accoutumées à obéir, comme libres et comme alliées, avant de leur commander comme sujettes, et qu'elles

1. Sens de *stupeo, être immobile d'étonnement*. Cf. Corneille :

... *Je demeure stupide* (Cinna, V. I. 1541).

2. « Laisser aux pays vaincus ou soumis à l'influence romaine leurs chefs nationaux, gouverner par les indigènes, comme les Anglais le font dans l'Inde, fut une des maximes les plus heureuses de la politique romaine. Contents de cette apparente indépendance, de ces *libertés municipales*, qui s'accordent si bien avec le despotisme politique, les peuples tombaient sans bruit, sans éclat, à la condition de sujets, et le sénat les trouvait tout façonnés au joug quand il voulait serrer le frein et faire sentir l'éperon. » (Duruy, t. II, ch. XXXI.)

3. Ils n'osèrent y exposer leurs colonies; ils aimèrent mieux mettre une jalousie éternelle entre les Carthaginois et Massinisse, et se servir du secours des uns et des autres pour soumettre la Macédoine et la Grèce. (*N. de M.*)

eussent été se perdre peu à peu dans la république romaine.

Voyez le traité qu'ils firent avec les Latins après la victoire du lac Régille [1] : il fut un des principaux fondements de leur puissance. On n'y trouve pas un seul mot qui puisse faire soupçonner l'empire.

C'étoit une manière lente de conquérir. On vainquoit un peuple, et on se contentoit de l'affoiblir; on lui imposoit des conditions qui le minoient insensiblement; s'il se relevoit, on l'abaissoit davantage, et il devenoit sujet sans qu'on pût donner une époque de sa sujétion [2].

Ainsi Rome n'étoit pas proprement une monarchie ou une république, mais la tête du corps formé par tous les peuples du monde [3].

Si les Espagnols [4], après la conquête du Mexique et

1. Ce traité, signé en 493, par le consul Sp. Cassius et les trente villes latines, était ainsi conçu : *Il y aura paix entre les Romains et les Latins tant que le ciel sera au dessus de la terre et la terre sous le soleil. Ils ne s'armeront pas l'un contre l'autre ; ils ne donneront point passage à l'ennemi à travers leur territoire et ils se porteront secours avec toutes leurs forces quand ils seront attaqués. Le butin et les conquêtes faites en commun seront partagés.* Il semble aussi que le commandement de l'armée dût alterner chaque année entre les deux peuples.

2. Ainsi les armées romaines ou plutôt des alliés de Rome parurent pour la première fois en Macédoine pendant la 2e guerre punique. Philippe obtint la paix en 205. En 197, à Cynocéphales, Flaminius faisait expier à l'allié d'Annibal son ingérence dans la querelle de Rome et de Carthage. Et Rome parut n'avoir vaincu que dans l'intérêt des Grecs dont elle proclama la liberté. Ce ne fut qu'en 148 que la Macédoine fut réduite en province romaine, alors que le sénat aurait pu le faire le lendemain de Cynocéphales.

3. « Depuis l'Euphrate et le Tanaïs jusqu'aux colonnes d'Hercule et à la mer Atlantique, toutes les terres et toutes les mers leur obéissaient : du milieu et comme du centre de la mer Méditerranée, ils embrassaient toute l'étendue de cette mer, pénétrant au long et au large tous les États d'alentour, et la tenant entre deux pour faire la communication de leur empire. On est encore effrayé quand on considère que les nations qui font à présent des royaumes si redoutables, toutes les Gaules, toutes les Espagnes, la Grande-Bretagne presque tout entière, l'Illyrique jusqu'au Danube, la Germanie jusqu'à l'Elbe, l'Afrique, jusqu'à ses déserts affreux et impénétrables, la Grèce, la Thrace, la Syrie, l'Egypte, tous les royaumes de l'Asie Mineure, et ceux qui sont enfermés entre le Pont-Euxin et la mer Caspienne, et les autres que j'oublie peut-être ou que je ne veux pas rapporter, n'ont été, durant plusieurs siècles, que des provinces romaines. Tous les peuples de notre monde, jusqu'aux plus barbares, ont respecté leur puissance, et les Romains y ont établi presque partout, avec leur empire, les lois et la politesse. » Bossuet, *Histoire Universelle,* IIIe partie, chap. VI.

4. Encore une de ces comparaisons peu heureuses entre Rome et les nations modernes. Montesquieu semble y prendre plaisir : mais les rapprochements de ce genre sont nécessairement factices et peu concluants.

du Pérou, avoient suivi ce plan, ils n'auroient pas été obligés de tout détruire pour tout conserver.

C'est la folie des conquérants de vouloir donner à tous les peuples leurs lois et leurs coutumes : cela n'est bon à rien; car dans toute sorte de gouvernement on est capable d'obéir.

Mais Rome n'imposant aucune loi générale, les peuples n'avoient pas entre eux de liaisons dangereuses [1]; ils ne faisoient un corps que par une obéissance commune; et, sans être compatriotes, ils étoient tous Romains [2].

On objectera peut-être que les empires fondés sur les lois des fiefs n'ont jamais été durables ni puissants. Mais il n'y a rien au monde de si contradictoire que le plan des Romains et celui des Barbares [3]; et, pour n'en dire qu'un mot, le premier étoit l'ouvrage de la force, l'autre de la foiblesse; dans l'un, la sujétion étoit extrême; dans l'autre, l'indépendance. Dans les pays conquis par les nations germaniques, le pouvoir étoit dans la main des vassaux; le droit seulement, dans la main du prince : c'étoit tout le contraire chez les Romains.

Chap. VII. — Comment Mithridate put leur résister.

De tous les rois que les Romains attaquèrent, Mithridate [4] seul se défendit avec courage et les mit en péril.

1. Montesquieu entend par là l'union entre les villes qui eût pu devenir dangereuse pour Rome. Nous avons ici un curieux exemple de la transformation que subissent les mots et les expressions d'un siècle à l'autre. Aujourd'hui, cette expression n'est employée qu'au sens de *liaisons contractées imprudemment avec des personnes dont la fréquentation est dangereuse.*

2. Rome sut laisser à ses alliés une grande liberté dans l'administration de leurs affaires. Ainsi chaque province avait sa charte (*lex provinciae*) et les villes d'une même province avaient souvent chacune leur organisation particulière. Rome savait admirablement conserver ou créer les rivalités d'intérêts qui la laissaient seule maîtresse.

3. La pensée de Montesquieu est peu claire. Et, encore une fois, à quoi bon ces rapprochements ?

4. Mithridate VI Eupator. M. Duruy le juge ainsi : « Par la pompe dont il aimait à s'entourer et son mépris de la vie humaine, c'était un roi d'Asie; par son goût pour les lettres, les sciences,

La situation de ses États étoit admirable pour leur faire la guerre. Ils touchoient au pays inaccessible du Caucase, rempli de nations féroces dont on pouvoit se servir; de là ils s'étendoient sur la mer du Pont : Mithridate la couvroit de ses vaisseaux, et alloit continuellement acheter de nouvelles armées de Scythes; l'Asie étoit ouverte à ses invasions; il étoit riche parce que ses villes sur le Pont-Euxin faisoient un commerce avantageux avec des nations moins industrieuses qu'elles.

Les proscriptions, dont la coutume commença dans ces temps-là, obligèrent plusieurs Romains de quitter leur patrie. Mithridate les reçut à bras ouverts; il forma des légions, où il les fit entrer, qui furent ses meilleures troupes [1].

D'un autre côté, Rome travaillée par ses dissensions civiles [2], occupée de maux plus pressants, négligea les affaires d'Asie et laissa Mithridate suivre ses victoires [3] ou respirer après ses défaites.

Rien n'avoit plus perdu la plupart des rois que le désir manifeste qu'ils témoignoient de la paix; ils avoient détourné par là tous les autres peuples de partager avec eux un péril dont ils vouloient tant sortir eux-mêmes. Mais Mithridate fit d'abord sentir

les médailles, les pierres gravées et les vases précieux, un prince grec; par son inconcevable courage, un chef barbare. »

1. Frontin, *Stratagèmes*, liv. II, chap. III, § 15, dit qu'Archélaüs, lieutenant de Mithridate, combattant contre Sylla, mit au premier rang ses chariots à faux; au second, sa phalange; au troisième, les auxiliaires armés à la romaine : « *Mixtis fugitivis Italiæ, quorum pervicaciæ multum fidebat.* » Mithridate fit même une alliance avec Sertorius. Voy. aussi Plutarque, *Vie de Lucullus*. (*N. de M.*)

2. C'était l'époque des luttes de Marius et de Sylla.

3. C'est-à-dire *continuer*, *poursuivre* ses victoires. Cf. Corneille :

Adieu, quelqu'autre fois nous suivrons ce discours.
(*Tite et Bérénice*, III, 3.)

Mithridate n'avait reçu de son père, allié des Romains, que le royaume de Pont. Il commença par porter secours au Bosphore Cimmérien qu'il adjoignit ensuite à ses États. Puis il partagea la Paphlagonie avec Nicomède II de Bithynie, et le sénat lui ayant enjoint d'abandonner cette province : « *Ce royaume appartenait à mon père,* répondit-il, *je m'étonne qu'on vienne contester mon droit.* » Enfin, pour s'assurer la Cappadoce, il en fit tuer le roi Ariarathe VI et ses enfants, et le remplaça par son propre fils.

à toute la terre qu'il étoit l'ennemi des Romains, et qu'il le seroit toujours [1].

Enfin les villes de Grèce [2] et d'Asie, voyant que le joug des Romains s'apesantissoit tous les jours sur elles, mirent leur confiance dans ce roi barbare [3], qui les appeloit à la liberté.

Cette disposition des choses produisit trois grandes guerres [4], qui forment un des plus beaux morceaux de l'histoire romaine; parce qu'on n'y voit pas des princes déjà vaincus par les délices et l'orgueil, comme Antiochus et Tigrane, ou par la crainte, comme Philippe, Persée et Jugurtha; mais un roi magnanime, qui, dans les adversités, tel qu'un lion qui regarde ses blessures, n'en étoit que plus indigné.

Elles sont singulières, parce que les révolutions y sont continuelles et toujours inopinées; car, si Mithridate pouvoit aisément réparer ses armées, il arrivoit aussi que, dans les revers, où l'on a plus besoin d'obéissance et de discipline, ses troupes barbares l'abandonnoient; s'il avoit l'art de solliciter les peuples et de faire révolter les villes, il éprouvoit, à son tour, des perfidies de la part de ses capitaines, de ses enfants et de ses femmes; enfin, s'il eut affaire à

1. *L'Orient accablé*
Ne peut plus soutenir leur effort redoublé.
Il voit plus que jamais ses campagnes couvertes
De Romains que la guerre enrichit de nos pertes.
Des biens des nations ravisseurs altérés,
Le bruit de nos trésors les a tous attirés;
Ils y courent en foule, et jaloux l'un de l'autre,
Désertent leur pays pour inonder le nôtre.
Moi seul je leur résiste. Ou lassés ou soumis,
Ma funeste amitié pèse à tous mes amis.
Chacun à ce fardeau veut dérober sa tête.
(Racine, *Mithridate*).

2. Athènes fut une des premières à faire cause commune avec Mithridate. Elle devint dans la première guerre la base d'opérations d'Archélaos qui commandait pour Mithridate l'armée pontique. Sylla prit la malheureuse ville (1er mars 86) et le carnage fut tel que le sang, dit-on, après avoir rempli le Céramique, coula jusqu'aux portes et ruissela dans les faubourgs.

3. Montesquieu, qui emprunte si volontiers aux Romains leurs expressions et leurs tournures de phrase, qualifie, comme eux, de *barbare* tout ce qui était *étranger*.

4. La première fut conduite par Sylla (87-84); la seconde par Lucullus (74-66), et la troisième par Pompée (66). Mais il y eut d'autres campagnes moins importantes dans lesquelles les généraux romains furent battus.

des généraux malhabiles, on envoya contre lui, en divers temps, Sylla, Lucullus et Pompée.

Ce prince, après avoir battu les généraux romains, et fait la conquête de l'Asie, de la Macédoine et de la Grèce, ayant été vaincu à son tour par Sylla, réduit, par un traité, à ses anciennes limites, fatigué par les généraux romains, devenu encore une fois leur vainqueur et le conquérant de l'Asie, chassé par Lucullus, suivi dans son propre pays, fut obligé de se retirer chez Tigrane [1]; et, le voyant perdu sans resssource, après sa défaite, ne comptant plus que sur lui-même, il se réfugia dans ses propres États et s'y rétablit.

Pompée succéda à Lucullus, et Mithridate en fut accablé [2]. Il fuit de ses États et, passant l'Araxe [3], il marcha de péril en péril, par le pays des Laziens [4], et, ramassant dans son chemin ce qu'il trouva de barbares, il parut dans le Bosphore, devant son fils Macharès [5], qui avoit fait sa paix avec les Romains.

Dans l'abîme où il étoit, il forma le dessein de porter la guerre en Italie, et d'aller à Rome avec les mêmes nations qui l'asservirent quelques siècles après, et par le même chemin qu'elles tinrent [6].

1. Tigrane était le gendre de Mithridate et roi d'Arménie. Il fut honteusement vaincu sous les murs de sa capitale Tigranocerte, par Lucullus, et, l'année suivante, devant sa seconde capitale Artaxata (68).

2. En réalité Pompée eut peu de chose à faire. Les victoires de Sylla et de Lucullus avaient abattu Mithridate et le nouveau général n'eut qu'à en recueillir les fruits; aussi Lucullus disait-il de Pompée : « *Comme un oiseau de proie lâche et timide qui suit le chasseur à l'odeur du carnage, Pompée se jette sur les corps abattus par d'autres et triomphe des coups qu'ils ont portés.* »

3. Rivière d'Arménie affluent du Cyrus. Le Cyrus (auj. *Koura*) se jette dans la mer Caspienne

4. Les Laziens habitaient le pays qui s'étend au sud-est du Pont-Euxin, entre le Phase et l'Acampsis, au sud de la Colchide.

5. Macharès avait envoyé une couronne d'or à Lucullus en sollicitant l'appui des Romains. Pour échapper à la vengeance de son père, il se tua. Le royaume de Bosphore était situé au nord du Pont-Euxin et comprenait la Chersonèse Taurique et le Palus Maeotis et ses rives.

6. Racine a magnifiquement exposé ce projet de Mithridate :

C'est à Rome, mes fils, que je prétends marcher.
Le dessein vous surprend, et vous croyez, peut-être,
Que le seul désespoir aujourd'hui le fait naître.
J'excuse votre erreur, et pour être approuvés,
De semblables projets veulent être achevés.
Ne vous figurez point que de cette contrée
Par d'éternels remparts Rome soit séparée.
Je sais tous les chemins par où je dois passer ;

Trahi par Pharnace [1], un autre de ses fils, et par une armée effrayée de la grandeur de ses entreprises et des hasards qu'il alloit chercher, il mourut en roi [2].

Ce fut alors que Pompée, dans la rapidité de ses victoires, acheva le pompeux ouvrage de la grandeur de Rome [3]. Il unit au corps de son empire des pays infinis : ce qui servit plus au spectacle de la magnificence romaine qu'à sa vraie puissance ; et, quoiqu'il parût, par les écriteaux [4] portés à son triomphe, qu'il

Et si la mort bientôt ne me vient traverser,
Sans reculer plus loin l'effet de ma parole,
Je vous rends dans trois mois au pied du [Capitole.
Doutez-vous que l'Euxin ne me porte en [deux jours
Aux lieux où le Danube y vient finir son [cours ?
Que du Scythe avec moi l'alliance jurée
De l'Europe en ces lieux ne me livre l'en-[trée ?
Recueilli dans leurs ports, accru de leurs [soldats,
Nous verrons notre camp grossir à chaque [pas.
Daces, Pannoniens, la fière Germanie,
Tous n'attendent qu'un chef contre la [tyrannie.
(*Mithridate*, III, 1.)

1. Le projet grandiose de Mithridate avait effrayé ses officiers. Pharnace conspira contre lui et, malgré le pardon qui lui était offert, s'appliqua à détacher de son père ceux qui lui restaient fidèles.

2. Pour ne pas être livré aux Romains, Mithridate essaya de s'empoisonner, puis de se percer de son épée, ce fut un Gaulois qui, sur sa prière, l'acheva (63). Il pouvait dire en expirant :

J'ai vengé l'univers autant que je l'ai pu :
La mort dans ce projet m'a seule inter-[rompu,
Ennemi des Romains et de la tyrannie,
Je n'ai point de leur joug subi l'ignomi-[nie :
Et j'ose me flatter qu'entre les noms fa-[meux
Qu'une pareille haine a signalés contre [eux,
Nul ne leur a plus fait acheter la victoire,
Ni de jours malheureux plus rempli leur [histoire.
(*Mithridate*, V, 6.)

Dion Cassius (L. XXXVII, ch. 11) juge ainsi Mithridate : « Cet homme était véritablement né pour entreprendre de grandes choses. Comme il avait souvent éprouvé la bonne et la mauvaise fortune, il ne croyait rien au dessus de ses espérances et de son audace, bien résolu, si son entreprise ne réussissait point, de faire une fin digne d'un grand roi et de s'ensevelir lui-même sous les ruines de son empire, plutôt que de vivre dans l'obscurité et dans la bassesse. »

3. Pompée agrandit la province de Bithynie de la plus grande partie du Pont et lui donna le nom de *Bithynia et Pontus*. Il organisa la province de Cilicie et celle de Syrie, fonda ou repeupla 39 villes, distribua aux alliés de Rome ce qui restait en dehors des frontières des trois grandes provinces : le Bosphore à Pharnace, la petite Arménie à Déjotarus, une partie de la Paphlagonie à Attale, la Cappadoce et la Sophène à Ariobarzane, la Gordyène à Tigrane, et la Commagène à Antiochus. Enfin il déclara villes libres Antioche, Séleucie, Gaza.

4. Ces écriteaux placés sur les chariots chargés de dépouilles indiquaient la valeur et l'origine de celles-ci. Au triomphe de Pompée, des tableaux portaient que le général avait subjugué 12 millions d'hommes, pris 800 navires, 1.000 forteresses, 900 villes, fondé ou repeuplé 39 cités, versé dans le trésor 20.000 talents et presque doublé les revenus publics.

avoit augmenté le revenu du fisc [1] de plus d'un tiers, le pouvoir n'augmenta pas [2], et la liberté publique n'en fut que plus exposée [3].

CHAP. VIII. — Des divisions qui furent toujours dans la ville.

Pendant que Rome conquéroit l'univers, il y avoit dans ses murailles une guerre cachée ; c'étoient des feux comme ceux de ces volcans qui sortent sitôt que quelque matière vient en augmenter la fermentation.

Après l'expulsion des rois, le gouvernement étoit devenu aristocratique : les familles patriciennes obtenoient seules toutes les magistratures, toutes les dignités [4], et par conséquent tous les honneurs militaires et civils [5].

Les patriciens, voulant empêcher le retour des rois, cherchèrent à augmenter le mouvement qui étoit dans l'esprit du peuple ; mais ils firent plus qu'ils ne voulurent ; à force de lui donner de la haine pour les rois,

1. Le mot *fiscus*, proprement *corbeille d'osier*, *corbeille* ou *coffre pour l'argent*, *cassette*, d'où *trésor*, n'a été employé que pour désigner la caisse spéciale sur laquelle l'empereur prélevait les fonds nécessaires à la défense et à l'administration du territoire. — Elle était alimentée en grande partie par les revenus des provinces impériales. — Sous la république, le mot *aerarium* était seul connu. Sous l'empire, le trésor public, laissé en théorie à la disposition du sénat, était alimenté par les revenus des provinces sénatoriales.

2. Suppléez : *en proportion de sa richesse*. Montesquieu avait déjà exprimé cette idée quatre lignes plus haut : *ce qui servit plus*...

3. C'est à ce moment, en effet, que commence ce que M. Duruy appelle l'*impuissance du gouvernement de la République*.

4. Les patriciens avoient même en quelque façon un caractère sacré : il n'y avoit qu'eux qui pussent prendre les auspices. Voy. dans Tite Live, liv. VI, chap. XL et suiv., la harangue d'Appius Claudius. (*N. de M.*)

5. Par exemple, il n'y avoit qu'eux qui pussent triompher, puisqu'il n'y avoit qu'eux qui pussent être consuls et commander les armées. (*N. de M.*) Le gouvernement était tout entier entre les mains des patriciens. Ils étaient maîtres du sénat, ils dominaient dans les assemblées centuriates par leurs richesses et leurs clients. Si le vote de l'assemblée populaire menaçait d'être défavorable, le magistrat patricien qui présidait pouvait toujours par les augures dissoudre l'assemblée ou annuler ses décisions. Dans les comices d'élections, si une nomination était désagréable, l'assemblée centuriate, composée des seuls patriciens, refusait au magistrat élu l'*imperium*. Enfin les patriciens étaient prêtres, augures, juges, et ils avaient le droit d'images.

Ils lui donnèrent un désir immodéré de la liberté. Comme l'autorité royale avoit passé tout entière entre les mains des consuls [1], le peuple sentit que cette liberté dont on vouloit lui donner tant d'amour, il ne l'avoit plus : il chercha donc à abaisser le consulat [2], à vouloir des magistrats plébéiens, et à partager avec les nobles les magistratures curules [3]. Les patriciens furent forcés de lui accorder tout ce qu'il demanda ; car, dans une ville où la pauvreté étoit la vertu publique, où les richesses, cette voie sourde pour acquérir la puissance, étoient méprisées, la naissance et les dignités ne pouvoient pas donner de grands avantages. La puissance devoit donc revenir au plus grand nombre, et l'aristocratie se changer peu à peu en un Etat populaire [4].

Ceux qui obéissent à un roi sont moins tourmentés d'envie et de jalousie que ceux qui vivent dans une aristocratie héréditaire. Le prince est si loin de ses sujets, qu'il n'en est presque pas vu ; et il est si fort au dessus d'eux, qu'ils ne peuvent imaginer aucun rapport [5] qui puisse les choquer ; mais les nobles qui gouvernent sont sous les yeux de tous, et ne sont pas si élevés que des comparaisons odieuses ne se fassent sans cesse : aussi a-t-on vu de tout temps, et le voit-on encore, le peuple détester les sénateurs [6]. Les

1. Les préteurs ou consuls patriciens étaient d'ailleurs de véritables rois, sauf la couronne et le manteau de pourpre broché d'or : ...*uti consules potestatem haberent regiam* (Cic. *de Rep.* II, 32).

2. L'institution du *tribunat*, en donnant au peuple des défenseurs, tint en échec la puissance consulaire.

3. Les magistrats *curules* étaient ainsi appelés à cause de la *sella curulis* ou fauteuil incrusté d'ivoire sur laquelle ils siégeaient. Les magistrats curules étaient le *consul*, le *censeur*, le *préteur*, l'*édile curule*, le *dictateur* et le *magister equitum*.

4. Les exactions des patriciens et les dettes des plébéiens furent les vraies causes de la révolution démocratique. La loi livrait au créancier la liberté et la vie du débiteur. Le peuple demanda d'abord l'abolition des dettes, puis il se refusa à l'enrôlement. Après la retraite sur le mont Sacré, les patriciens durent délivrer les prisonniers pour dettes et abolir les dettes des créanciers insolvables.

5. Suppléez : *entre eux et lui*.

6. Montesquieu aurait dû écrire : *patriciens* au lieu de *sénateurs*. Le peuple, en effet, ne détestait pas précisément le sénat dont il reconnaissait la nécessité et la haute sagesse. D'ailleurs Montesquieu dit lui-même, un peu plus bas, que le *sénat se défendait par le respect que le peuple avait pour la gloire*

républiques, où la naissance ne donne aucune part au gouvernement sont à cet égard les plus heureuses; car le peuple peut moins envier une autorité qu'il donne à qui il veut, et qu'il reprend à sa fantaisie.

Le peuple, mécontent des patriciens, se retira sur le mont Sacré [1] : on lui envoya des députés qui l'apaisèrent; et comme chacun se promit secours l'un à l'autre, en cas que les patriciens ne tinssent pas les paroles données, ce qui eût causé à tous les instants des séditions, et auroit troublé toutes les fonctions des magistrats, on jugea qu'il valoit mieux créer une magistrature qui pût empêcher les injustices faites à un plébéien [2]. Mais, par une maladie éternelle des hommes, les plébéiens, qui avoient obtenu des tribuns pour se défendre, s'en servirent pour attaquer; ils enlevèrent peu à peu toutes les prérogatives des patriciens [3] : cela produisit des contestations conti-

des principales familles et la vertu des grands personnages. Bossuet a mieux fait ressortir ce point : *C'est une chose surprenante, dans la conduite de Rome, d'y voir le peuple regarder presque toujours le sénat avec jalousie, et néanmoins lui déférer tout dans les grandes occasions, et surtout dans les grands périls : alors on voyait tout le peuple tourner les yeux sur cette sage compagnie, et attendre ses résolutions comme autant d'oracles. Une longue expérience avait appris aux Romains que de là étaient sortis tous les conseils qui avaient sauvé l'état.* (*Disc. H. U.*, 3e P., ch. VI.)

1. Le mont Sacré est une colline allongée située sur la rive droite de l'Anio, à quatre kilomètres nord-est de Rome, près de la voie Nomentane. Le peuple s'y retira deux fois : en 493 à cause de la cruauté des créanciers, et en 449 après la mort de Virginie.

2. D'après Aulu Gelle (XIII, 12), à l'origine le tribun ne pouvait protéger que le plébéien insulté ou frappé en sa présence. Mais, comme le remarque Montesquieu, les tribuns ne se contentèrent bientôt plus de défendre les plébéiens, ils attaquèrent les patriciens. Aussi Cicéron a-t-il pu dire : « *Ce fut une première diminution de la puissance consulaire que l'existence d'un magistrat qui n'en dépendait pas. La seconde fut le secours qu'il prêta aux autres magistrats et aux citoyens qui refusaient d'obéir aux consuls* » (De Leg. III, 7.)

3. Tous les empiètements des tribuns eurent pour origine leur inviolabilité (*sacrosancta potestas*) affirmée par la *lex sacrata* de 494. Ils avaient également le *jus auxilii* ou *intercessio* (droit de s'interposer en faveur du peuple et d'opposer leur *veto* à toute loi vexatoire), et le *jus edicendi* (droit d'édicter des ordonnances valables pour le peuple). Ils y ajoutèrent le droit de *coercition*, droit absolu envers et contre tous; le droit de présider les assemblées de la plèbe (*concilia plebis*) élisant les édiles, les tribuns, les magistrats extraordinaires et votant des plébiscites ayant force de loi; enfin jusqu'au droit, qui, il est vrai, leur fut reconnu plus tard légalement, de convoquer le sénat et de provoquer les sénatusconsultes. Le tribunat n'était pas une magistrature, mais une fonction spéciale, « révolutionnaire de par son origine, dit M. Bouché-Leclercq, il resta jusqu'au bout un ferment malsain et comme un corps étranger dans la Constitution. »

nuelles. Le peuple étoit soutenu, ou plutôt animé par ses tribuns ; et les patriciens étoient défendus par le sénat, qui étoit presque tout composé de patriciens [1], qui étoit plus porté pour les maximes anciennes, et qui craignoit que la populace n'élevât à la tyrannie [2] quelque tribun.

Le peuple employoit pour lui ses propres forces, et sa supériorité dans les suffrages [3], ses refus d'aller à la guerre, ses menaces de se retirer, la partialité de ses lois, enfin ses jugements contre ceux qui lui avoient fait trop de résistance. Le sénat se défendoit par sa sagesse, sa justice et l'amour qu'il inspiroit pour la patrie ; par ses bienfaits et une sage dispensation des trésors de la république ; par le respect que le peuple avoit pour la gloire des principales familles et la vertu des grands personnages [4] ; par la religion même, les institutions anciennes, et la suppression des jours d'assemblées, sous prétexte que les

1. Les érudits se divisent en deux camps sur cette question. Les uns admettent que les plébéiens entrèrent au sénat dès 500, c'est-à-dire après l'expulsion des rois, voire même sous les rois. D'autres prétendent qu'ils y prirent place en vertu de la transaction qui les déclara éligibles au *tribunat consulaire* (445). Les anciens magistrats, en effet, avaient le droit d'être les premiers choisis par le consul pour combler les vides faits dans le sénat. En tout cas, il est incontestable que vers 400 le sénat se recrutait aussi bien parmi les plébéiens que parmi les patriciens.

2. Par *tyran*, nous entendons aujourd'hui un mauvais prince. Les Latins désignaient sous ce nom de *tyrannus* un usurpateur.

3. Il faut distinguer les *comices centuriates* et les *comices tributes*. Les *comitia centuriata* élisaient les consuls, les préteurs, les censeurs ; la classe la plus riche, celle dont le cens était de 100.000 as, disposait de 98 suffrages contre 95 attribués à toutes les autres classes ; voilà pourquoi les patriciens étaient toujours les maîtres de ces comices. Les *comitia tributa* nommaient les tribuns, les questeurs, les édiles et les magistrats inférieurs, et votaient des plébiscites. Or, la *tribu* n'étant qu'une circonscription territoriale qui comprenait patriciens et plébéiens, le vote de chacune était à la disposition de ces derniers qui y étaient toujours en très grande majorité. Ainsi les comices tributes étaient vraiment l'assemblée de la plèbe.

4. Le peuple, qui aimoit la gloire, composé de gens qui avoient passé leur vie à la guerre, ne pouvoit refuser ses suffrages à un grand homme sous lequel il avoit combattu. Il obtenoit le droit d'élire les plébéiens, et il élisoit des patriciens. Il fut obligé de se lier les mains, en établissant qu'il y auroit toujours un consul plébéien : aussi les familles plébéiennes qui entrèrent dans les charges y furent-elles ensuite continuellement portées ; et quand le peuple éleva aux honneurs quelque homme de néant comme Varron et Marius, ce fut une espèce de victoire qu'il remporta sur lui-même. (*N. de M.*)

auspices n'avoient pas été favorables [1]; par les clients; par l'opposition d'un tribun à un autre; par la création d'un dictateur [2], les occupations d'une nouvelle guerre ou les malheurs qui réunissoient tous les intérêts; enfin par une condescendance paternelle à accorder au peuple une partie de ses demandes pour lui faire abandonner les autres, et cette maxime constante de préférer la conservation de la république aux prérogatives de quelque ordre ou de quelque magistrature que ce fût.

Dans la suite des temps, lorsque les plébéiens eurent tellement abaissé les patriciens que cette distinction de familles devint vaine [3], et que les unes et les autres furent indifféremment élevées aux honneurs, il y eut de nouvelles disputes entre le bas peuple, agité par ses tribuns, et les principales familles patriciennes ou plébéiennes, qu'on appela les nobles [4], et qui avoient

1. Durant les deux premiers siècles de la République, le sénat revisait le texte des lois votées par les comices et se prononçait sur la validité des opérations électorales. Les lois *Publia Philonis* (339) et *Maenia* décidèrent que les pères conscrits donneraient leur assentiment sur le texte de la loi ou la liste des candidats, *avant le vote*. Mais le sénat eut encore la ressource de déférer au collège des Augures les votes qui lui paraissaient entachés de quelque vice de forme et de les casser en vertu d'un décret de ce collège.

2. Les patriciens, pour se défendre, avoient coutume de créer un dictateur, ce qui leur réussissoit admirablement bien; mais les plébéiens, ayant obtenu de pouvoir être élus consuls, purent aussi être élus dictateurs : ce qui déconcerta les patriciens. Voy. dans Tite Live, liv. VIII, chap. XII, comment Publilius Philo les abaissa dans sa dictature : il fit trois lois qui leur furent très préjudiciables. (*N. de M.*)

3. Les lois Liciniennes (366) ont une importance capitale au point de vue de l'égalité politique. Cependant les conquêtes de la plèbe ne se bornèrent pas au partage du consulat. En 355, la dictature, en 350 la censure, en 337 la préture furent accessibles aux plébéiens. En 339, les lois Liciniennes furent complétées en ce sens que les deux consuls purent désormais être choisis parmi eux. Enfin, en 302, les plébéiens arrivèrent au sacerdoce.

4. La formation d'une nouvelle aristocratie, qui sous le nom de *noblesse* (*nobilitas*) remplaça l'ancien patriciat, fut une conséquence des lois Liciniennes. Cette aristocratie était ouverte à tous : pour en faire partie, il suffisait d'avoir occupé soi-même, ou de compter parmi ses ancêtres quelqu'un qui eût occupé une magistrature curule. Car cette noblesse était héréditaire. Celui qui, le premier de sa famille, arrivait à cet honneur, n'était pas encore *noble*; on l'appelait *homme nouveau*, et il devenait le chef d'une nouvelle famille noble. La noblesse une fois acquise était indépendante de l'état de fortune; elle ne pouvait se perdre que par suite d'une condamnation infamante. Le sénat qui était presque entièrement composé d'anciens magistrats était donc comme l'élite de la noblesse.

pour elles le sénat qui en étoit composé. Mais, comme les mœurs anciennes n'étoient plus, que des particuliers avoient des richesses immenses, et qu'il est impossible que les richesses ne donnent du pouvoir, les nobles résistèrent avec plus de force que les patriciens n'avoient fait : ce qui fut cause de la mort des Gracques et de plusieurs de ceux qui travaillèrent sur leur plan.

Il faut que je parle d'une magistrature qui contribua beaucoup à maintenir le gouvernement de Rome : ce fut celle des censeurs [1]. Ils faisoient le dénombrement du peuple; et de plus, comme la force de la république consistoit dans la discipline, l'austérité des mœurs et l'observation constante de certaines coutumes [2], ils corrigeoient les abus que la loi n'avoit pas prévus, ou que le magistrat ordinaire ne pouvoit pas punir [3]. Il y a de mauvais exemples qui sont pires que les crimes; et plus d'Etats ont péri parce qu'on a violé les mœurs que parce qu'on a violé les lois. A Rome, tout ce qui pouvoit introduire des nouveautés dangereuses, changer le cœur ou l'esprit du citoyen, et en empêcher, si j'ose me servir de ce terme, la perpétuité, les désordres domestiques ou publics, étoient réformés par les censeurs : ils pouvoient chasser du sénat qui ils vouloient, ôter à un chevalier le cheval qui lui étoit entretenu par le public [4], mettre

1. Ce fut en 443 que la censure fut instituée par les patriciens qui, obligés de partager le consulat avec les plébéiens, voulurent du moins lui enlever une des prérogatives consulaires. Les deux censeurs étaient élus par les comices centuriates tous les cinq ans; mais ils ne restaient en fonction que dix-huit mois, au bout desquels ils abdiquaient. — Montesquieu omet une de leurs principales attributions, le droit de dresser la liste des sénateurs, avec l'obligation, il est vrai, de choisir les nouveaux membres d'abord parmi les anciens magistrats curules, les questeurs, les édiles plébéiens et les tribuns.

2. C'est à l'observation de ces coutumes et à l'austérité des mœurs que le vieil Ennius attribuait la grandeur romaine : *Moribus antiquis stat res romana virisque.*

3. On peut voir comme ils dégradèrent ceux qui, après la bataille de Cannes, avoient été d'avis d'abandonner l'Italie; ceux qui s'étoient rendus à Annibal; ceux qui, par une mauvaise interprétation, lui avoient manqué de parole. (*N. de M.*)

4. Les *chevaliers* (*equites*) n'étaient pas seulement les citoyens qui servaient dans la cavalerie avec un cheval fourni par l'état (*equo publico*), mais tous ceux qui possédaient le cens requis pour le service dans la cavalerie.

un citoyen dans une autre tribu, et même parmi ceux qui payoient les charges de la ville sans avoir part à ses privilèges [1].

M. Livius nota [2] le peuple même ; et de trente-cinq tribus il en mit trente-quatre au rang de ceux qui n'avoient point de part aux privilèges de la ville : « Car, disoit-il, après m'avoir condamné, vous m'avez fait consul et censeur : il faut donc que vous ayez prévariqué une fois, en m'infligeant une peine, ou deux fois, en me créant consul et ensuite censeur. »

M. Duronius, tribun du peuple, fut chassé du sénat par les censeurs, parce que pendant sa magistrature il avoit abrogé la loi qui bornoit les dépenses des festins.

C'étoit une institution bien sage. Ils ne pouvoient ôter à personne leur magistrature, parce que cela auroit troublé l'exercice de la puissance publique [3] ; mais ils faisoient déchoir de l'ordre et du rang, et ils privoient, pour ainsi dire, un citoyen de sa noblesse particulière.

Servius Tullius avoit fait la fameuse division par centuries que Tite Live et Denys d'Halicarnasse nous ont si bien expliquée [4]. Il avoit distribué cent quatre-

1. Cela s'appeloit : « *Ærarium aliquem facere, aut in Cæritum tabulas referre.* » On étoit mis hors de sa centurie, et on n'avoit plus de droit de suffrage. (*N. de M.*)

2. La *nota* était une marque d'ignominie dont les censeurs flétrissaient certains citoyens. Mais cette *note* n'avait d'effet que pendant cinq ans, c'est-à-dire jusqu'à la censure suivante.

3. La dignité de sénateur n'était pas une magistrature. (*N. de M.*)

4. Tout ce passage est peu clair. Montesquieu n'a pas fait la distinction capitale et nécessaire entre les *tribus* et les *classes*. La *tribu* de Servius Tullius était une circonscription territoriale comprenant tous les habitants, patriciens et plébéiens. Il y eut les *tribus urbaines* puis les *tribus rustiques* qui, augmentant avec la conquête atteignirent, en 241, le chiffre définitif de 35. — La division en *classes* et en *centuries* reposait sur l'état de la fortune immobilière des citoyens, et dérivait de la nécessité pour tous les citoyens de contribuer aux charges de l'État. Selon les résultats du cens, tous les propriétaires et fils de propriétaires fonciers étaient incorporés dans les 5 classes dont se composait l'armée. Ces cinq classes comprenaient 192 centuries, *centuriae juniorum* et *centuriae seniorum* par parties égales. Il faut y ajouter une dernière centurie complétant le nombre de 193, laquelle comprenait les *capite censi*, c'est-à-dire ceux qui ne possédant rien, ne comptaient que pour leur tête ; ceux que Montesquieu appelle le *bas peuple*.

vingts-treize centuries en six classes, et mis tout le bas peuple dans la dernière centurie, qui formoit seule la sizième classe. On voit que cette disposition excluoit le bas peuple du suffrage, non pas de droit, mais de fait. Dans la suite on régla qu'excepté dans quelques cas particuliers on suivroit dans les suffrages la division par tribus [1]. Il y en avoit trente-cinq qui donnoient chacune leur voix, quatre de la ville et trente et une de la campagne. Les principaux citoyens, tous laboureurs, entrèrent naturellement dans les tribus de la campagne; et celles de la ville reçurent le bas peuple, qui, y étant enfermé, influoit très peu dans les affaires [2]; et cela étoit regardé comme le salut de la république. Et quand Fabius remit dans les quatre tribus de la ville le menu peuple, qu'Appius Claudius avoit répandu dans toutes, il en acquit le surnom de très grand. Les censeurs jetoient les yeux tous les cinq ans sur la situation actuelle de la république, et distribuoient de manière [3] le peuple dans ses diverses tribus que les tribus et les ambitieux ne pussent pas se rendre maîtres des suffrages, et que le peuple même ne pût abuser de son pouvoir.

Le gouvernement de Rome fut admirable en ce que, depuis sa naissance, sa constitution se trouva telle, soit par l'esprit du peuple, la force du sénat, ou l'autorité de certains magistrats, que tout abus du pouvoir y pût toujours être corrigé [4].

1. Il faut distinguer le vote par *centuries* et le vote par *tribus* (*comitia centuriata* et *comitia tributa*). Voir note 3, page 71.

2. Chez les Romains comme chez nous, le peuple de la capitale faisait seul les révolutions. Or, dans les votes par tribus, la plèbe ne disposait que de 4 voix, puisqu'elle était répartie dans les quatre tribus urbaines. Les paysans ou fermiers disposaient de 31 voix et ils annihilaient ainsi la plèbe romaine.

3. C'est là une construction archaïque. Il ne faut pas séparer *de manière que*, à moins d'écrire *de telle manière... que*. En latin, au contraire, et la construction de Montesquieu est ici encore une construction latine, on séparait presque toujours par un ou plusieurs mots *ita* et *ut*.

4. Ainsi les différents magistrats et le sénat veillaient au maintien de l'ordre et des principes du gouvernement. De plus, les magistrats en charge pouvaient, en vertu de la constitution, être poursuivis devant les tribunaux ordinaires. Mais, de fait, tous les magistrats revêtus de l'*imperium* étaient irresponsables tant qu'ils étaient en activité; et surtout la coutume et l'opinion se mirent d'accord

Carthage périt, parce que, lorsqu'il fallut retrancher les abus, elle ne put souffrir la main de son Annibal même. Athènes tomba, parce que ses erreurs lui parurent si douces, qu'elle ne voulut pas en guérir. Et parmi nous, les républiques d'Italie, qui se vantent de la perpétuité de leur gouvernement, ne doivent se vanter que de la perpétuité de leurs abus : aussi n'ont-elles pas plus de liberté que Rome n'en eut du temps des décemvirs.

Le gouvernement d'Angleterre[1] est plus sage, parce qu'il y a un corps[2] qui l'examine continuellement, et qui s'examine continuellement lui-même ; et telles sont ses erreurs qu'elles ne sont jamais longues, et que, par l'esprit d'attention qu'elles donnent à la nation, elles sont souvent utiles.

En un mot, un gouvernement libre, c'est-à-dire toujours agité, ne sauroit se maintenir, s'il n'est par ses propres lois capable de correction.

Chap. IX. — Deux causes de la perte de Rome.

Lorsque la domination de Rome étoit bornée dans[3] l'Italie, la république pouvoit facilement subsister. Tout soldat étoit également citoyen : chaque consul levoit une armée[4] ; et d'autres citoyens alloient à la guerre sous celui qui succédoit. Le nombre de troupes n'étant pas excessif, on avoit attention à ne recevoir dans la milice que des gens qui eussent assez de bien

pour les exempter des poursuites judiciaires. Mais, une fois sorti de charge, le magistrat redevenait simple citoyen et pouvait être poursuivi sous différents chefs prévus par la loi.

1. Montesquieu n'a jamais dissimulé ses sympathies pour le gouvernement anglais. Aussi dans l'édition de 1734 avait-il écrit : *Le gouvernement d'Angleterre est un des plus sages de l'Europe.* Mais les relations entre les deux pays déjà tendues à cette époque firent que ce passage souleva des protestations, et Montesquieu modifia le texte primitif dans un *erratum* de la 2e édition de 1734.

2. Le Parlement.

3. Cette expression se rencontre, mais elle est moins fréquente que *être bornée à*, qui a prévalu.

4. Jusqu'à Marius, la République ne connut pas les armées permanentes. La levée se faisait au moment d'entrer en campagne. L'effectif du contingent était fixé par le sénat, mais les consuls seuls pouvaient convoquer les tribus en armes.

pour avoir intérêt à la conservation de la ville [1]. Enfin le sénat voyoit de près la conduite des généraux et leur ôtoit la pensée de rien faire contre leur devoir.

Mais lorsque les légions passèrent les Alpes et la mer, les gens de guerre, qu'on étoit obligé de laisser pendant plusieurs campagnes dans les pays que l'on soumettoit, perdirent peu à peu l'esprit des citoyens ; et les généraux, qui disposèrent des armées et des royaumes, sentirent leur force, et ne purent plus obéir.

Les soldats commencèrent donc à ne connoître que leur général, à fonder sur lui toutes leurs espérances, et à voir de plus loin la ville [2]. Ce ne furent plus les soldats de la république, mais de Sylla, de Marius, de Pompée, de César [3]. Rome ne put plus savoir si celui qui étoit à la tête d'une armée, dans une province, étoit son général ou son ennemi.

Tandis que [4] le peuple de Rome ne fut corrompu que par ses tribuns, à qui il ne pouvoit accorder que sa puissance même, le sénat put aisément se défendre,

1. Les affranchis et ceux qu'on appeloit « *capite censi* », parce que ayant très peu de bien ils n'étoient taxés que pour leur tête, ne furent point d'abord enrôlés dans la milice de terre, excepté dans les cas pressants. Servius Tullius les avoit mis dans la sixième classe, et on ne prenoit des soldats que dans les cinq premières. Mais Marius, partant contre Jugurtha, enrôla indifféremment tout le monde. « *Milites scribere,* » dit Salluste, *non more majorum, neque* » *classibus, sed uti cujusque libido erat,* » *capite censos plerosque.* » (*De bello Jugurth.*, chapitre LXXXVI.) Remarquez que, dans la division par tribus, ceux qui étoient dans les quatre tribus de la ville étoient à peu près les mêmes que ceux qui, dans la division par centuries, étoient dans la sixième classe. (*N. de M.*)

2. *Urbs*, Rome.

3. Marius, en substituant les armées permanentes aux armées citoyennes, commença cette transformation. « Il ouvrit les légions aux prolétaires. Il y avait dans cette mesure toute une révolution. Jusqu'alors on n'avait enrôlé que des hommes qui possédant quelque bien, laissaient à la république un gage de fidélité. Sous les drapeaux, ces soldats restaient citoyens. Quand Marius eut donné des armes à la populace, le service militaire, au lieu d'être un devoir civique, devint un métier, et les pauvres qui, à la ville, vendaient leurs votes, au camp, vendirent leur courage. Durant quatre-vingts ans, les légions ne seront plus les armées de la république, mais celles des chefs qui sauront les acheter par l'indiscipline, le butin ou la gloire (107). (Duruy, *Hist. des Romains*, II.)

4. *Tandis que* était employé autrefois parallèlement à *tant que* et dans le même sens :

Tandis que vous vivrez, le sort qui toujours change
Ne vous a point promis un bonheur sans mélange.

(Racine, *Iphigénie*, I, 1.)

parce qu'il agissoit constamment [1]; au lieu que la populace passoit sans cesse de l'extrémité de la fougue à l'extrémité de la foiblesse. Mais quand le peuple put donner à ses favoris une formidable autorité au dehors, toute la sagesse du sénat devint inutile et la république fut perdue.

Ce qui fait que les Etats libres durent moins que les autres, c'est que les malheurs et les succès qui leur arrivent, leur font presque toujours perdre la liberté; au lieu que les succès et les malheurs d'un Etat où le peuple est soumis confirment également sa servitude. Une république sage ne doit rien hasarder qui l'expose à la bonne ou à la mauvaise fortune : le seul bien auquel elle doit aspirer, c'est à la perpétuité de son état [2].

Si la grandeur de l'empire perdit la république, la grandeur de la ville ne la perdit pas moins [3].

Rome avoit soumis tout l'univers avec le secours des peuples d'Italie, auxquels elle avoit donné en différents temps divers privilèges [4]. La plupart de ces peuples ne s'étoient pas d'abord fort souciés du droit

1. *Constamment* dans le sens de *avec constance* était très employé au XVIIe et au XVIIIe siècle :

Préparons-nous à montrer constamment
Ce que doit une amante à la mort d'un amant.

(Corneille, *Horace*, IV, 4.)

2. Aujourd'hui nous supprimerions le second *à* : *c'est la perpétuité de son état* ([illegible], *Gr. fr.*, § 703, rem.).

3. Il faut entendre ces mots : *empire, république, la ville*, dans le sens des mots latins : *imperium romanum, res publica, civitas*. Le premier désigne l'universalité des pays soumis à la domination romaine; le second l'état, le gouvernement; le troisième désigne proprement les *droits du citoyen* et par extension la totalité des citoyens. La suite indique clairement que Montesquieu entend parler de l'extension du droit de cité.

4. *Jus latii, jus Italicum.* (*N. de M.*) Les villes voisines de Rome, vaincues et soumises, avaient traité, en 493, sur le pied d'égalité; ainsi s'était formée la *fédération latine* dont les membres se reconnaissaient entre eux la faculté d'acquérir (*commercium*), de contracter mariage d'une cité à l'autre (*connubium*) et même d'échanger un droit de cité contre un autre en changeant de résidence dans toute l'étendue du territoire fédéral. Ce droit fut amoindri plus tard et devint le *jus Latii* octroyé aux villes de province. Ainsi il ne comportait pas le *connubium* avec les citoyens romains; et la faculté d'acquérir le droit de cité en changeant de résidence n'était accordée qu'à ceux qui avaient exercé une magistrature municipale ou fait condamner un concussionnaire. Le *Jus Italicum* était accordé à une collectivité et non à une personne. Il assimilait les villes qui l'obtenaient aux villes de l'Italie unifiée après la guerre sociale; les personnes y étaient exemptes de la capitation, et le sol de l'impôt foncier.

de bourgeoisie chez les Romains; et quelques-uns aimèrent mieux garder leurs usages [1]. Mais lorsque ce droit fut celui de la souveraineté universelle, qu'on ne fut rien dans le monde si l'on n'étoit citoyen romain, et qu'avec ce titre on étoit tout, les peuples d'Italie résolurent de périr ou d'être Romains : ne pouvant en venir à bout par leurs brigues et par leurs prières, ils prirent la voie des armes [2]; ils se révoltèrent dans tout ce côté qui regarde la mer Ionienne; les autres alliés alloient les suivre. Rome, obligée de combattre contre ceux qui étoient, pour ainsi dire, les mains avec lesquelles elle enchaînoit l'univers, étoit perdue; elle alloit être réduite à ses murailles : elle accorda ce droit tant désiré aux alliés qui n'avoient pas encore cessé d'être fidèles [3]; et peu à peu elle l'accorda à tous.

Pour lors, Rome ne fut plus cette ville dont le peuple n'avoit eu qu'un même esprit, un même amour pour la liberté, une même haine pour la tyrannie; où cette jalousie du pouvoir du sénat et des prérogatives des grands, toujours mêlée de respect, n'étoit qu'un amour de l'égalité. Les peuples d'Italie étant devenus

1. Les Eques disoient dans leurs assemblées : « Ceux qui ont pu choisir ont préféré leurs lois au droit de la cité romaine, qui a été une peine nécessaire pour ceux qui n'ont pu s'en défendre. » (Tite Live, liv. IX, ch. XLV.) (*N. de M.*)

2. En dépit des privilèges accordés aux Italiens, il n'y eut bientôt plus dans la péninsule que deux grandes divisions : les citoyens Romains et ceux qui ne l'étaient pas. Rome avait peu à peu oublié ses promesses et ses traités : *Ignavissimi homines, per summum scelus, omnia ea sociis adimere quae fortissimi viri victores hostibus reliquerunt* (Salluste, Catil. XII). Comme le titre de citoyen romain conférait des droits considérables, tous les Latins voulurent le posséder. Ils y avaient droit d'ailleurs : ils avaient la même origine que les Romains, la même organisation militaire, et ils avaient fait avec eux et pour eux la conquête du monde. Leurs réclamations ne furent pas entendues. De là naquit la *guerre sociale*, la plus terrible que Rome eut à soutenir. Elle coûta à l'Italie plus de 300.000 hommes.

3. La loi *Julia* accorda le droit de cité à tous les habitants des villes restées fidèles qui viendraient à Rome, dans un délai de soixante jours, déclarer devant le préteur qu'ils acceptaient les droits et les charges du *jus civitatis* (90). La loi *Plautia Papiria* étendit les bénéfices de la loi Julia à tous les habitants des villes fédérées, depuis le Pô jusqu'au détroit de Messine, aux conditions suivantes : *Data est civitas... si qui fœderatis civitatibus adscripti fuissent; si tum cum lex ferebatur, in Italia domicilium habuissent; si sexaginta diebus apud praetorem essent professi.* (Cic. *Pro Archia*, 4).

ses citoyens, chaque ville y apporta son génie, ses intérêts particuliers, et sa dépendance de quelque grand protecteur [1]. La ville déchirée ne forma plus un tout ensemble ; et comme on n'en étoit citoyen que par une espèce de fiction, qu'on n'avoit plus les mêmes magistrats, les mêmes murailles, les mêmes dieux, les mêmes temples, les mêmes sépultures, on ne vit plus Rome des mêmes yeux, on n'eut plus le même amour de la patrie, et les sentiments romains ne furent plus [2].

Les ambitieux firent venir à Rome des villes et des nations entières pour troubler les suffrages [3] ou se les faire donner ; les assemblées furent de véritables conjurations ; on appela *comices* une troupe de quelques séditieux ; l'autorité du peuple, ses lois, lui-même, devinrent des choses chimériques ; et l'anarchie fut telle, qu'on ne put plus savoir si le peuple avoit fait une ordonnance, ou s'il ne l'avoit point faite.

On n'entend parler, dans les auteurs, que des divisions qui perdirent Rome ; mais on ne voit pas que ces divisions y étoient nécessaires, qu'elles y avoient toujours été et qu'elles y devoient toujours être. Ce

1. Qu'on s'imagine cette tête monstrueuse des peuples d'Italie, qui, par le suffrage de chaque homme, conduisoit le reste du monde. (*N. de M.*)

2. Bossuet a dit : « Rome, épuisée par tant de guerres civiles, se fit tant de nouveaux citoyens, ou par brigue ou par raison, qu'à peine pouvait-elle se reconnaître elle-même parmi tant d'étrangers qu'elle avait naturalisés. Le sénat se remplissait de barbares ; le sang romain se mêlait ; l'amour de la patrie, par lequel Rome s'était élevée au dessus de tous les peuples du monde, n'était pas naturel à ces citoyens venus du dehors ; et les autres se gâtaient par le mélange. Les particuliers se multipliaient avec cette prodigieuse multiplicité de citoyens nouveaux, et les esprits turbulents y trouvaient de nouveaux moyens de brouiller et d'entreprendre.

« Cependant le nombre des pauvres s'augmentait sans fin par le luxe, par les débauches, et par la fainéantise qui s'introduisait. Ceux qui se trouvaient ruinés n'avaient de ressources que dans les séditions, et en tout cas se souciaient peu que tout pérît avec eux... Les grands ambitieux, et les misérables qui n'ont rien à perdre, aiment toujours le changement. Ces deux genres de citoyens prévalaient dans Rome ; et l'état mitoyen, qui seul tient tout en balance dans les Etats populaires, étant le plus faible, il fallait que la république tombât. » (*Discours sur l'Hist. universelle*, 3e partie, chapitre VII.)

3. Les nouveaux citoyens furent d'abord répartis en 8 tribus nouvelles, selon Velléius Paterculus ; 10, selon Appien. Mais après Sylla, ils furent versés dans les 35 tribus anciennes. A moins que l'on n'admette, avec Niebuhr, que les Italiens avaient été tout d'abord simplement répartis dans 8 des anciennes tribus.

fut uniquement la grandeur de la république qui fit le mal, et qui changea en guerres civiles les tumultes populaires. Il falloit bien qu'il y eût à Rome des divisions : et ces guerriers si fiers, si audacieux, si terribles au dehors, ne pouvoient pas être bien modérés au dedans. Demander, dans un Etat libre, des gens hardis dans la guerre et timides dans la paix, c'est vouloir des choses impossibles; et, pour règle générale, toutes les fois qu'on verra tout le monde tranquille dans un état qui se donne le nom de république, on peut être assuré que la liberté n'y est pas.

Ce qu'on appelle union, dans un corps politique, est une chose très équivoque; la vraie [1] est une union d'harmonie, qui fait que toutes les parties, quelque opposées qu'elles nous paroissent, concourent au bien général de la société, comme des dissonances dans la musique concourent à l'accord total. Il peut y avoir de l'union dans un état où on ne croit voir que du trouble, c'est-à-dire une harmonie d'où résulte le bonheur, qui seul est la vraie paix. Il en est comme des parties de cet univers, éternellement liées par l'action des unes et la réaction des autres [2].

Mais, dans l'accord du despotisme asiatique [3], c'est-à-dire de tout gouvernement qui n'est pas modéré, il y a toujours une division réelle. Le laboureur, l'homme de guerre, le négociant, le magistrat, le noble ne sont joints [4] que parce que les uns oppriment les autres sans résistance; et si l'on y voit de l'union, ce ne sont pas des citoyens qui sont unis, mais des corps morts ensevelis les uns auprès des autres.

Il est vrai que les lois de Rome devinrent impuis-

1. D'après l'usage actuel, il faudrait répéter le substantif : *l'union vraie*.

2. Tout ce passage est imité de Cicéron (*De Republica*, II, ch. XLI).

3. Le mot *asiatique* ne se trouve pas dans la première édition. Montesquieu l'ajouta dans l'*erratum* de la 2e édition de 1734, pour ménager les susceptibilités qu'il avait mises en éveil.

4. Nous employons ordinairement *joindre* au sens physique, et *unir* au sens moral. Au XVIIe siècle, on employait indifféremment l'un ou l'autre. Cf. :

Mais ce lien du sang qui nous joignait [tous deux
Ecartait Claudius d'un lit incestueux.
(*Britannicus*, IV, 2.)

santes pour gouverner la république; mais c'est une chose qu'on a vue toujours, que de bonnes lois, qui ont fait qu'une petite république devient grande, lui deviennent à charge lorsqu'elle s'est agrandie : parce qu'elles étoient telles que leur effet naturel étoit de faire un grand peuple, et non pas de le gouverner.

Il y a bien de la différence entre les lois bonnes et les lois convenables; celles qui font qu'un peuple se rend maître des autres et celles qui maintiennent sa puissance lorsqu'il l'a acquise.

Il y a à présent dans le monde une république que personne ne connoît [1], et qui, dans le secret et le silence, augmente ses forces chaque jour. Il est certain que, si elle parvient à l'état de grandeur où sa sagesse la destine, elle changera nécessairement ses lois; et ce ne sera point l'ouvrage d'un législateur, mais celui de la corruption même.

Rome étoit faite pour s'agrandir et ses lois étoient admirables pour cela. Aussi, dans quelque gouvernement qu'elle ait été, sous le pouvoir des rois, dans l'aristocratie, ou dans l'Etat populaire, elle n'a jamais cessé de faire des entreprises qui demandoient de la conduite [2], et y a réussi. Elle ne s'est pas trouvée plus sage que tous les autres Etats de la terre en un jour, mais continuellement; elle a soutenu une petite, une médiocre, une grande fortune, avec la même supériorité, et n'a point eu de prospérités dont elle n'ait profité, ni de malheurs dont elle ne se soit servie.

Elle perdit sa liberté parce qu'elle acheva trop tôt son ouvrage [3].

1. Le canton de Berne. (*N. de M.*)

2. C'est-à-dire de l'esprit de suite et de la sagesse.

3. La conquête du monde. Mais Montesquieu vient de dire que l'effet naturel des lois de Rome était de faire un grand peuple, et non pas de le gouverner. C'est donc, d'après lui, à ses lois mêmes qu'elle dut la perte de sa liberté, et non pas au plus ou moins de temps qu'elle mit à conquérir le monde.

CHAP. X. — De la corruption des Romains.

Je crois que la secte d'Epicure [1], qui s'introduisit à Rome sur la fin de la république, contribua beaucoup à gâter le cœur et l'esprit des Romains [2]. Les Grecs en avoient été infatués [3] avant eux : aussi avoient-ils été plutôt corrompus. Polybe nous dit que, de son temps, les serments ne pouvoient donner de la confiance pour un Grec, au lieu qu'un Romain en étoit, pour ainsi dire, enchaîné [4].

Il y a un fait, dans les lettres de Cicéron à Atticus, qui nous montre combien les Romains avoient changé à cet égard depuis le temps de Polybe.

« Memmius, dit-il, vient de communiquer au sénat l'accord que son compétiteur et lui avoient fait avec les consuls, par lequel ceux-ci s'étoient engagés de [5] les favoriser dans la poursuite du consulat pour l'année suivante ; et eux, de leur côté, s'obligeoient de payer aux consuls quatre cent mille sesterces [6], s'ils

1. Epicure, philosophe grec né à Gargettos (Attique), vécut de 341 à 270 av. J.-C. Il est l'auteur d'un système philosophique qui se résume en ces mots : *vivre conformément à la nature*. Sans nier la divinité, il prétendait que les dieux ne s'occupaient nullement du monde : c'est la négation de la Providence, et par là même, comme conséquence directe, l'athéisme pratique. Il cherchait le bonheur dans les sentiments et les jouissances calmes, proscrivant toute passion violente, comme contraire à la nature. Ses disciples furent plus logiques, et dans le langage ordinaire *épicurisme* est synonyme de *matérialisme*. Ce fut Lucrèce qui fit connaître cette doctrine aux Romains dans son *De rerum natura*.

2. Cynéas (ou plutôt Cinéas) en ayant discouru à la table de Pyrrhus, Fabricius souhaita que les ennemis de Rome pussent tous prendre les principes d'une pareille secte. (Plutarque, *Vie de Pyrrhus*.) (*N. de M.*)

3. Etymologiquement *être infatué* d'une chose, c'est s'y attacher d'une manière *folle* (*fatuus*), s'en engouer ridiculement : *être infatué de son propre mérite*. Fénelon : *Nous sommes infatués du monde*.

4. « Si vous prêtez aux Grecs un talent, avec dix promesses, dix cautions, autant de témoins, il est impossible qu'ils gardent leur foi ; mais, parmi les Romains, soit qu'on doive rendre compte des deniers publics ou de ceux des particuliers, on est fidèle, à cause du serment que l'on a fait. On a donc sagement établi la crainte des enfers ; et c'est sans raison qu'on la combat aujourd'hui. » (Polybe, liv. VI, chap. LVI.) (*N. de M.*)

5. Nous disons *s'engager à*. Autrefois on employait indifféremment les deux constructions. De même pour *s'obliger*, un peu plus bas.

6. Le *sesterce* était une monnaie d'argent. C'était le quart du *denarius*, unité monétaire pour les monnaies d'ar-

ne leur fournissoient trois augures qui déclareroient qu'ils étoient présents, lorsque le peuple avoit fait la loi *curiate* [1], quoiqu'il n'en eût point fait, et deux consulaires qui affirmeroient qu'ils avoient assisté à la signature du *senatus-consulte* qui régloit l'état de leurs provinces, quoiqu'il n'y en eût point eu. » Que de malhonnêtes gens dans un seul contrat !

Outre que la religion est toujours le meilleur garant que l'on puisse avoir des mœurs des hommes, il y avoit ceci de particulier chez les Romains, qu'ils mêloient quelque sentiment religieux à l'amour qu'ils avoient pour leur patrie. Cette ville, fondée sous les meilleurs auspices ; ce Romulus, leur roi et leur dieu ; ce Capitole, éternel comme la ville ; et la ville, éternelle comme son fondateur, avoient fait autrefois sur l'esprit des Romains une impression qu'il eût été à souhaiter qu'ils eussent conservée [2].

La grandeur de l'Etat fit la grandeur des fortunes particulières. Mais, comme l'opulence est dans les mœurs, et non pas dans les richesses, celles des Romains, qui ne laissoient pas d'avoir des bornes, produisirent un luxe et des profusions qui n'en avoient point [3]. Ceux qui avoient d'abord été corrompus par leurs richesses, le furent ensuite par leur pauvreté. Avec des biens au dessus d'une condition privée, il fut difficile d'être un bon citoyen ; avec les désirs et

gent. Le sesterce, à l'époque de Cicéron, valait 0 fr. 22. 400.000 sesterces équivalent donc à 88.000 fr.

1. La loi *curiate* donnoit la puissance militaire, et le *sénatus-consulte* régloit les troupes, l'argent, les officiers, que devoit avoir le gouverneur : or, les consuls, pour que tout cela fût fait à leur fantaisie, vouloient fabriquer une fausse loi et un faux *sénatus-consulte*. (*N. de M.*)

2. Les poètes du siècle d'Auguste chantaient encore les origines divines de Rome, mais ils n'y croyaient guère. Nous avons sur ce point l'aveu de Tite Live : « *Et si cui populo licere oportet consecrare origines suas et ad Deos referre auctores, ea belli gloria est populo Romano, ut cum suum conditorisque sui parentem Martem potissimum ferat, tam et hoc gentes humanae patiantur aequo animo, quam imperium patiuntur.* » (Préface.)

3. La pensée de Montesquieu est très juste, mais présentée sous cette forme antithétique, elle est peu claire. *Opulence* opposée ici à *richesses* désigne non pas l'abondance des biens, mais la grandeur des dépenses. Dépenser beaucoup est l'idéal de certaines gens, et ainsi ils se montrent opulents sans s'inquiéter si leurs richesses y suffiront. C'est le cas de César à Rome.

les regrets d'une grande fortune ruinée, on fut prêt à tous les attentats; et, comme dit Salluste [1], on vit une génération de gens qui ne pouvoient avoir de patrimoine, ni souffrir que d'autres en eussent.

Cependant, quelle que fût la corruption de Rome, tous les malheurs ne s'y étoient pas introduits; car la force de son institution avoit été telle, qu'elle avoit conservé une valeur héroïque, et toute son application à la guerre, au milieu des richesses, de la mollesse et de la volupté; ce qui n'est, je crois, arrivé à aucune nation du monde.

Les citoyens romains regardoient le commerce [2] et les arts comme des occupations d'esclaves : ils ne les exerçoient point. S'il y eut quelques exceptions, ce ne fut que de la part de quelques affranchis, qui continuoient leur première industrie. Mais, en général, ils ne connaissoient que l'art de la guerre, qui étoit la seule voie pour aller aux magistratures et aux honneurs [3]. Ainsi les vertus guerrières restèrent, après qu'on eut perdu toutes les autres.

Chap. XI. — De Sylla. — De Pompée et de César.

Je supplie qu'on me permette de détourner les yeux des horreurs des guerres de Marius et de Sylla on en trouvera, dans Appian [4] l'épouvantable histoire. Outre la jalousie, l'ambition et la cruauté des deux chefs, chaque Romain étoit furieux; les nouveaux citoyens et les anciens ne se regardoient plus comme

1. « *Ut merito dicatur genitos esse, qui « nec ipsi habere possent res familiares « nec alios pati.* » (Fragment de l'*Histoire de Salluste*, tiré du livre *De la cité de Dieu*, liv. II, chap. XVIII. (*N. de M.*)

2. Romulus ne permit que deux sortes d'exercices aux gens libres, l'agriculture et la guerre. Les marchands, les ouvriers, ceux qui tenoient une maison de louage, les cabaretiers, n'étoient pas du nombre des citoyens. (Denys d'Halicarnasse, liv. II; *idem*, liv. IX.) (*N. de M.*)

3. Il falloit avoir servi dix années, entre l'âge de seize ans et celui de quarante-sept. Voyez Polybe, liv. VI, chap XIX. (*N. de M.*)

4. Appian, ou plutôt Appien, avocat romain d'Alexandrie, écrivit une histoire romaine en grec (IIe siècle après J.-C.)

les membres d'une même république, et l'on se faisoit une guerre qui, par un caractère particulier, étoit en même temps civile et étrangère [1].

Sylla fit des lois très propres à ôter la cause des désordres que l'on avoit vus : elles augmentoient l'autorité du sénat, tempéroient le pouvoir du peuple, régloient celui des tribuns. La fantaisie [2] qui lui fit quitter la dictature sembla rendre la vie à la république ; mais, dans la fureur de ses succès il avoit fait des choses qui mirent Rome dans l'impossibilité de conserver sa liberté.

Il ruina, dans son expédition d'Asie, toute la discipline militaire ; il accoutuma son armée aux rapines, et lui donna des besoins qu'elle n'avoit jamais eus ; il corrompit une fois [3] les soldats, qui devoient dans la suite corrompre les capitaines.

Il entra dans Rome à main armée, et enseigna aux généraux romains à violer l'asile de la liberté [4].

Il donna les terres des citoyens aux soldats [5], et il les rendit avides pour jamais ; car, dès ce moment, il n'y eut plus un homme de guerre qui n'attendît une occasion qui pût mettre les biens de ses concitoyens entre ses mains.

Il inventa les proscriptions, et mit à prix la tête de ceux qui n'étoient point de son parti. Dès lors il fut

1. Sylla soutenait l'aristocratie et Marius la démocratie romaine. Mais les Italiens nouvellement enrôlés dans les tribus romaines, mécontents de voir que leur influence était absolument nulle, firent cause commune avec le parti démocratique. De là une guerre, à la fois civile (entre citoyens romains) et étrangère (entre Romains et Italiens).

2. Dans le dialogue de Sylla et d'Eucrate, Montesquieu met dans la bouche de Sylla un tout autre langage : « *J'ai cru avoir rempli ma destinée, dès que je n'ai plus eu à faire de grandes choses. Je n'étais pas fait pour gouverner tranquillement un peuple esclave...* »

3. C'est-à-dire : *une fois pour toutes, définitivement*. Cf. :

Si ma fille une fois met le pied dans l'Aulide,
Elle est morte.

(Racine, *Iphigénie*, I, 1).

4. *Fugatis Marii copiis, primus urbem Romam cum armis ingressus est.* Fragment de Jean d'Antioche dans l'*Extrait des vertus et des vices*. (*N. de M.*) — Une armée ne pouvait entrer dans Rome qu'en vertu d'un plébiscite.

5. On distribua bien au commencement une partie des terres des ennemis vaincus ; mais Sylla donnoit les terres des citoyens. (*N. de M.*)

impossible de s'attacher davantage à la république ; car, parmi deux hommes[1] ambitieux et qui se disputoient la victoire, ceux qui étoient neutres et pour le parti de la liberté étoient sûrs d'être proscrits par celui des deux qui seroit le vainqueur. Il étoit donc de la prudence de s'attacher à l'un des deux.

Il vint après lui[2], dit Cicéron, un homme qui, dans une cause impie, et une victoire encore plus honteuse, ne confisqua pas seulement les biens des particuliers, mais enveloppa dans la même calamité des provinces entières.

Sylla, quittant la dictature, avoit semblé ne vouloir vivre que sous la protection de ses lois mêmes ; mais cette action, qui marque tant de modération, étoit elle-même une suite de ses violences. Il avoit donné des établissements à quarante-sept légions, dans divers endroits de l'Italie. « Ces gens-là, dit Appian, regardant leur fortune comme attachée à sa vie, veilloient à sa sûreté, et étoient toujours prêts à le secourir ou à le venger. »

La république devant nécessairement périr, il n'étoit plus question de savoir comment et par qui elle devoit être abattue.

Deux hommes également ambitieux, excepté[3] que l'un ne savoit pas aller à son but si directement que l'autre, effacèrent, par leur crédit, par leurs exploits, par leurs vertus[4], tous les autres citoyens. Pompée parut le premier ; César le suivit de près.

Pompée, pour s'attirer la faveur, fit casser les lois de Sylla qui bornoient le pouvoir du peuple ; et quand il eut fait à son ambition un sacrifice des lois les plus

1. Il faut dire : *entre deux hommes*.

2. « *Secutus est qui in causa impia, victoria etiam fœdiore, non singulorum civium bona publicaret, sed universas provincias regionesque uno calamitatis jure reprehenderet.* » (*De officiis*, II, 8). Cicéron veut parler ici de Jules César.

3. Il y a entre César et Pompée bien d'autres différences. Pompée était un ambitieux vulgaire quoique solennel. César était un ambitieux de génie.

4. Comme le mot *virtus* en latin qui s'entend dans le sens général de *qualité, mérite*.

salutaires [1] de sa patrie, il obtint tout ce qu'il voulut; et la témérité [2] du peuple fut sans bornes à son égard.

Les lois de Rome avoient sagement divisé la puissance publique en un grand nombre de magistratures qui se soutenoient, s'arrêtoient, et se tempéroient l'une l'autre; et, comme elles n'avoient toutes qu'un pouvoir borné, chaque citoyen étoit bon pour y parvenir; et le peuple, voyant passer devant lui plusieurs personnages l'un après l'autre, ne s'acoutumoit à aucun d'eux. Mais, dans ces temps-ci le système de la république changea : les plus puissants se firent donner par le peuple des commissions extraordinaires [3], ce qui anéantit l'autorité du peuple et des magistrats, et mit toutes les grandes affaires dans les mains d'un seul, ou de peu de gens [4].

Fallut-il faire la guerre à Sertorius? On en donna la commission à Pompée. Fallut-il la faire à Mithridate? Tout le monde cria Pompée. Eut-on besoin de faire venir des blés à Rome? Le peuple croit être perdu, si on n'en charge Pompée. Veut-on détruire les pirates? Il n'y a que Pompée. Et lorsque César menace d'envahir, le sénat crie à son tour et n'espère plus qu'en Pompée [5].

« Je crois bien, disoit Marcus [6] au peuple, que Pompée, que les nobles attendent, aimera mieux assurer votre liberté que leur domination; mais il y a eu

1. Ce jugement de Montesquieu sur les lois de Sylla est absolument faux. Les réformes de Sylla furent considérables. Mais elles portèrent sur tout, excepté sur ce qui était désormais le grand problème de la vie politique à Rome : les Italiens qui venaient de conquérir le droit de cité et les provinces qui tendaient au même but. Il voulut ramener brusquement Rome à quatre siècles en arrière : il ne comprit pas son époque.

2. Comme le latin *temeritas* : *irréflexion, légèreté d'esprit*.

3. C'est ainsi que Pompée reçut des pouvoirs exorbitants pour combattre les pirates puis Mithridate.

4. « *Plebis opes imminutæ, paucorum potentia crevit.* » (Salluste, *Catilina*). (*N. de M.*)

5. « *Il n'y a qu'à être à la mode dans le monde, avoir le bonheur de plaire et avoir fait quelque action capable d'éblouir. Mais le malheur est que les modes passent et que personne ne peut se vanter d'avoir joui longtemps de ce préalable.* » (Frédéric II. Annotation en marge d'une édition de Montesquieu.)

6. Marcus Lepidus, tribun du peuple.

un temps où chacun de vous avoit la protection de plusieurs, et non pas tous la protection d'un seul, et où il étoit inouï qu'un mortel pût donner ou ôter de pareilles choses. »

A Rome, faite pour s'agrandir, il avoit fallu réunir dans les mêmes personnes les honneurs et la puissance; ce qui, dans des temps de trouble, pouvoit fixer l'admiration du peuple sur un seul citoyen.

Quand on accorde des honneurs, on sait précisément ce que l'on donne; mais, quand on y joint le pouvoir, on ne peut dire à quel point il pourra être porté.

Des préférences excessives, données à un citoyen dans une république, ont toujours des effets nécessaires : elles font naître l'envie du peuple, ou elles augmentent sans mesure son amour.

Deux fois [1] Pompée, retournant à Rome, maître d'opprimer la république, eut la modération de congédier ses armées avant que d'y entrer, et d'y paroître en simple citoyen. Ces actions, qui le comblèrent de gloire, firent que, dans la suite, quelque chose qu'il eût fait au préjudice des lois, le sénat se déclara toujours pour lui [2].

Pompée avoit une ambition plus lente et plus douce que celle de César. Celui-ci vouloit aller à la souveraine puissance les armes à la main, comme Sylla. Cette façon d'opprimer ne plaisoit point à Pompée : il aspiroit à la dictature, mais par les suffrages du peuple; il ne pouvoit consentir à usurper la puissance; mais il auroit voulu qu'on la lui remît entre les mains.

Comme la faveur du peuple n'est jamais constante, il y eut des temps où Pompée vit diminuer son crédit; et, ce qui le toucha bien sensiblement, des gens qu'il méprisoit augmentèrent le leur, et s'en servirent contre lui.

1. Au retour de ses campagnes contre Sertorius (72) et contre Mithridate (63).

2. Avant tout, le sénat haïssait César parce qu'il s'appuyait sur le parti démocratique, et s'il se déclara toujours pour Pompée, ce fut bien plus par égoïsme que par patriotisme : il voulait opposer au héros de la guerre des Gaules un rival redoutable moins par lui-même que par l'appui qu'il lui prêtait

Cela lui fit faire trois choses également funestes ; il corrompit le peuple à force d'argent, et mit dans les élections un prix au suffrage de chaque citoyen [1].

De plus, il se servit de la plus vile populace pour troubler les magistrats dans leurs fonctions, espérant que les gens sages, lassés de vivre dans l'anarchie, le créeroient dictateur par désespoir.

Enfin, il s'unit d'intérêts avec César et Crassus [2]. Caton disoit que ce n'étoit pas leur inimitié qui avoit perdu la république, mais leur union. En effet, Rome étoit en ce malheureux état [3] qu'elle étoit moins accablée par les guerres civiles que par la paix, qui réunissant les vues et les intérêts des principaux, ne faisoit plus qu'une tyrannie.

Pompée ne prêta pas proprement son crédit à César, mais, sans le savoir, il le lui sacrifia. Bientôt César employa contre lui les forces qu'il lui avoit données, et ses artifices mêmes ; il troubla la ville par ses émissaires, et se rendit maître des élections : consuls, préteurs, tribuns, furent achetés au prix qu'ils mirent eux-mêmes [4].

Le sénat, qui vit clairement les desseins de César, eut recours à Pompée ; il le pria de prendre la défense de la république, si l'on pouvoit appeler de ce nom un gouvernement qui demandoit la protection d'un de ses citoyens.

1. Ces mœurs électorales datent de plus loin que Pompée. Il faut dire que ce dernier ne tenta pas de les ramener à leur pureté première. Plutarque nous a laissé un tableau fort curieux de ce qu'étaient alors les élections à Rome : « On voyait des candidats dresser des tables au Champ de Mars, et acheter sans pudeur les suffrages, tandis que d'autres y amenaient des troupes armées qui, à coups de flèches, de frondes ou d'épées, chassaient leurs adversaires. Plus d'une fois la tribune fut souillée de sang. » (Plutarque, *Vie de César*, 28).

2. Ce fut le premier triumvirat, association louche où chacun comptait augmenter ses chances d'arriver au premier rang et faisait bon marché de ses collègues. Pompée apportait sa gloire militaire, Crassus son or, César sa popularité. Mais les intérêts de la République n'entrèrent jamais en ligne de compte.

3. *Que* introduit ici une proposition consécutive. Entendez : *Rome était en un si malheureux état que...*

4. Appien prétend que César acheta Curion, qui allait être nommé tribun, plus de 1.500 talents (8 millions). C'est évidemment très exagéré ; mais si la somme est exagérée, le fait n'est pas douteux.

Je crois que ce qui perdit surtout Pompée fut la honte qu'il eut de penser qu'en élevant César, comme il avoit fait, il eût manqué de prévoyance [1]. Il s'accoutuma le plus tard qu'il put à cette idée; il ne se mettoit point en défense, pour ne point avouer qu'il se fût mis en danger; il soutenoit au sénat que César n'oseroit faire la guerre; et parce qu'il l'avoit dit tant de fois, il le redisoit toujours.

Il semble qu'une chose avoit mis César en état de tout entreprendre : c'est que, par une malheureuse conformité de noms, on avoit joint à son gouvernement de la Gaule cisalpine [2] celui de la Gaule d'au delà des Alpes.

La politique n'avoit point permis qu'il y eût des armées auprès de Rome; mais elle n'avoit pas souffert non plus que l'Italie fût entièrement dégarnie de troupes : cela fit qu'on tint des forces considérables dans la Gaule cisalpine, c'est-à-dire dans le pays qui est depuis le Rubicon [3], petit fleuve de la Romagne, jusqu'aux Alpes. Mais, pour assurer la ville de Rome contre ces troupes, on fit le célèbre *sénatus-consulte* [4]

1. Cicéron le constatait avec amertume : « *Nihil actum est a Pompeio nostro sapienter, nihil fortiter.* » (*Ad Atticum*, liv. III, 3). Ainsi pour éloigner César de Rome, Pompée lui fit donner le gouvernement de l'Illyrie et de la Gaule Cisalpine, et ce fut encore sur son intervention personnelle qu'on y ajouta la Narbonnaise. Singulière façon de se débarrasser d'un adversaire.

2. La Gaule cisalpine organisée en province vers l'an 81 av. J.-C. comprenait toute la vallée du Pô. La Gaule transalpine, que les Romains désignaient sous le nom de *Gallia Narbonensis*, organisée en province l'an 120 av. J.-C., comprenait, avant César, le littoral de la Méditerranée, des Pyrénées aux Alpes, et la vallée du Rhône.

3. Le Rubicon formait la limite entre la Gaule cisalpine et l'Italie, c'est-à-dire entre les provinces romaines et le territoire romain proprement dit. Les géographes ne s'entendent pas sur sa situation exacte. Schrader le voit dans la *Marecchia* actuelle; Kiepert l'appelle *Rugone*, et M. Duruy dit que c'est probablement le *Fiumicino di Savignano*. Un seul point est certain : c'est qu'il faut chercher le Rubicon dans un de ces fleuves ou torrents qui descendent des Apennins et se jettent dans l'Adriatique entre Rimini et Césena.

4. Ce fameux sénatus-consulte n'est qu'un pastiche d'ailleurs assez grossier, confectionné par quelque savant de la Renaissance peu au courant du style lapidaire des Romains. Le voici à titre de curiosité :

IVSSV. MANDATVQVE. P. R. COS. IMP. MILI. TYRO. COMILITO. MANIPVLARISVE. CENT. TVRMAEVE. LEGIONARIAE. ARMAT. QVISQVIS. ES. HIC. SISTITO. VEXILLVM. SINITO. NEC. CITRA. HVNC. AMNEM. RVBICONEM. SIGNA. ARMA. DVCTVM. COMEATVM. EXERCITVMVE. TRADVCITO. SI QVIS. HVIVSCE. IVSSIONIS. ERGO. ADVER-

que l'on voit encore gravé sur le chemin de Rimini à Césène, par lequel on dévouoit aux dieux infernaux, et l'on déclaroit sacrilège et parricide, quiconque, avec une légion, avec une armée, ou avec une cohorte, passeroit le Rubicon.

A un gouvernement si important, qui tenoit la ville en échec, on en joignit un autre plus considérable encore : c'étoit celui de la Gaule transalpine, qui comprenoit les pays du midi de la France, qui, ayant donné à César l'occasion de faire la guerre pendant plusieurs années à tous les peuple qu'il voulut, firent que ses soldats vieillirent avec lui, et qu'il ne les conquit pas moins que les barbares. Si César n'avoit point eu le gouvernement de la Gaule transalpine, il n'auroit point corrompu ses soldats, ni fait respecter son nom par tant de victoires. S'il n'avoit pas eu celui de la Gaule cisalpine, Pompée auroit pu l'arrêter au passage des Alpes ; au lieu que, dès le commencement de la guerre, il fut obligé d'abandonner l'Italie : ce qui fit perdre à son parti la réputation, qui dans les guerres civiles est la puissance même.

La même frayeur qu'Annibal porta dans Rome après la bataille de Cannes, César l'y répandit lorsqu'il passa le Rubicon. Pompée, éperdu, ne vit, dans les premiers moments de la guerre, de parti à prendre que celui qui reste dans les affaires désespérées : il ne sut que céder et fuir ; il sortit de Rome, y laissa le trésor public ; il ne put nulle part retarder le vainqueur ; il abandonna une partie de ses troupes, toute l'Italie, et passa la mer.

On parle beaucoup de la fortune de César ; mais cet homme extraordinaire avoit tant de grandes qualités, sans pas un défaut [2], quoiqu'il eût bien des vices,

SUS. IERIT. FECERITVE. ADIVDICATVS. ESTO. HOSTIS. P. R. AC. SI. CONTRA. PATRIAM. ARMA. TVLERIT. SACROSQUE. PENATES. E. PENETRALIBVS. ASPORTAVERIT. SANCITO. PLEBISCI. SENATUSVE. CONSVLTI. VLTRA. HOS. FINES. ARMA. PROFERRE. LICEAT. NEMINI. — S. P. Q. R.

1. Ce furent les Eduéens qui appelèrent Rome à leur secours contre les Séquanes, les Arvernes et les Suèves.

2. D'après Littré, les grammairiens ont rejeté cette locution *sans pas, sans point*. « Mais, ajoute-t-il, *pas* et *point* étant, non des négations, mais des mots qui renforcent la négation,

qu'il eût été bien difficile que, quelque armée qu'il eût commandée, il n'eût été vainqueur, et qu'en quelque république qu'il fût né, il ne l'eût gouvernée.

César après avoir défait les lieutenants de Pompée en Espagne [1], alla en Grèce le chercher lui-même. Pompée, qui avoit la côte de la mer et des forces supérieures, étoit sur le point de voir l'armée de César détruite par la misère et la faim; mais, comme il avoit souverainement le foible de vouloir être approuvé, il ne pouvoit s'empêcher de prêter l'oreille aux vains discours de ses gens, qui le railloient ou l'accusoient sans cesse. Il veut, disoit l'un, se perpétuer dans le commandement, et être, comme Agamemnon, le roi des rois. Je vous avertis, disoit un autre, que nous ne mangerons pas encore cette année des figues de Tusculum. Quelques succès particuliers [2] qu'il eut achevèrent de tourner la tête à cette troupe sénatoriale. Ainsi, pour n'être pas blâmé, il fit une chose que la postérité blâmera toujours, de sacrifier [3] tant d'avantages pour aller, avec des troupes nouvelles, combattre une armée qui avoit vaincu tant de fois.

Lorsque les restes de Pharsale se furent retirés en Afrique [4], Scipion, qui les commandoit, ne voulut jamais suivre l'avis de Caton, de traîner la guerre en longueur : enflé de quelques avantages, il risqua tout, et perdit tout; et lorsque Brutus et Cassius rétablirent

il n'y a aucune raison grammaticale de condamner cette manière de parler. » En fait *pas un* est l'équivalent de *aucun* (Ragon, § 740).

1. Ces lieutenants étaient Petreius, Afranius et Terentius Varron, le célèbre érudit. Les armées des deux premiers se rendirent malgré leurs chefs, et le dernier fit sa soumission à Cordoue. D'ailleurs César faisait peu de cas de ces lieutenants de Pompée; mais il savait que leurs troupes étaient les meilleures de son adversaire, ce qui lui fit dire lorsqu'il partit pour l'Espagne : « *Allons combattre une armée sans général, nous combattrons ensuite un général sans armée.* »

2. Nous dirions aujourd'hui : *des succès partiels*, mais *partiel* n'existait pas en 1734.

3. Cette construction : *il fit une chose... de sacrifier* est régulière. On emploie ainsi *de* avec un infinitif sujet ou complément. La Fontaine : *D'y mettre mon doigt au feu, ma foi, je n'ose.* Cf. Bossuet : *son caractère particulier était de concilier les intérêts opposés.* (Oraison funèbre d'Anne de Gonzague).

4. Métellus Scipion, beau-père de Pompée.

ce parti, la même précipitation perdit la république une troisième fois.

Vous remarquerez que dans ces guerres civiles, qui durèrent si longtemps, la puissance de Rome s'accrut sans cesse au dehors. Sous Marius, Sylla, Pompée, César, Antoine, Auguste, Rome, toujours plus terrible, acheva de détruire tous les rois qui restoient encore.

Il n'y a point d'État qui menace si fort les autres d'une conquête que celui qui est dans les horreurs de la guerre civile [1]. Tout le monde, noble, bourgeois, artisan, laboureur, y devient soldat; et lorsque, par la paix, les forces sont réunies, cet État a de grands avantages sur les autres qui n'ont guère que des citoyens. D'ailleurs, dans les guerres civiles, il se forme souvent de grands hommes, parce que dans la confusion ceux qui ont du mérite se font jour; chacun se place et se met à son rang; au lieu que dans les autres temps on est placé, et on l'est souvent tout de travers. Et pour passer de l'exemple des Romains à d'autres plus récents, les François n'ont jamais été si redoutables au dehors qu'après les querelles des maisons de Bourgogne et d'Orléans, après les troubles de la Ligue, après les guerres civiles de la minorité de Louis XIII et de celle de Louis XIV. L'Angleterre n'a jamais été si respectée que sous Cromwell, après les guerres du long parlement. Les Allemands n'ont pris la supériorité sur les Turcs qu'après les guerres civiles d'Allemagne. Les Espagnols, sous Philippe V,

1. Théorie singulière qu'appuie toutefois l'exemple de la Révolution française. On pourrait opposer à Montesquieu bien des faits qui montrent que, en face de l'ennemi, l'union des citoyens est la meilleure garantie du succès. La vérité est que Rome accrut sa puissance malgré ses luttes intestines. Quant aux querelles des Armagnacs et des Bourguignons, aux troubles de la minorité de Louis XIII et à la Fronde, on ne peut savoir quels malheurs en auraient été la conséquence si Dieu n'avait envoyé à la France une Jeanne d'Arc, un Richelieu et un Mazarin. Si l'Angleterre a été respectée sous Cromwell, la guerre des Deux-Roses lui fit perdre ses conquêtes en France, et la guerre de Trente ans ne fut pas la cause de la supériorité de l'Allemagne sur les Turcs dont l'empire était déjà en décadence. En ce qui concerne l'Espagne les événements prouvèrent qu'Albéroni avait trop pris ses rêves grandioses pour la réalité.

d'abord après [1] les guerres civiles pour la succession, ont montré en Sicile une force qui a étonné l'Europe ; et nous voyons aujourd'hui la Perse renaître des cendres de la guerre civile, et humilier les Turcs.

Enfin la république fut opprimée [2] ; et il n'en faut pas accuser l'ambition de quelques particuliers ; il en faut accuser l'homme, toujours plus avide du pouvoir à mesure qu'il en a davantage, et qui ne désire tout que parce qu'il possède beaucoup.

Si César et Pompée avoient pensé comme Caton, d'autres auroient pensé comme firent César et Pompée ; et la république, destinée à périr, auroit été entraînée au précipice par une autre main [3].

César pardonna à tout le monde ; mais il me semble que la modération que l'on montre après qu'on a tout usurpé ne mérite pas de grandes louanges [4].

Quoi que l'on ait dit de sa diligence après Pharsale, Cicéron l'accuse de lenteur avec raison. Il dit à Cassius qu'ils n'auroient jamais cru que le parti de Pompée se fût ainsi relevé en Espagne et en Afrique ; et

1. C'est une expression que Montesquieu affectionne. Nous disons : *aussitôt après*.

2. *Opprimere* a le sens d'*écraser*.

3. Montesquieu n'a sans doute pas vu qu'il formulait ici l'immorale doctrine du fatalisme en histoire. Sans doute la République aurait péri sans César et Pompée, mais parce que sa chute était depuis longtemps préparée par des fautes innombrables. Bossuet indique d'un mot cet état de Rome. Il dit de Sylla : « *Il se réduisit de lui-même à la vie privée, mais après avoir fait voir que le peuple romain pouvait souffrir un maître.* » Et surtout des aspirations nouvelles se manifestaient dans le peuple. Les meilleurs esprits eux-mêmes se troublaient, sentant que la République allait se transformer, ne sachant de quel côté se tourner : « *Qu'entendez-vous par les hommes du bon parti ?* écrivait Cicéron. *Je n'en connais pas. Est-ce le sénat qui laisse les provinces sans administration, et qui n'a point osé tenir tête à Curion ? Sont-ce les chevaliers dont le patriotisme a toujours été chancelant, et qui sont maintenant les meilleurs amis de César ? Sont-ce les commerçants et les gens de la campagne, qui ne demandent qu'à vivre en repos, n'importe sous quel régime, fût-ce même sous un roi ?* » (*Ad. Att.*, VII, 7.) Et 150 ans plus tard, Tacite reconnaissait que la monarchie était devenue un remède nécessaire : *Non aliud discordantis patriæ remedium fuisse quam ut ab uno regeretur* (*Annales*, I, 9.)

4. La modération est sans doute d'un homme habile. Pourtant quand on compare la conduite de César à celle de Sylla, il n'est que juste de louer le premier de l'usage qu'il fit de sa victoire. Frédéric II annote ainsi ce passage : « *Ceci est d'un critique outré. Sylla, le barbare Sylla n'en usa pas avec autant de modération que César. Une âme basse qui aurait pu se venger l'aurait pourtant fait, mais César ne sait que pardonner. Il est toujours beau de pardonner, même quand on n'a plus rien à craindre.* »

que, s'ils avoient pu prévoir que César se fût amusé à sa guerre d'Alexandrie [1], ils n'auroient pas fait leur paix, et qu'ils se seroient retirés avec Scipion et Caton en Afrique. Ainsi un fol amour lui fit essuyer quatre guerres ; et, en ne prévenant pas les deux dernières, il remit en question ce qui avoit été décidé à Pharsale.

César gouverna d'abord sous des titres de magistrature ; car les hommes ne sont guère touchés que des noms. Et comme les peuples d'Asie abhorroient ceux de consul et de proconsul [2], les peuples d'Europe détestoient celui de roi : de sorte que dans ces temps-là ces noms faisoient le bonheur ou le désespoir de la terre. César ne laissa pas de tenter de se faire mettre le diadème sur la tête ; mais voyant que le peuple cessoit ses acclamations, il le rejeta. Il fit encore d'autres tentatives ; et je ne puis comprendre qu'il pût croire que les Romains, pour le souffrir tyran [3], aimassent pour cela la tyrannie, ou crussent avoir fait ce qu'ils avoient fait.

Un jour que le sénat lui déféroit de certains honneurs [4], il négligea de se lever ; et pour lors, les plus graves de ce corps achevèrent de perdre patience.

César, de tout temps ennemi du sénat, ne put cacher le mépris [5] qu'il conçut pour ce corps, qui étoit

1. En effet les Pompéiens reconstituaient en Afrique une armée puissante et battaient les Césariens en Illyrie. Pharnace, roi de Pont, soulevait l'Asie. Rome et l'Italie étaient déchirées par les factions révolutionnaires. La guerre d'Alexandrie, dans ces conditions, fut-elle une faute ? M. Duruy ne le pense pas : « Si César aimait le plaisir, il aimait davantage sa gloire et sa fortune... S'il n'a point quitté plus tôt l'Egypte, c'est d'abord qu'il lui avait été difficile d'en sortir, ensuite qu'il y était retenu par un intérêt romain... Amené dans ce pays par le désir de terminer la guerre en s'emparant de Pompée, il était tombé au milieu d'un peuple en révolte contre la tutelle de Rome. Chaque jour qu'il avait passé sur ce rivage avait été pour lui un jour de combat... et il n'avait pas voulu sortir d'Egypte en fugitif. » — Il y avait peut-être une question égyptienne que Montesquieu et d'autres n'ont pas assez vue.

2. Les peuples d'Asie abhorraient ces gouverneurs que Rome leur envoyait avec le titre de proconsuls et qui les pressuraient odieusement. Quant aux peuples d'Europe, si nous en exceptons les Romains, nous ne voyons pas qu'ils aient tellement détesté le nom de roi.

3. Entendez : *bien qu'ils le souffrissent tyran.*

4. *De* est le pluriel de *un certain.* La Bruyère : « On voit de certaines gens... »

5. Le sénat pesait probablement assez peu dans l'estime de César, mais il n'affecta pas le mépris à son égard,

devenu presque ridicule, depuis qu'il n'avoit plus de puissance : par là sa clémence même fut insultante. On regarda qu'il ne pardonnoit pas, mais qu'il dédaignoit de punir.

Il porta le mépris jusqu'à faire lui-même des sénatus-consultes; il les souscrivoit du nom des premiers sénateurs qui lui venoient dans l'esprit. « J'apprends quelquefois, dit Cicéron, qu'un sénatus-consulte, passé à mon avis [1], a été porté en Syrie et en Arménie, avant que j'aie su qu'il ait été fait; et plusieurs princes m'ont écrit des lettres de remerciements sur ce que j'avois été d'avis qu'on leur donnât le titre de rois, que non seulement je ne savois pas être rois, mais même qu'ils fussent au monde. »

On peut voir dans les lettres de quelques grands hommes de ce temps-là [2], qu'on a mises sous le nom de Cicéron, parce que la plupart sont de lui, l'abattement et le désespoir des premiers hommes de la république à cette révolution subite, qui les priva de leurs honneurs et de leurs occupations mêmes; lorsque, le sénat étant sans fonction, ce crédit qu'ils avoient eu par toute la terre, ils ne purent plus l'espérer que dans le cabinet d'un seul; et cela se voit bien mieux dans ces lettres que dans les discours [3] des historiens.

comme Montesquieu l'indique. Ce furent ses ennemis qui se moquèrent de ce sénat renouvelé par lui. Il l'avait doublé en y appelant les officiers qui avaient partagé ses dangers et sa gloire et les plus considérés des provinciaux. C'était élargir le sénat, peut-être le tuer; en tout cas, ce n'était pas s'en moquer.

1. « *Audio senatus-consultum in Armeniam et Syriam esse portatum quod in meam sententiam factum esse dicatur...* » (*Lettres familières*, IX, 15). Les sénatus-consultes ou décrets du sénat n'étaient pas ordinairement rédigés séance tenante. Le président les faisait libeller avec les formules d'usage par les Scribes du sénat, en présence d'une délégation de sénateurs qui apposaient leurs signatures au bas du cabinet.

2. Les lettres de Cicéron sont particulièrement intéressantes à consulter sur ces événements. Elles sont à peu près le seul document contemporain qui nous ait conservé fidèlement la physionomie de cette époque. On pourrait en citer des fragments à l'appui de chacune des phrases de ce chapitre. Montesquieu s'en est beaucoup servi.

3. *Discours* doit être entendu au sens de *récits*. Pour Montesquieu, comme pour le XVIIe siècle, l'histoire devait être une œuvre oratoire. C'est la théorie de Cicéron. Mais quand Bossuet donne à son éloquent tableau de l'histoire du monde le titre de *Discours sur l'Histoire Universelle*, le mot *discours* signifie « développement, exposé didactique ».

Elles sont le chef-d'œuvre de la naïveté de gens unis par une douleur commune, et d'un siècle où la fausse politesse n'avoit pas mis le mensonge partout; enfin on n'y voit point, comme dans la plupart de nos lettres modernes, des gens qui veulent se tromper, mais des amis malheureux qui cherchent à se tout dire.

Il étoit bien difficile que César pût défendre sa vie : la plupart des conjurés étoient de son parti, ou avoient été par lui comblés de bienfaits [1]; et la raison en est bien naturelle. Ils avoient trouvé de grands avantages dans sa victoire; mais, plus leur fortune devenoit meilleure, plus ils commençoient à avoir part au malheur commun; car, à un homme qui n'a rien, il importe assez peu, à certains égards, en quel gouvernement il vive.

De plus, il y avoit un certain droit des gens, une opinion établie dans toutes les républiques de Grèce et d'Italie, qui faisoit regarder comme un homme vertueux l'assassin de celui qui avoit usurpé la souveraine puissance [2]. A Rome surtout, depuis l'expulsion des rois, la loi étoit précise, les exemples reçus : la république armoit le bras de chaque citoyen, le faisoit magistrat pour le moment, et l'avouoit pour sa défense.

Brutus ose bien dire à ses amis que, quand son père reviendroit sur la terre, il le tueroit tout de même [3]; et, quoique par la continuation de la tyrannie, cet esprit de liberté se perdît peu à peu, les con-

1. Decimus Brutus, Caïus Casca, Trebonius, Tullius Cimber, Minutius Basilius étoient amis de César. (Appian, *De bello civili*, liv. II, ch. CXIII. (*N. de M.*) Montesquieu oublie un des plus ardents, Cassius Longinus, que César avait gracié après Pharsale, et auquel il venait de donner le titre de préteur et le gouvernement de Syrie.

2. Cicéron est formel : « *Quod potest majus esse scelus, quam non modo hominem sed etiam familiarem hominem occidere? Num igitur se adstrinxit scelere si quis tyrannum occidit quamvis familiarem? Populo quidem romano non videtur, qui ex omnibus praeclaris factis illud pulcherrimum existimat.* » (*De officiis*, III, 4.)

3. *Lettres de Brutus*, dans le recueil de celles de Cicéron (*N. de M.*) Brutus est moins violent que ne le prétend Montesquieu. Il dit que *jamais il n'accordera à l'héritier de celui qu'il a tué ce qu'il n'accorderait pas même à son père : la paisible jouissance d'un pouvoir supérieur à celui du sénat et des lois.*

jurations, au commencement du règne d'Auguste, renaissoient toujours.

C'étoit un amour dominant pour la patrie qui, sortant des règles ordinaires des crimes et des vertus, n'écoutoit que lui seul, et ne voyoit ni citoyen, ni ami, ni bienfaiteur, ni père : la vertu sembloit s'oublier pour se surpasser elle-même ; et l'action qu'on ne pouvoit d'abord approuver, parce qu'elle étoit atroce, elle la faisoit admirer comme divine [1].

En effet, le crime de César, qui vivoit dans un gouvernement libre, n'étoit-il pas hors d'état d'être puni autrement que par un assassinat ? Et demander pourquoi on ne l'avait pas poursuivi par la force ouverte ou par les lois, n'étoit-ce pas demander raison de ses crimes [2] ?

Chap. XII. — De l'état de Rome après la mort de César.

Il étoit tellement impossible que la république pût se rétablir, qu'il arriva ce qu'on n'avoit jamais encore vu, qu'il n'y eut plus de tyran, et qu'il n'y eut pas de

1. Nous aurions voulu que Montesquieu protestât contre cette doctrine du tyrannicide, et montrât, ne fût-ce que par un mot, que cet assassinat divinisé par les païens n'est, aux yeux des chrétiens, qu'un crime odieux. A la complaisance avec laquelle il développe les raisons que l'on peut alléguer pour justifier ce *certain droit des gens*, il nous semble incliner tout au moins vers la théorie dangereuse qui excuse l'assassinat politique.

2. A propos de ce chapitre Sainte-Beuve a formulé contre Montesquieu une très juste critique : « Il est à remarquer, dit-il, que Montesquieu qui a si admirablement parlé d'Alexandre, de Charlemagne, de Trajan et de Marc-Aurèle est moins généreux au sujet de César ; il n'en parle pas du moins comme de ces autres grands mortels avec une sorte d'enchantement. Il lui en veut encore d'avoir été l'instrument puissant de la transformation du monde. » — Montesquieu est en effet trop sévère pour César, probablement parce qu'il ne l'a pas compris, ni lui, ni son époque. Mommsen et Duruy ont mieux jugé son rôle politique. Le premier a montré comment, dans la lutte qu'il entama avec le sénat, César avait pour lui la loi et la légalité auxquelles vint se joindre bientôt la volonté nationale. M. Duruy a fait ressortir ses grandes qualités et sa haute intelligence politique. César crut qu'un seul maître était préférable à 300 pour un immense empire de 60 millions d'hommes. Brutus voulait être un de ces 300. « Aux yeux de l'histoire impartiale, s'il est le plus grand des ambitieux, il fut aussi le plus habile instrument d'une nécessité historique. Il a fondé l'unité de commandement, par quoi furent rendus solidaires les intérêts du chef de l'Etat et ceux des populations soustraites à la rapace exploitation de cent familles. »

liberté; car les causes qui l'avoient détruite subsistoient toujours [1].

Les conjurés n'avoient formé de plan que pour la conjuration, et n'en avoient point fait pour la soutenir [2].

Après l'action faite, ils se retirèrent au Capitole; le sénat ne s'assembla pas; et le lendemain, Lépidus [3], qui cherchoit le trouble, se saisit avec des gens armés de la place romaine.

Les soldats vétérans, qui craignoient qu'on ne répétât [4] les dons immenses qu'ils avoient reçus, entrèrent dans Rome; cela fit que le sénat approuva tous les actes de César [5], et que, conciliant les extrêmes, il accorda une amnistie aux conjurés; ce qui produisit une fausse paix [6].

César, avant sa mort, se préparant à son expédition contre les Parthes, avoit nommé des magistrats pour plusieurs années, afin qu'il eût des gens à lui qui maintinssent dans son absence la tranquillité de son gouvernement : ainsi, après sa mort, ceux de son parti se sentirent des ressources pour longtemps.

Comme le sénat avoit approuvé tous les actes de César sans restriction, et que l'exécution en fut don-

1. C'est la pensée de Cicéron : *Non regno, sed rege liberati videmur : interfecto enim rege, regios omnes nutus tuemur* (*Ad famil.*, XII, 1).

2. C'est ce qui arrive ordinairement dans les révolutions. Cicéron, en présence de ce désarroi, jugeait sainement les conjurés en déclarant qu'ils étaient sans doute *des hommes par le cœur, mais des enfants par la tête.* (*Ad. Att.*, XIV, 21.)

3. Lepidus était le maître de la cavalerie de César; lui ne perdait pas son temps comme les conjurés et les sénateurs. Il avait fait occuper la ville par ses vétérans.

4. C'est le latin *repetere, redemander.* Ce mot ne s'emploie en ce sens que dans la langue juridique : « Le créancier peut seulement *répéter* les dommages et intérêts... (Code Napoléon 1205.)

5. Ce ne fut pas seulement la crainte des vétérans qui fit approuver au sénat les actes de César. Ces fameux défenseurs de la liberté n'avaient garde d'oublier leurs propres intérêts, et ceux qui, dans les nominations faites par César pour cinq ans, avaient été l'objet de quelque choix, votèrent avec Antoine et ses partisans le sénatus-consulte suivant : « *Il ne sera point intenté d'action criminelle au sujet de la mort de César, et tous les actes de son administration sont ratifiés pour le bien de la république* (Appien, *Bell. civ.*, II, 135).

6. Cicéron désirait ardemment la paix et l'union de tous les citoyens. Quand Antoine et Dolabella se furent embrassés, que Cassius alla dîner chez Antoine et Brutus chez Lépide, il crut la république sauvée. Il oubliait les passions de ces hommes qui ne travaillaient que pour eux.

née aux consuls, Antoine, qui l'étoit, se saisit du livre de raison [1] de César, gagna son secrétaire et y fit écrire tout ce qu'il voulut : de manière que le dictateur régnoit plus impérieusement que pendant sa vie ; car, ce qu'il n'auroit jamais fait, Antoine le faisoit [2] ; l'argent qu'il n'auroit jamais donné, Antoine le donnoit ; et tout homme qui avoit de mauvaises intentions contre la république trouvoit soudain une récompense dans les livres de César.

Par un nouveau malheur, César avoit amassé pour son expédition des sommes immenses, qu'il avoit mises dans le temple d'Ops [3] ; Antoine, avec son livre, en disposa à sa fantaisie.

Les conjurés avoient d'abord résolu de jeter le corps de César dans le Tibre : ils n'y auroient trouvé nul obstacle [4] ; car, dans ces momens d'étonnement qui suivent une action inopinée, il est facile de faire tout ce qu'on peut oser. Cela ne fut point exécuté ; et voici ce qui en arriva.

Le sénat se crut obligé de permettre qu'on fît les obsèques de César ; et effectivement, dès qu'il ne l'avoit pas déclaré [5] tyran, il ne pouvoit pas lui refuser la sépulture. Or, c'étoit une coutume des Romains, si vantée par Polybe, de porter dans les funérailles les images des ancêtres, et de faire ensuite l'oraison

1. C'est-à-dire le livre de comptes (*ratio, compte*). Les livres de raison étaient fort en usage autrefois, particulièrement au XVIIe siècle. On y inscrivait non seulement ses dépenses, mais encore ses appréciations sur les évènements de la vie publique ou les incidents de la vie privée, ses pensées et ses jugements sur les hommes et les choses. Dans ces derniers temps on a publié quelques-uns de ces livres de raison vraiment fort curieux.

2. Montesquieu traduit Cicéron : *Itane vero?... ut omnia facta, scripta, dicta, promissa, cogitata Cæsaris plus valeant quam si ipse viveret.* (*Ad. Att.*, XIV, 10.

3. C'est la Terre honorée comme la mère des fruits et des moissons. Elle fut identifiée par les Romains avec la Cybèle phrygienne. Son temple était situé à l'extrémité nord-est du Forum. César y avait déposé 700 millions de sesterces (154 millions de francs) dont Antoine s'empara.

4. Cela n'auroit pas été sans exemple ; après que Tibérius Gracchus eut été tué, Lucrétius, édile, qui fut depuis appelé Vespillo, jeta son corps dans le Tibre. Aurelius Victor, *De vir. illust.*, ch. LXIV. (*N. de M.*)

5. C'est-à-dire *puisqu'il ne l'avait pas déclaré tyran*. Dans ce sens on emploie aujourd'hui l'expression *dès là que* ; mais au XVIIe et au XVIIIe siècles on employait tout aussi bien *dès que*

funèbre du défunt [1]. Antoine, qui la fit, montra au peuple la robe ensanglantée de César, lui lut son testament, où il lui faisoit de grandes largesses [2], et l'agita au point qu'il mit le feu aux maisons des conjurés.

Nous avons un aveu de Cicéron, qui gouverna le sénat dans toute cette affaire, qu'il auroit mieux valu agir avec vigueur et s'exposer à périr, et que même on n'auroit point péri; mais il se disculpe sur ce que, quand le sénat fut assemblé, il n'étoit plus temps. Et ceux qui savent le prix d'un moment, dans les affaires où le peuple a tant de part, n'en seront pas étonnés.

Voici un autre accident : pendant qu'on faisoit des jeux en l'honneur de César, une comète à longue chevelure [3] parut pendant sept jours; le peuple crut que son âme avoit été reçue dans le ciel [4].

1. La loi des XII Tables avait réglé que personne ne serait enseveli dans l'intérieur de la cité, que l'on ne mettrait jamais d'or dans les sépultures, que la flamme du bûcher ou la terre du tombeau recouvraient le corps tout entier, que l'on supprimerait les repas funèbres et les lamentations. Mais l'orgueil des patriciens fit bien vite tomber cette loi en désuétude. Sous l'empire, lorsque quelque grand mourait, le corps était exposé pendant sept jours sur un lit de parade. Le convoi, lorsqu'il se mettait en marche, était accompagné de pleureuses à gages. A côté du corps on portait toutes les récompenses honorifiques obtenues par le défunt et les images des ancêtres en cire coloriée. La famille suivait en vêtements sombres. On s'arrêtait au Forum où quelque proche parent prononçait l'oraison funèbre, et de là on se rendait au bûcher élevé hors de la ville. Le corps arrosé de parfums y était déposé et les plus proches parents approchaient la flamme en détournant la tête. On jetait dans le feu des parfums et des présents, quelquefois même des esclaves se précipitaient dans le brasier pour accompagner le mort dans l'autre vie. On faisait des libations de lait, de vin et de sang, parfois même de sang humain en égorgeant des prisonniers ou des esclaves. Le corps consumé, on éteignait les tisons avec du vin, puis on recueillait les os encore brûlants dans une urne. Enfin un prêtre purifiait l'assemblée avec l'eau lustrale. Le festin funèbre avait lieu le lendemain des funérailles; quelquefois on donnait des jeux scéniques et un festin au peuple. Le neuvième jour, nouveau festin; enfin, le dixième jour, la maison était purifiée et balayée avec des rameaux de verveine. Ce spectacle avait vivement frappé Polybe qui, après avoir relaté ces détails, ajoute : *le deuil privé devenait ainsi un deuil public.*

2. César laissait au peuple ses jardins au delà du Tibre et à chaque citoyen 300 sesterces (66 francs). Les jardins de César se trouvaient sur le versant est du Janicule, dans cette partie comprise plus tard entre la *Via Aurelia* et la *Via Portuensis*. Les églises de Saint-Pierre *in Montorio* et Sainte-Marie du Transtévère s'élèvent aujourd'hui sur leur emplacement.

3. D'après les calculs des astronomes, la comète qui parut alors est celle connue sous le nom de *comète de Halley*.

4. *In deorum numerum relatus est, non ore modo decernentium, sed et persuasione vulgi.* (Suétone, *J. Caesar*, 88.)

C'étoit bien une coutume des peuples de Grèce et d'Asie de bâtir des temples aux rois et même aux proconsuls qui les avoient gouvernés [1] : on leur laissoit faire ces choses comme le témoignage le plus fort qu'ils pussent donner de leur servitude; les Romains mêmes pouvoient, dans les laraires [2], ou des temples particuliers, rendre des honneurs divins à leurs ancêtres; mais je ne vois pas que, depuis Romulus jusqu'à César, aucun Romain ait été mis au nombre des divinités publiques [3].

Le gouvernement de la Macédoine étoit échu à Antoine; il voulut, au lieu de celui-là, avoir celui des Gaules; on voit bien par quel motif [4]. Décimus Brutus, qui avoit la Gaule cisalpine, ayant refusé de la lui remettre, il voulut l'en chasser; cela produisit une guerre civile [5], dans laquelle le sénat déclara Antoine ennemi de la patrie.

Cicéron, pour perdre Antoine, son ennemi particu-

1. Comme l'a montré M. G. Boissier (*La religion romaine, d'Auguste aux Antonins*), l'apothéose est d'origine orientale. De l'Orient elle passa en Grèce : Flamininus y eut un temple. Les proconsuls eurent leurs autels : c'était une manière de les désarmer. Ainsi la Sicile institua des fêtes en l'honneur de Verrès : la Cilicie bâtit un temple à Appius qui l'avait ruinée. Les Latins eux-mêmes adoraient sous le nom de *dieux indigètes* les anciens rois du Latium : Picus, Faunus, Latinus, Romulus. Cependant de Romulus à César on ne trouve pas d'apothéose à Rome. Mais les âmes des morts furent toujours pour les Romains de véritables divinités, *dii manes*, et Cicéron lui-même en fait un article de foi; il avait même voulu élever un temple à sa bien-aimée Tullie. — C'est de ces coutumes orientales et de cette croyance des Romains qu'est née l'idée de l'apothéose impériale. La grande popularité de César et l'orgueil des empereurs firent le reste. Ce fut un nouveau culte, distinct de celui des dieux mythologiques, qui eut ses prêtres et ses prêtresses, ses temples et ses autels, dans toute l'étendue de l'empire. (V. Beurlier. *Essai sur le culte rendu aux empereurs romains*).

2. Le *lararium* était le sanctuaire domestique. Il comprenait un autel ou foyer et les images des Lares ou Pénates. Ce foyer était placé, à l'origine, dans la salle commune (*atrium*). Plus tard, le sanctuaire des dieux domestiques, surtout chez les riches, se sépara de l'*atrium*; on en fit une chapelle à part, c'est le *lararium*.

3. Dion dit que les triumvirs qui espéroient tous d'avoir quelque jour la place de César firent tout ce qu'ils purent pour augmenter les honneurs qu'on lui rendoit; liv. XLVII. (*N. de M.*)

4. Antoine comptait y réunir les six légions de vétérans que César avait destinées à la guerre d'Orient.

5. C'est la guerre dite de Modène, parce qu'Antoine, qui assiégeait cette ville, fut forcé d'en lever le siège, après une victoire remportée sur lui par Octave et les deux consuls Hirtius et Pansa, et obligé de s'enfuir dans la Transalpine (43).

lier, avoit pris le mauvais parti de travailler à l'élévation d'Octave; et, au lieu de chercher à faire oublier au peuple César, il le lui avoit remis devant les yeux.

Octave se conduisit avec Cicéron en homme habile; il le flatta, le consulta, et employa tous ces artifices dont la vanité ne se défie jamais [1].

Ce qui gâte presque toutes les affaires c'est qu'ordinairement ceux qui les entreprennent, outre la réussite principale, cherchent encore de certains petits succès particuliers, qui flattent leur amour-propre, et les rendent contents d'eux [2].

Je crois que si Caton s'étoit réservé pour la république, il auroit donné aux choses tout un autre tour [3]. Cicéron, avec des parties [4] admirables pour un second rôle, étoit incapable du premier : il avoit un beau génie, mais une âme souvent commune. L'accessoire, chez Cicéron, c'étoit la vertu; chez Caton c'étoit la gloire; Cicéron se voyoit toujours le premier; Caton s'oublioit toujours; celui-ci vouloit sauver la république pour elle-même; celui-là pour s'en vanter [5].

1. Cicéron était très sensible à cette déférence d'Octave pour ses lumières et son expérience. Il s'était plaint jadis que Pompée ne suivît pas ses conseils : *Nihil actum est a Pompeio nostro sapienter... nihil nisi contra consilium auctoritatemque meam.* (*Ad. Att.*, VIII, 3). Et dans sa vanité naïve, il se flattait maintenant qu'Octave triompherait grâce à lui : *Qui si steterit idem mihique paruerit, satis videmur haberi præsidii.* (*Ad Brutum*, X.)

2. C'est l'histoire de toutes les époques troublées. On s'estime heureux de quelques succès partiels accordés d'autant plus volontiers par les adversaires qu'ils les savent de peu d'importance : bien mieux, on leur en sait gré et l'on se félicite intérieurement à l'heure où l'on a tout compromis, sinon tout perdu. Un homme de cœur et de convictions ne doit craindre ni la prison ni la mort. Brutus l'avait ainsi compris et il reproche durement à Cicéron ses concessions et sa vanité : « *Nimium timemus mortem et exilium et paupertatem. Haec videntur Ciceroni ultima esse in malis : et dum habeat a quibus impetret quae velit et a quibus colatur ac laudetur, servitutem, honorificam modo, non aspernatur, si quidquam in extrema ac miserrima contumelia potest honorificum esse* (*Lettres de Brutus*, XVII.)

3. Nous dirions mieux : *un tout autre tour* (Ragon, § 671, rem.).

4. C'est-à-dire *avec des qualités partielles.*

5. Montesquieu est bien sévère pour Cicéron. Nous ne croyons pas qu'il eut une âme si vulgaire et que la vertu fut pour lui l'accessoire. Il y a dans sa vie et dans ses œuvres assez de grandes actions et de nobles paroles pour nous convaincre du contraire. Sa conduite, au moment de la conjuration de Catilina, n'est pas d'un homme qui veut sauver la république seulement pour s'en vanter. La vanité de Cicéron était grande, mais elle n'allait pas jusqu'à lui faire risquer sa vie. Il manqua de clairvoyance en politique, sans aucun doute; mais, à tout prendre, il fut un

Je pourrois continuer le parallèle, en disant que, quand Caton prévoyoit, Cicéron craignoit; que là où Caton espéroit, Cicéron se confioit : que le premier voyoit toujours les choses de sang-froid, l'autre au travers de cent petites passions.

Antoine fut défait à Modène : les deux consuls Hirtius et Pansa y périrent. Le sénat, qui se crut au dessus de ses affaires [1], songea à abaisser Octave, qui de son côté cessa d'agir contre Antoine, mena son armée à Rome, et se fit déclarer consul.

Voilà comment Cicéron, qui se vantoit que sa robe avoit détruit les armées d'Antoine, donna à la république un ennemi plus dangereux, parce que son nom étoit plus cher, et ses droits, en apparence, plus légitimes [2].

Antoine, défait, s'étoit réfugié dans la Gaule transalpine, où il y avoit été reçu par Lépidus. Ces deux hommes s'unirent avec Octave, et ils se donnèrent l'un à l'autre la vie de leurs amis et de leurs ennemis [3]. Lépide resta à Rome : les deux autres allèrent chercher Brutus et Cassius, et ils les trouvèrent dans ces lieux où l'on combattit trois fois pour l'empire du monde [4].

Brutus et Cassius se tuèrent avec une précipitation qui n'est pas excusable; et l'on ne peut lire cet endroit de leur vie sans avoir pitié de la république, qui fut ainsi abandonnée. Caton s'étoit donné la mort à la fin

honnête homme et un grand citoyen; Auguste lui-même ne lui refusa pas ce témoignage.

1. L'expression équivaut à *hors de toute difficulté*.

2. Il était héritier de César et son fils par adoption. (*N. de M.*)

3. Cet ignoble marché fut conclu avec un cynisme révoltant : « Chacun des chefs, dit M. Duruy, avait livré un des siens pour avoir le droit de n'être point gêné dans ses vengeances. Ils tenaient leurs comptes avec une scrupuleuse exactitude : telle tête réclamée par l'un paraissait aux autres en valoir deux ou trois; on discutait, on se mettait d'accord, et les trois têtes étaient données pour établir l'équivalence. » La première liste comprenait 130 noms, la deuxième 150, et d'autres leur succédèrent.

4. La péninsule hellénique fut en effet le théâtre de ces luttes formidables. A Pharsale, en Thessalie, César défit Pompée (48); à Philippes, en Macédoine, Brutus et Cassius périrent (42); enfin la flotte d'Antoine fut anéantie par Octave à Actium dans le golfe d'Ambracie (31).

de la tragédie; ceux ci la commencèrent en quelque façon par leur mort.

On peut donner plusieurs causes de cette coutume si générale des Romains de se donner la mort : le progrès de la secte stoïque[1], qui y encourageoit; l'établissement des triomphes et de l'esclavage, qui firent penser à plusieurs grands hommes qu'il ne falloit pas survivre à une défaite; l'avantage que les accusés avoient de se donner la mort plutôt que de subir un jugement par lequel leur mémoire devoit être flétrie et leurs biens confisqués[2]; une espèce de point d'honneur, peut-être plus raisonnable que celui qui nous porte aujourd'hui à égorger notre ami pour un geste ou pour une parole; enfin une grande commodité pour l'héroïsme, chacun faisant finir la pièce qu'il jouoit dans le monde, à l'endroit où il vouloit.

On pourroit ajouter, une grande facilité dans l'exécution : l'âme, tout occupée de l'action qu'elle va faire, du motif qui la détermine, du péril qu'elle va éviter, ne voit point proprement la mort, parce que la passion fait sentir, et jamais voir.

L'amour propre, l'amour de notre conservation, se transforme en tant de manières, et agit par des principes si contraires, qu'il nous porte à sacrifier notre être pour l'amour de notre être; et tel est le cas que nous faisons de nous-mêmes, que nous consentons à cesser de vivre par un instinct naturel et obscur qui fait que nous nous aimons plus que notre vie même[3].

1. On dit maintenant *un courage stoïque* mais *la secte stoïcienne.*

2. En se dérobant par la mort à une condamnation infamante, ils recevaient les honneurs de la sépulture, et leurs testaments étaient reconnus comme valides : *eorum qui de se statuebant humabantur corpora, manebant testamenta pretium festinandi.* (Tacite, *Annales*, VI, 29.)

3. Dans l'édition de 1784, Montesquieu avait ajouté : « *Il est certain que les hommes sont devenus moins libres, moins courageux, moins portés aux grandes entreprises qu'ils n'étaient lorsque, par cette puissance qu'on prenait sur soi-même, on pouvait à tous les instants échapper à toute autre puissance.* » Il faut savoir gré à Montesquieu de cette correction, mais un chrétien devait aller plus loin et tout en donnant les raisons qui avaient pu généraliser le suicide et qui peuvent le faire excuser dans une société païenne, le condamner au nom de la loi divine.

Chap. XIII. — Auguste.

Sextus Pompée tenoit la Sicile et la Sardaigne ; il étoit maître de la mer, et il avoit avec lui une infinité de fugitifs et de proscrits qui combattoient pour leurs dernières espérances. Octave lui fit deux guerres très laborieuses ; et, après bien des mauvais succès [1], il le vainquit par l'habileté d'Agrippa [2].

Les conjurés avoient presque tous fini malheureusement leur vie ; et il étoit bien naturel que des gens qui étoient à la tête d'un parti abattu tant de fois, dans les guerres où l'on ne se faisoit aucun quartier, eussent péri de mort violente. De là cependant on tira la conséquence d'une vengeance céleste qui punissoit les meurtriers de César et proscrivoit leur cause.

Octave gagna les soldats de Lépidus, et le dépouilla de la puissance du triumvirat ; il lui envia même la consolation de mener une vie obscure, et le força de se trouver, comme homme privé, dans les assemblées du peuple [3].

On est bien aise de voir l'humiliation de ce Lépidus. C'étoit le plus méchant citoyen qui fût dans la répu-

1. *Successus* n'a pas d'autre sens que celui de *dénouement, issue, résultat.* Montesquieu emploie donc le mot *succès* dans son sens étymologique, sens très usité au XVIIe siècle.

2. C'était vraiment un grand homme de guerre que ce lieutenant d'Octave. Il créa le port Jules en réunissant le lac Lucrin au lac Averne, et tous les deux à la mer. Il forma la flotte et les légions. Vainqueur de Sextus Pompée à la bataille navale qui eut lieu entre Myles et Nauloque (36), il devait l'être encore d'Antoine à Actium (31). Ce fut de plus un modeste. Après le triomphe définitif d'Auguste, il se contenta de la simple charge d'édile et c'est à lui que Rome dut ses embellissements. L'un des somptueux monuments qu'il avait fait élever subsiste encore, c'est le *Panthéon d'Agrippa.* Il porte encore l'inscription : *M. Agrippa L. F. Cos. tertium fecit.* En 609 le pape Boniface IV le consacra au culte chrétien sous le nom de *Sainte Marie aux Martyrs*, et institua à cette occasion la fête de la Toussaint.

3. Le rôle de Lépide au milieu de ces dissensions civiles ne fut jamais bien net. Octave se défiait de lui, et après la défaite de Sextus Pompée, il travailla à détacher les légions qui lui étaient dévouées : il n'eut pas de peine à les rallier à sa fortune. Lépide n'eut d'autre ressource que de demander la vie à son ancien collègue. Octave lui laissa même ses biens et sa dignité de grand pontife, mais il le relégua à Circéi.

blique, toujours le premier à commencer les troubles, formant sans cesse des projets funestes où il étoit obligé [1] d'associer de plus habiles gens que lui. Un auteur moderne [2] s'est plu à en faire l'éloge, et cite Antoine, qui, dans une de ses lettres, lui donne la qualité d'honnête homme; mais un honnête homme pour Antoine ne devoit guère l'être pour les autres.

Je crois qu'Octave est le seul de tous les capitaines romains qui ait gagné l'affection des soldats, en leur donnant sans cesse des marques d'une lâcheté naturelle [3]. Dans ces temps-là, les soldats faisoient plus de cas de la libéralité de leur général que de son courage. Peut-être même que ce fut un bonheur pour lui de n'avoir point eu cette valeur qui peut donner l'empire; et que cela même l'y porta : on le craignit moins. Il n'est pas impossible que les choses qui le déshonorèrent le plus aient été celles qui le servirent le mieux. S'il avoit d'abord montré une grande âme, tout le monde se seroit méfié de lui; et, s'il eût eu de la hardiesse, il n'auroit pas donné à Antoine le temps de faire toutes les extravagances qui le perdirent [4].

1. L'adverbe *où* fut employé comme pronom relatif dès les premiers siècles de notre langue : *cil où le plus je m'affie* (*celui auquel le plus je me confie*). (Froissart, VI. 107, 27.) Au XVIIe siècle cet usage de *où* était très fréquent :

Je souhaitai son lit dans la seule pensée
De vous laisser au trône où je serais placée.

(Racine, *Britannicus*, IV, 2).

2. L'abbé de Saint-Réal (*N. de M.*) Saint-Réal (1639-1692) a composé plusieurs ouvrages historiques dont le meilleur est la *Conjuration de Venise* souvent réimprimée. Le succès de ses écrits amena les éditeurs à y ajouter des traités historiques qui n'étaient nullement de lui. C'est précisément à un factum de ce genre qu'appartient le passage que Montesquieu critique ici. L'auteur en est le marquis de La Bastie.

3. *Lâcheté* est un bien gros mot appliqué à Auguste. Il ne fut pas un homme de guerre, et il dut ses succès militaires à Agrippa, mais du moins nous ne voyons pas qu'il se soit dérobé à l'heure du danger.

4. Montesquieu, si injuste pour César, fait preuve, à l'égard d'Auguste, d'une sévérité outrée. M. Duruy semble avoir eu l'intention de le réfuter dans ce court jugement : « On a tout à la fois exalté et rabaissé ce personnage au delà de la juste mesure. Sa longue prospérité ne tient pas à d'heureux hasards, car la fortune ne sert que ceux qui savent l'enchaîner, et ceux-là sont de deux sortes : les forts et les habiles, les seconds moins grands que les premiers, mais, dans certaines circonstances, plus utiles. Auguste était de ce nombre. Cette domination que César avait établie, son fils d'adoption, après l'avoir reconquise, chercha à la rendre durable. » (III, 228).

Antoine, se préparant contre Octave, jura à ses soldats que, deux mois après sa victoire, il rétabliroit la république : ce qui fait bien voir [1] que les soldats mêmes étoient jaloux de la liberté de leur patrie, quoiqu'ils la détruisissent sans cesse, n'y ayant rien [2] de si aveugle qu'une armée.

La bataille d'Actium se donna : Cléopâtre fuit, et entraîna Antoine avec elle. Il est certain que dans la suite elle le trahit. Peut-être que, par cet esprit de coquetterie inconcevable des femmes, elle avoit formé le dessein de mettre encore à ses pieds un troisième maître du monde [3].

Une femme, à qui Antoine avoit sacrifié le monde entier, le trahit; tant de capitaines et tant de rois, qu'il avoit agrandis ou faits, lui manquèrent; et, comme si la générosité avoit été liée à la servitude, une troupe de gladiateurs [4] lui conserva une fidélité héroïque. Comblez un homme de bienfaits, la première idée que vous lui inspirez, c'est de chercher les moyens de les conserver : ce sont de nouveaux intérêts que vous lui donnez à défendre.

Ce qu'il y a de surprenant dans ces guerres, c'est qu'une bataille décidoit presque toujours l'affaire, et qu'une défaite ne se réparoit point.

Les soldats romains n'avoient point proprement d'esprit de parti; ils ne combattoient point pour une certaine chose [5], mais pour une certaine personne; ils ne connaissoient que leur chef, qui les engageoit par des espérances immenses; mais, le chef battu n'étant plus en état de remplir ses promesses, ils se tournoient d'un autre côté. Les provinces n'entroient point non plus nettement dans la querelle, car il leur

1. Ce qui fait bien voir qu'Antoine était tout aussi peu scrupuleux que les autres sur le choix des moyens.

2. Participe absolu.

3. Jules César, Antoine et Octave.

4. Ces gladiateurs, entretenus par lui à Cyzique, traversèrent toute l'Asie, lorsqu'ils le surent menacé, et ils ne se rendirent que sur un faux bruit de sa mort. Ils furent dispersés dans les légions où on les égorgea.

5. Montesquieu est ici en contradiction avec lui-même. Tout à l'heure il disait que *les soldats même étaient jaloux de la liberté de leur patrie*. Nous croyons que ce second jugement est le bon.

importoit ſort peu qui eût le dessus, du sénat ou du peuple [1]. Aussi, sitôt qu'un des chefs étoit battu, elles se donnoient à l'autre; car il falloit que chaque ville songeât à se justifier devant le vainqueur, qui, ayant des promesses immenses à tenir aux soldats [2], devoit leur sacrifier les pays les plus coupables.

Nous avons eu en France deux sortes de guerres civiles : les unes avoient pour prétexte [3] la religion; et elles ont duré, parce que le motif subsistoit après la victoire; les autres [4] n'avoient pas proprement de motif, mais étoient excitées par la légèreté ou l'ambition de quelques grands, et elles étoient d'abord étouffées [5].

Auguste [6] (c'est le nom que la flatterie donna à Octave), établit l'ordre, c'est-à-dire une servitude durable; car dans un état libre où l'on vient d'usurper la souveraineté, on appelle règle tout ce qui peut fonder l'autorité sans bornes d'un seul; et on nomme trouble, dissension, mauvais gouvernement, tout ce qui peut maintenir l'honnête liberté des sujets [7].

Tous les gens qui avoient eu des projets ambitieux avoient travaillé à mettre une espèce d'anarchie dans la république. Pompée, Crassus et César y réussirent à merveille. Ils établirent une impunité de tous les crimes publics; tout ce qui pouvoit arrêter la corruption des mœurs, tout ce qui pouvoit faire une bonne

1. Les provinces étaient tellement habituées à être pressurées que peu leur importait au nom de qui se commettaient les exactions. C'étaient elles qui supportaient les frais énormes occasionnés par des guerres continuelles.

2. On dit bien *tenir une promesse à quelqu'un.* Corneille, *Pompée* V, 3 : « S'il m'a tenu promesse.

3. Et pour raison vraie.

4. Les troubles qui eurent lieu pendant la minorité de Louis XIII et surtout les guerres de la Fronde.

5. A quoi bon ce rapprochement qui n'explique rien?

6. Voici l'explication que donne Suétone de ce nom : « *Augusti cognomen assumpsit... Munatii Planci sententia : cum, quibusdam censentibus Romulum appellari oportere, quasi et ipsum conditorem Urbis, prævaluisset ut* Augustus *potius vocaretur, non tantum novo, sed etiam ampliore cognomine, quod loca quoque religiosa, et in quibus augurato quid consecratur,* augusta *dicantur, ab* auctu, *vel ab avium* gestu gustuve, *sicut etiam Ennius docet, scribens :*
Augusto augurio postquam inclita condita Roma est.

7. Il en est de même de toute révolution, quel que soit son caractère.

police [1], ils l'abolirent ; et comme les bons législateurs cherchent à rendre leurs concitoyens meilleurs, ceux-ci travailloient à les rendre pires : ils introduisirent donc la coutume [2] de corrompre le peuple à prix d'argent ; et quand on étoit accusé de brigues [3], on corrompoit aussi les juges ; ils firent troubler les élections par toutes sortes de violences ; et, quand on étoit mis en justice, on intimidoit encore les juges ; l'autorité même du peuple étoit anéantie : témoin Gabinius, qui, après avoir rétabli, malgré le peuple, Ptolomée à main armée, vint froidement demander le triomphe [4].

Ces premiers hommes de la république cherchoient à dégoûter le peuple de son pouvoir, et à devenir nécessaires, en rendant extrêmes les inconvénients du gouvernement républicain ; mais lorsque Auguste fut une fois le maître, la politique le fit travailler à rétablir l'ordre pour faire sentir le bonheur du gouvernement d'un seul.

Lorsque Auguste avoit les armes à la main, il craignoit les révoltes des soldats, et non pas les conjurations des citoyens ; c'est pour cela qu'il ménagea les premiers, et fut si cruel aux autres [5]. Lorsqu'il fut en paix, il craignit les conjurations [6] ; et ayant toujours devant les yeux le destin de César, pour éviter son sort, il songea à s'éloigner de sa conduite. Voilà la

1. *Police* a étymologiquement le sens d'*organisation politique*. Ainsi Pascal dit : « *La pente vers soi est le commencement de tout désordre, en guerre, en police, en économie.* (XXIV, 56).

2. Nous avons déjà eu l'occasion de remarquer que cette coutume était bien antérieure à Pompée, Crassus et César. Mais les triumvirs ne se firent aucun scrupule de l'étendre encore pour servir leur ambition.

3. Les lois sur la brigue (*ambitus*) visaient surtout les distributions d'argent (*largitio*). Mais elles ne tinrent pas longtemps ; dès lors l'achat des votes se fit publiquement. On institua un jury spécial et permanent pour punir ces délits (*quaestiones perpetuae.*) Et alors, après avoir acheté les électeurs, les candidats durent acheter les juges ; ce fut une dépense de plus, mais il n'y eut rien de changé.

4. César fit la guerre aux Gaulois, et Crassus aux Parthes, sans qu'il y eût aucune délibération du sénat ni aucun décret du peuple. Voy. Dion. (*N. de M.*)

5. On dit bien *être cruel à* ou *envers quelqu'un ;* cependant la première construction, très usitée au XVIIe siècle, a l'avantage d'être plus courte. Ce qui est franchement mauvais, c'est de dire *cruel vis à vis des autres.*

6. Et il eut raison : on ne compte pas moins de quatre complots tramés contre sa vie.

clé de toute la vie d'Auguste. Il porta dans le sénat une cuirasse sous sa robe; il refusa le nom de dictateur; et au lieu que César disoit insolemment que la république n'étoit rien, et que ses paroles étoient des lois, Auguste ne parla que de la dignité du sénat et de son respect pour la république[1]. Il songea donc à établir le gouvernement le plus capable de plaire qui fût possible sans choquer ses intérêts; et il en fit un aristocratique, par rapport au civil, et monarchique, par rapport au militaire; gouvernement ambigu, qui, n'étant pas soutenu par ses propres forces, ne pouvoit subsister que tandis qu'il plairoit au monarque, et étoit entièrement monarchique par conséquent.

On a mis en question si Auguste avoit eu véritablement le dessein de se démettre de l'empire[2]. Mais qui ne voit que, s'il l'eût voulu, il étoit impossible qu'il n'y eût réussi? Ce qui fait voir que c'étoit un jeu, c'est qu'il demanda tous les dix ans qu'on le soulageât de ce poids, et qu'il le porta toujours. C'étoit de petites finesses pour se faire encore donner ce qu'il ne croyoit pas avoir assez acquis. Je me détermine par toute la vie d'Auguste; et, quoique les hommes soient fort bizarres, cependant il arrive très rarement qu'ils renoncent dans un moment à ce à quoi ils ont réfléchi pendant toute leur vie. Toutes les actions d'Auguste, tous ses règlements tendoient visiblement à l'établissement de la monarchie. Sylla se

1. Il affecta, en effet, de ne vouloir être que le premier citoyen de la république. Dans son testament il affirme qu'il rendit ses pouvoirs au sénat et au peuple : *rempublicam in senatus populique romani arbitrium transtuli* (*Res gestae divi Augusti*, 34.) En réalité, Auguste ne songea jamais à revenir à la République, comme l'affirme Suétone, mais il déposa les pouvoirs extraordinaires (*reipublicae constituendae*) qui lui avaient été confiés par la loi Titia (43) et prorogés indéfiniment par le consentement tacite de tous les citoyens. Le sénat lui rendit alors une partie des provinces qui furent appelées *provinces impériales*. Puis les pouvoirs ordinaires qu'il avait reçus furent tellement augmentés qu'il fut, sinon en titre, du moins en fait, un véritable triumvir, comme il le reconnaît lui-même : τριῶν ἀνδρῶν ἐγενόμην δημοσίων πραγμάτων κατορθωτὴς συνεχέσιν ἔτεσιν δέκα.

2. D'après Sénèque, il aurait consulté Agrippa et Mécène : le premier lui aurait conseillé l'abdication, le second l'empire. Cette supposition a fourni à Corneille le plan de sa belle scène de la délibération dans *Cinna*.

défait de la dictature; mais dans toute la vie de Sylla, au milieu de ses violences, on voit un esprit républicain; tous ses règlements, quoique tyranniquement exécutés, tendent toujours à une certaine forme de république. Sylla, homme emporté, mène violemment les Romains à la liberté; Auguste, rusé tyran [1], les conduit doucement à la servitude. Pendant que sous Sylla la république reprenoit des forces, tout le monde crioit à la tyrannie; et, pendant que sous Auguste la tyrannie se fortifioit, on ne parloit que de liberté [2].

La coutume des triomphes, qui avoit tant contribué à la grandeur de Rome, se perdit sous Auguste, ou plutôt cet honneur devint un privilège de la souveraineté [3]. La plupart des choses qui arrivèrent sous les empereurs avoient leur origine dans la république [4], et il faut les rapprocher; celui-là seul avoit le droit de demander le triomphe, sous les auspices duquel la guerre s'étoit faite [5]: or, elle se faisoit toujours sous

1. J'emploie ici ce mot dans le sens des Grecs et des Romains, qui donnoient ce nom à tous ceux qui avoient renversé la démocratie. (*N. de M.*)

2. Ce parallèle entre Sylla et Auguste, tout à l'avantage du premier, n'est qu'une brillante antithèse. La liberté entrait pour fort peu dans les préoccupations de Sylla. Tacite a très bien compris le caractère du principat d'Auguste et les circonstances qui le firent naître. Auguste ne fut pas, comme le disaient ses adulateurs, le restaurateur de la liberté, ni, comme le croient trop souvent les modernes, le fondateur d'une monarchie ouvertement proclamée : *non aliud discordantis patriæ remedium fuisse quam ab uno regeretur. Non regno tamen neque dictatura, sed principis nomine constitutam rempublicam* (*Annales*, I, 9. Cf. *id.*, I, 2). Quant à ce titre de « *princeps* », on ne le trouve dans aucune des lois portées par Auguste; il fut réservé aux héritiers de l'empire.

3. On ne donna plus aux particuliers que les ornements triomphaux. Dion, *in Aug.* (*N. de M.*) Les *ornements triomphaux* comportaient surtout le droit d'avoir sur le Forum une statue couronnée de laurier, *laureata statua*, et le droit de porter, le 1er janvier, le costume triomphal, c'est-à-dire la tunique brodée de palmes d'or et la toge de pourpre. Ces ornements furent bien vite discrédités, *pervulgatis triumphi insignibus* (Tacite, *Annales*, XIII, 53).

4. Les Romains ayant changé de gouvernement sans avoir été envahis, les mêmes coutumes restèrent après le changement du gouvernement, dont la forme resta à peu près. (*N. de M*).

5. Dion, *in Aug.*, liv. LIV, dit qu'Agrippa négligea par modestie de rendre compte au sénat de son expédition contre les peuples du Bosphore et refusa même le triomphe; et que depuis lui personne de ses pareils ne triompha, mais c'étoit une grâce qu'Auguste vouloit faire à Agrippa, et qu'Antoine ne fit point à Ventidius la première fois qu'il vainquit les Parthes. (*N. de M.*)

les auspices du chef, et par conséquent de l'empereur, qui étoit le chef de toutes les armées [1].

Comme, du temps de la république, on eut pour principe de faire continuellement la guerre, sous les empereurs, la maxime fut d'entretenir la paix [2] ; les victoires ne furent regardées que comme des sujets d'inquiétude, avec des armées qui pouvoient mettre leurs services à trop haut prix.

Ceux qui eurent quelque commandement craignirent d'entreprendre de trop grandes choses : il fallut modérer sa gloire, de façon qu'elle ne réveillât que l'attention, et non pas la jalousie du prince, et ne point paroître devant lui avec un éclat que ses yeux ne pouvoient souffrir [3].

Auguste fut fort retenu à [4] accorder le droit de bourgeoisie romaine [5]; il fit des lois pour empêcher qu'on n'affranchît trop d'esclaves ; il recommanda par son testament [6] que l'on gardât ces deux maximes, et qu'on ne cherchât point à étendre l'empire par de nouvelles guerres.

Ces trois choses étoient très bien liées ensemble : dès qu'il n'y avoit plus de guerres, il ne falloit plus de bourgeoisie nouvelle, ni d'affranchissements.

1. L'empereur, en effet, posséda seul désormais l'*imperium*. Or, pour avoir droit au triomphe, il fallait, entre autres choses, avoir commandé en chef l'armée victorieuse.

2. Il faut dire aussi que le monde était conquis, l'empire de Rome établi partout sans contestation. Les empereurs eurent surtout à conserver, ils ne surent pas le faire.

3. Les derniers chapitres de la *Vie d'Agricola* nous montrent jusqu'où allait la susceptibilité d'un Domitien (V. ch. 40).

4. Dans le sens de *modéré, circonspect*. Cf. *Il faut être extrêmement circonspect et très retenu à prononcer sur les ouvrages de ces grands hommes.* (Racine, *Iphigénie*, préface). Cette construction a vieilli.

5. De plus, il organisa le droit de cité et y introduisit des distinctions. Le citoyen pauvre n'avait pas les mêmes droits que le citoyen d'origine (*ingenuus*), et le provincial ne fut jamais l'égal du Quirite.

6. On appelle *Testament d'Auguste* l'inscription retrouvée à Ancyre. Ce n'est pas son testament complet. D'après Suétone, il comprenait trois parties : « *Tribus signatis aeque voluminibus... De tribus voluminibus, uno mandata de funere suo complexus est, altero indicem rerum a se gestarum quem vellet incidi in aeneis tabulis, quae ante mausoleum statuerentur, tertio breviarium totius imperii.* » C'est la seconde partie de ce testament qui nous est parvenue. Quant au conseil que Montesquieu rapporte ici d'après Tacite (*Annales*, I, 22), il se trouvait probablement dans la troisième partie qui avait trait à l'empire.

Lorsque Rome avoit des guerres continuelles, il falloit qu'elle réparât [1] continuellement ses habitants. Dans les commencements, on y mena une partie du peuple de la ville vaincue : dans la suite, plusieurs citoyens des villes y vinrent pour avoir part au droit de suffrage; et ils s'y établirent en si grand nombre que, sur les plaintes des alliés, on fut souvent obligé de les leur renvoyer; enfin on y arriva en foule des provinces. Les lois favorisèrent les mariages, et même les rendirent nécessaires. Rome fit dans toutes ses guerres un nombre d'esclaves prodigieux [2]; et lorsque ses citoyens furent comblés de richesses, ils en achetèrent de toutes parts, mais ils les afranchirent [3] sans nombre, par générosité, par avarice, par foiblesse : les uns vouloient récompenser des esclaves fidèles; les autres vouloient recevoir en leur nom le blé que la république distribuoit aux citoyens; d'autres enfin désiroient avoir à leur pompe funèbre beaucoup de gens qui la suivissent avec un chapeau de fleurs [4]. Le peuple fut presque composé d'affranchis [5] : de façon

1. *Réparât*, reproduisît. On a dit de même *réparer son sang, un peuple, une espèce.*

2. A Rome il ne paraît pas que les pouvoirs publics se soient beaucoup préoccupés de cet état de choses : il fallait une révolte d'esclaves pour faire réfléchir les Romains, et leur montrer un danger qu'ils ne tardaient pas à oublier : « *Urbem jam trepidam ob multitudinem familiarum quae gliscebat immensum, minore in dies plebe ingenua* (Tacite, *Ann.*, IV, 27).

3. Il y avait deux modes d'affranchissements : l'un, *privé*, devant cinq témoins, ou par une lettre contresignée de cinq personnes, qui donnait à l'affranchi une liberté conditionnelle non transmissible à ses enfants, et des droits politiques restreints (*latinitas*); l'autre, *légal*, en présence d'un haut magistrat, consul, préteur ou proconsul, lequel touchait l'esclave à la tête avec une baguette appelée *vindicta* (d'où l'expression *manumissio per vindictam* ou *vindicta*); celui-ci assurait à l'affranchi la liberté absolue avec tous ses privilèges et le droit de cité pour son petit-fils. En effet, un esclave affranchi ne devenait pas immédiatement citoyen, il n'était que *liber*, son fils était dit *libertinus*. A la génération suivante seulement on était citoyen.

4. On disait au XVIIe siècle un *chapeau de fleurs*, comme nous disons aujourd'hui une *couronne de fleurs*.

5. Claude avait rendu un décret donnant aux patrons, dans certains cas, le droit de reprendre aux affranchis la liberté qu'ils leur avaient donnée. Ce décret était demeuré sans effet. Sous Néron, on pensa à le renouveler : « *efflagitatum est adversus male meritos revocandae libertatis jus patronis daretur... criminum manifestos merito ad servitutem retrahi, ut metu coerceantur quos beneficia non mutavissent* (Tacite, *Ann.*, XIII, 26). Mais les partisans des affranchis, et les affranchis eux-mêmes objectèrent le trouble qu'une telle loi apporterait dans l'Etat où ils étaient nombreux et puissants :

que ces maîtres du monde, non seulement dans les commencements, mais dans tous les temps furent la plupart d'origine servile.

»Le nombre du petit peuple, presque tout composé d'affranchis ou de fils d'affranchis, devenant incommode, on en fit des colonies, par le moyen desquelles on s'assura de la fidélité des provinces. C'étoit une circulation des hommes de tout l'univers. Rome les recevoit esclaves et les renvoyoit Romains.

Sous prétexte de quelques tumultes arrivés dans les élections, Auguste mit dans la ville un gouverneur [1] et une garnison; il rendit les corps des légions éternels [2], les plaça sur les frontières, et établit des fonds particuliers pour les payer; enfin il ordonna que les vétérans recevroient leur récompense en argent et non pas en terres [3].

Il résultoit plusieurs mauvais effets de cette distribution des terres que l'on faisoit depuis Sylla. La propriété des biens des citoyens étoit rendue incertaine. Si on ne menoit pas dans un même lieu les soldats d'une cohorte, ils se dégoûtoient de leur établissement, laissoient les terres incultes et devenoient de dangereux citoyens [4] : mais, si on les distribuoit

« *Quippe late fusum id corpus; hinc plerumque tribus, decurias, ministeria magistratibus et sacerdotibus, cohortes etiam in Urbe conscriptas; et plurimis equitum, plerisque senatoribus, non aliunde originem trahi. Si separarentur libertini, manifestam fore penuriam ingenuorum* (*Ann.*, XIII, 27). Et les affranchis l'emportèrent.

1. C'était le *praefectus urbis*, chargé par Auguste, pendant son absence, de l'an 27 à 24, de la haute police de Rome et de l'Italie. Messala Corvinus occupa le premier cette charge, mais comme elle était contraire aux lois, il s'en démit en criant au scandale. Auguste le remplaça par Statilius Taurus. Le troisième préfet Pison, choisi en 14 ap. J.-C., resta en fonctions jusque sous Tibère, en l'an 32 où il mourut. Le préfet était nommé par l'empereur et choisi parmi les sénateurs et de préférence parmi les consulaires.

2. La réforme militaire d'Auguste eut une double tendance : éliminer de la légion les citoyens romains et faire des légions autant de petites armées sédentaires (*castra stativa*) cantonnées surtout dans les provinces frontières et organisées de façon qu'elles pussent se suffire à elles-mêmes.

3. Il régla que les soldats prétoriens auroient cinq mille drachmes : deux mille après seize ans de service et les autres trois mille après vingt ans de service. (Dion, *in Aug.*) (*N. de M.*).

4. *Non enim, ut olim, universae legiones deducebantur cum tribunis et centurionibus et sui cujusque ordinis militibus, ut consensu et caritate rempublicam efficerent; sed ignoti inter se, diversis manipulis, sine rectore, sine affectibus mutuis, quasi ex*

par légions, les ambitieux pouvoient trouver contre la république des armées dans un moment.

Auguste fit des établissements fixes pour la marine [1]. Comme avant lui les Romains n'avoient point eu des corps perpétuels de troupes de terre, ils n'en avoient point non plus de troupes de mer. Les flottes d'Auguste eurent pour objet principal la sûreté des convois, et la communication des diverses parties de l'empire ; car d'ailleurs les Romains étoient les maîtres de toute la Méditerranée : on ne naviguoit dans ces temps-là que dans cette mer, et ils n'avoient aucun ennemi à craindre.

Dion remarque très bien que depuis les empereurs il fut plus difficile d'écrire l'histoire : tout devint secret [2]; toutes les dépêches des provinces furent portées dans le cabinet des empereurs ; on ne sut plus que ce que la folie et la hardiesse des tyrans ne voulut point cacher, ou ce que les historiens conjecturèrent.

CHAP. XIV. — Tibère.

Comme on voit un fleuve miner lentement et sans bruit les digues qu'on lui oppose, et enfin les renverser dans un moment, et couvrir les campagnes qu'elles conservoient, ainsi la puissance souveraine sous Auguste agit insensiblement et renversa [3] sous Tibère avec violence.

Il y avoit une *loi de majesté* [4] contre ceux qui com-

alio genere mortalium repente in unum collecti, numerus magis quam colonia. (Tacite, *Ann.*, XIV, 28).

1. Auguste créa des flottes et des flottilles permanentes : la flotte de Misène, celle de Ravenne, celle de Fréjus, et les flottilles du Rhin (*classis Germanica*) et du Danube (*classis Pannonica, Mœsica*).

2. Suétone rapporte qu'Auguste défendit que les actes du sénat fussent publiés (*Aug.*, 30).

3. *Renversa* a le sens neutre : *se renversa, déborda.*

4. Dans l'ancienne Rome, les attentats contre la sûreté de l'État étaient appelés *perduellio.* La première loi de majesté est due au démagogue Apuleius (100 av. J.-C.), la deuxième au tribun Varius. Quelques années plus tard, Sylla reprit ces lois et définit mieux l'attentat : « *est majestas, ut Sulla voluit, ne in quemvis impune declamare liceret.* » (Cic., *Ad familiares*, III, 11.)

mettoient quelque attentat contre le peuple romain. Tibère se saisit de cette loi, et l'appliqua, non pas aux cas pour lesquels elle avoit été faite, mais à tout ce qui put servir sa haine ou ses défiances [1]. Ce n'étoient pas seulement les actions qui tomboient dans le cas de cette loi, mais des paroles, des signes et des pensées même ; car ce qui se dit dans ces épanchements de cœur que la conversation produit entre deux amis ne peut être regardé que comme des pensées. Il n'y eut donc plus de liberté dans les festins, de confiance dans les parentés, de fidélité dans les esclaves ; la dissimulation et la tristesse du prince se communiquant partout, l'amitié fut regardée comme un écueil ; l'ingénuité, comme une imprudence ; la vertu, comme une affectation qui pouvoit rappeler dans l'esprit des peuples le bonheur des temps précédents [2].

Il n'y a point de plus cruelle tyrannie que celle que l'on exerce à l'ombre des lois, et avec les couleurs de la justice, lorsqu'on va pour ainsi dire noyer des malheureux sur la planche même sur laquelle ils s'étoient sauvés.

Et, comme il n'est jamais arrivé qu'un tyran ait manqué d'instruments de sa tyrannie, Tibère trouva toujours des juges prêts à condamner autant de gens qu'il en put soupçonner. Du temps de la république, le sénat qui ne jugeoit point en corps [3] les affaires des

La loi de Sylla fut remplacée par les lois Juliennes : l'une émanant de César et abrogée par Antoine, l'autre portée par Auguste et aggravée par Tibère. Tacite parle de cette loi due à Auguste : « *legem majestatis reduxerat : cui nomen apud veteres idem, sed alia in judicium veniebant : si quis proditione exercitum aut plebem seditionibus, denique male gesta republica, majestatem populi romani minuisset : facta arguebantur, dicta impune erant. Primum Augustus cognitionem de famosis libellis specie legis ejus tractavit* (Tacite, *Ann.*, I, 72). Mais, selon Suétone, Auguste ne voulut pas qu'on poursuivît les auteurs des écrits diffamatoires qui le concernaient.

1. Pline le Jeune dit en parlant de cette loi : « *unicum crimen eorum qui crimine vacarent.* » (*Paneg.*, 42.)

2. Montesquieu s'inspire ici de Tacite : « *Congressus, colloquia, notae ignotaeque aures vitari, etiam muta atque inanima, tectum et parietes, circumspectabantur.* » (*Ann.*, IV, 60.) Cf. un tableau du même genre dans la *Vie d'Agricola*, 39 et 45.

3. Le sénat était uniquement le gardien de la Constitution, et, selon l'expression de M. Bouché-Leclercq, il était, avant tout, le conseil des dépositaires du pouvoir, rois ou magistrats.

particuliers, connoissoit, par une délégation du peuple, des crimes qu'on imputoit aux alliés. Tibère lui renvoya de même le jugement de tout ce qu'il appeloit crime de *lèse-majesté* [1] contre lui. Ce corps tomba dans un état de bassesse qui ne peut s'exprimer [2] : les sénateurs alloient au devant de la servitude ; sous la faveur de Séjan [3], les plus illustres d'entre eux faisoient le métier de délateurs.

Il me semble que je vois plusieurs causes de cet esprit de servitude qui régnoit pour lors dans le sénat. Après que César eut vaincu le parti de la république, les amis et les ennemis qu'il avoit dans le sénat concoururent également à ôter toutes les bornes que les lois avoient mises à sa puissance, et à lui déférer des honneurs excessifs. Les uns cherchoient à lui plaire ; les autres, à le rendre odieux. Cela fit qu'il ne se défia point du sénat, et qu'il y fut assassiné ; mais cela fit aussi que dans les règnes suivants il n'y eut point de flatterie qui fût sans exemple, et qui pût révolter les esprits.

Avant que Rome fût gouvernée par un seul, les richesses des principaux Romains étoient immenses, quelles que fussent les voies qu'ils employoient pour les acquérir ; elles furent presque toutes ôtées sous les empereurs : les sénateurs n'avoient plus ces grands clients [4] qui les combloient de biens ; on ne pouvoit guère rien prendre dans les provinces que pour César,

1. Tibère concentra tous les pouvoirs électoraux ou législatifs entre les mains du sénat. C'était briser avec les traditions, mais c'était aussi se préparer un instrument docile tout en affectant de lui obéir.

2. Tacite décrit ainsi cette servilité : « *At Romae ruere in servitium consules, patres, eques ; quanto quis illustrior, tanto magis falsi ac festinantes* (*Ann.*, I, 7). Et l'on n'était qu'aux premiers jours du règne de Tibère !...

3. Séjan était un simple chevalier de Vulsinie, en Etrurie, dont le père avait commandé la garde prétorienne vers la fin du règne d'Auguste. Un jour, il sauva la vie à Tibère, qui, dès lors, lui accorda toute sa confiance. Mais Séjan convoita l'empire, Tibère s'en aperçut, et, selon l'expression de Juvénal :

... Grandis epistola venit
A Capreis

4. Les rois et les villes s'honoraient de compter parmi les clients des plus illustres citoyens romains. Tous les princes de l'Asie Mineure étaient les clients de Pompée, et M. G. Boissier dit en parlant de Cicéron : « Des villes importantes, Volaterrae, Atella, Sparte, Paphos réclamaient à chaque instant sa protection et la payaient par des

surtout lorsque ses procurateurs [1], qui étoient à peu près comme sont aujourd'hui nos intendants [2], y furent établis. Cependant, quoique la source des richesses fût coupée, les dépenses subsistoient toujours ; le train de vie étoit pris, et on ne pouvoit plus le soutenir que par la faveur de l'empereur.

Auguste avoit ôté au peuple la puissance de faire des lois, et celle de juger les crimes publics ; mais il lui avoit laissé, ou du moins avoit paru lui laisser celle d'élire les magistrats [3]. Tibère, qui craignoit les assemblées d'un peuple si nombreux, lui ôta encore ce privilège, et le donna au sénat [4], c'est-à-dire à lui-même ; or, on ne sauroit croire combien cette décadence du pouvoir du peuple avilit l'âme des grands. Lorsque le peuple disposoit des dignités, les magistrats qui les briguoient faisoient bien des bassesses ; mais elles étoient jointes à une certaine magnificence qui les cachoit, soit qu'ils donnassent des jeux ou de certains repas au peuple, soit qu'ils lui distribuassent de l'argent ou des grains : quoique le motif fût bas, le moyen avoit quelque chose de noble, parce qu'il convient toujours à un grand homme d'obtenir par des libéralités la faveur du peuple [5]. Mais lorsque le peuple n'eut plus rien à donner, et que le prince, au

honneurs publics. Il comptait des provinces entières, presque des nations, dans sa clientèle, et, depuis l'affaire de Verrès, par exemple, il était le défenseur et le patron de la Sicile. Cet usage survécut à la république, et au temps de Tacite, les orateurs en renom avaient encore parmi leurs clients des provinces et des royaumes. » (*Cicéron et ses amis. — La vie privée de Cicéron*).

1. Les procurateurs provinciaux (*procuratores Augusti*) étaient des agents qui, dans chaque province, contrôlaient la répartition de l'impôt, centralisaient les recettes, répartissaient les sommes affectées aux différentes caisses, et ordonnançaient les dépenses. Les procurateurs étaient de l'ordre équestre. Au besoin ils suppléaient le gouverneur.

2. Les intendants, établis par Richelieu, chargés de la police, de la justice et des finances, subsistèrent jusqu'en 1789.

3. Auguste avait laissé subsister les comices électoraux, mais il s'était réservé le droit de présenter des candidats. Ces candidats se paraient du titre de *candidati Caesaris* (*Augusti, imperatoris*). Mais les seuls membres de l'*ordre sénatorial* étaient éligibles.

4. Tibère laissa subsister, mais à titre de simple formalité, la *renuntiatio* au Champ de Mars, le jour de l'élection ou quelques jours après. La *renuntiatio* était la proclamation des élus par le président des comices électoraux, formalité indispensable, sous la république, à la transmission des auspices.

5. Nous ne voyons pas en quoi il est plus noble de flatter le peuple que de flatter un prince. Quoi qu'en dise Montesquieu, la flatterie, quelque

nom du sénat, disposa de tous les emplois, on les demanda et on les obtint par des voies indignes : la flatterie, l'infamie, les crimes, furent des arts[1] nécessaires pour y parvenir.

Il ne paroît pourtant point que Tibère voulût avilir le sénat : il ne se plaignoit de rien tant que du penchant qui entraînoit ce corps à la servitude; toute sa vie est pleine de ses dégoûts là dessus[2] : mais il étoit comme la plupart des hommes, il vouloit des choses contradictoires; sa politique générale n'étoit point d'accord avec ses passions particulières; il auroit désiré un sénat libre, et capable de faire respecter son gouvernement; mais il vouloit aussi un sénat qui satisfît à tous les moments ses craintes, ses jalousies, ses haines : enfin l'homme d'Etat cédoit continuellement à l'homme.

Nous avons dit que le peuple avoit autrefois obtenu des patriciens qu'il auroit des magistrats de son corps qui le défendroient contre les insultes et les injustices qu'on pourroit lui faire. Afin qu'ils fussent en état d'exercer ce pouvoir, on les déclara sacrés et inviolables; et on ordonna que quiconque maltraiteroit un tribun, de fait ou par paroles, seroit sur-le-champ puni de mort. Or, les empereurs étant revêtus de la puissance des tribuns[3], ils[4] en obtinrent les privilèges;

forme qu'elle revête, quel que soit celui auquel elle s'adresse, est indigne d'un homme d'honneur. De plus, Montesquieu oublie les scènes de brigandage qui déshonoraient souvent les comices. La vénalité des suffrages, surtout au dernier siècle de la République, était absolue.

1. *Ars* signifie proprement *invention* : d'où *moyen*.

2. Tacite, qui ne peut être suspect de partialité en faveur de Tibère nous en conserve le souvenir : *Memoriae proditur Tiberium, quoties curia egrederetur, graecis verbis in hunc modum eloqui solitum : « O homines ad servitutem paratos ! » Scilicet illum qui libertatem publicam nollet, tam projectae servientium patientiae taedebat* (*Annales* III). Et il ajoute un peu plus loin : *Libertatem metuebat, adulationem oderat* (III, 87).

3. Cette attribution de la puissance tribunitienne à l'empereur était tout à fait anormale, puisque les plébéiens seuls étaient éligibles au tribunat. Ce fut une des innovations les plus hardies de Jules César. Auguste s'attribua ce pouvoir à vie et étendu à tout l'empire (36). En 23, il le rendit annuel, c'est-à-dire qu'il lui fut confirmé officiellement tous les ans. Sous ses successeurs, il était conféré à l'empereur par voie législative et immédiatement après son avènement. Cependant le tribunat continua à subsister comme les autres magistratures : mais les 10 tribuns ne possédèrent plus que l'ombre de la puissance tribunitienne.

4. *Ils* pourrait se supprimer (Ragon, *Gr. fr.*, § 942, rem. 1).

et c'est sur ce fondement qu'on fit mourir tant de gens, que les délateurs purent faire leur métier tout à leur aise, et que l'accusation de lèse-majesté, ce crime, dit Pline, de ceux à qui on ne peut point imputer de crime, fut étendue à ce qu'on voulut.

Je crois pourtant que quelques-uns de ces titres d'accusation n'étoient pas si ridicules[1] qu'ils nous paroissent aujourd'hui; et je ne puis penser que Tibère eût fait accuser un homme pour avoir vendu avec sa maison la statue de l'empereur[2]; que Domitien eût fait condamner à mort une femme pour s'être déshabillée devant son image, et un citoyen parce qu'il avoit la description de toute la terre peinte sur les murailles de sa chambre, si ces actions n'avoient réveillé dans l'esprit des Romains que l'idée qu'elles nous donnent à présent. Je crois qu'une partie de cela est fondée sur ce que Rome ayant changé de gouvernement, ce qui ne nous paroît pas de conséquence pouvoit l'être pour lors : j'en juge par ce que nous voyons aujourd'hui chez une nation qui ne peut pas être soupçonnée de tyrannie, où il est défendu de boire à la santé d'une certaine personne[3].

Je ne puis rien passer qui serve à faire connoître le génie du peuple romain. Il s'étoit si fort accoutumé à obéir, et à faire toute sa félicité de la différence de ses maîtres, qu'après la mort de Germanicus[4] il donna

1. Ces titres d'accusation sont cependant très réels : il suffit, pour s'en convaincre, de lire Tacite et Suétone. M. Duruy traitant le même sujet dit : « Chaque époque a constitué, tantôt au nom de l'État ou du prince, tantôt au nom de la religion, des crimes particuliers que les époques suivantes n'ont plus compris. » Nous le voulons bien, et il faut faire, en toutes choses, la part des idées et même des passions; mais est-ce à dire que l'on puisse, même avec cela, excuser Tibère de ces crimes où le grotesque le disputait à l'odieux?

2. Montesquieu fait erreur. Tacite dit au contraire que Falanius dénoncé au sénat fut défendu par Tibère : *quae ubi Tiberio notuere, scripsit consulibus... non contra religiones fieri quod effigies ejus, ut alia numinum simulacra, venditionibus hortorum et domuum accedant.* (*Ann.*, I, 73).

3. Charles-Édouard, fils de Jacques II, surnommé le *Prétendant*. Mais quel rapport y a-t-il entre cette défense, exagérée sans doute, mais que les nécessités de la politique peuvent expliquer, et les sinistres fantaisies d'un Tibère?...

4. On accusa Tibère de la mort de Germanicus; Pison aurait été l'instrument de l'empereur. Mais le fait n'est pas prouvé. Tacite dit que l'accusation

des marques de deuil, de regret et de désespoir, que l'on ne trouve plus parmi nous. Il faut voir les historiens décrire la désolation publique, si grande, si longue, si peu modérée; et cela n'étoit point joué : car le corps entier du peuple n'affecte, ne flatte, ni ne dissimule.

Le peuple romain, qui n'avoit plus de part au gouvernement, composé presque d'affranchis ou de gens sans industrie, qui vivoient aux dépens du trésor public, ne sentoit que son impuissance; il s'affligeoit comme les enfants et les femmes, qui se désolent par le sentiment de leur foiblesse; il étoit mal : il plaça ses craintes et ses espérances sur la personne de Germanicus; et cet objet lui étant enlevé, il tomba dans le désespoir.

Il n'y a point de gens qui craignent si fort les malheurs que ceux que la misère de leur condition pourroit rassurer, et qui devroient dire avec Andromaque : *Plût à Dieu que je craignisse*[1] ! Il y a aujourd'hui à Naples cinquante mille hommes qui ne vivent que d'herbe, et n'ont pour tout bien que la moitié d'un habit de toile; ces gens-là, les plus malheureux de la terre, tombent dans un abattement affreux à la moindre fumée du Vésuve : ils ont la sotise de craindre de devenir malheureux [2].

CHAP. XV. — Des empereurs depuis Caïus Caligula jusqu'à Antonin.

Caligula [3] succéda à Tibère. On disoit de lui qu'il n'y avoit jamais eu un meilleur esclave ni un plus

parut réfutée; et Suétone affirme que Germanicus mourut d'une maladie de langueur. Agrippine alla chercher les cendres de son époux; elle les rapporta à Rome au milieu des larmes de l'Italie toute entière qui depuis Brindes se pressait sur son passage (Cf. Tacite, *Ann.*, II, 82.)

1. Dans *les Troyennes*, de Sénèque, Andromaque, pressée par Ulysse qui veut lui arracher le secret de la retraite d'Astyanax, s'écrie :
Utinam timerem! solitus ex longo metus.
(Acte III, 631.)

2. Allusion aux *lazzaroni* de Naples.

3. Caligula que les actes officiels et les médailles nomment *Caïus Caesar*, était le fils de Germanicus et d'Agrippine, par conséquent neveu de Tibère.

méchant maître; ces deux choses sont assez liées : car la même disposition d'esprit qui fait qu'on a été vivement frappé de la puissance illimitée de celui qui commande, fait qu'on ne l'est pas moins lorsque l'on vient à commander soi-même.

Caligula rétablit les comices, que Tibère avoit ôtés [1], et abolit [2] ce crime arbitraire de lèse-majesté qu'il avoit établi; par où l'on peut juger que le commencement du règne des mauvais princes est souvent comme la fin de celui des bons [3], parce que, par un esprit de contradiction sur la conduite de ceux à qui ils succèdent, ils peuvent faire ce que les autres font par vertu; et c'est à cet esprit de contradiction que nous devons bien de bons règlements, et bien de mauvais aussi.

Qu'y gagne-t-on? Caligula ôta les accusations des crimes de lèse-majesté; mais il faisoit mourir militairement [4] ceux qui lui déplaisoient; et ce n'étoit pas à quelques sénateurs qu'il en vouloit; il tenoit le glaive suspendu sur le sénat, qu'il menaçoit d'exterminer tout entier [5].

1. Remarquez cet emploi du verbe *ôter*. Aujourd'hui nous dirions : *abolir*. Nous l'avons déjà vu et nous le trouverons encore ainsi employé.

2. Le dictionnaire de l'Académie explique ainsi cette expression : « En terme d'ancien droit criminel, *abolir un crime*, en arrêter ou en interdire la poursuite par un acte d'autorité souveraine. »

3. Le début du règne de Caligula fut plein d'espérances. L'empereur rappela les exilés et ouvrit les prisons; il fit des largesses au peuple et aux soldats, et en prenant possession du consulat, il fit dans la curie un discours rempli de si magnifiques promesses, que le sénat ordonna que, chaque année, il fut fait de ce discours une lecture solennelle. Ces illusions durèrent huit mois..

4. C'est-à-dire sans jugement. L'*imperium* conférant au général le droit de vie et de mort, l'empereur (*imperator*) en usait de même envers tous les citoyens.

5. L'idée de son omnipotence était devenue chez Caligula une monomanie. Et une de ses plaisanteries favorites était de dire à ceux avec lesquels il se trouvait, qu'il n'avait qu'un signe à faire pour faire tomber leur tête : *Omnia mihi et in omnes licere* (Suétone, *Calig.*, 29). Quant au sénat, il crut sa dernière heure venue, le jour où l'empereur lui reprocha si amèrement toutes ses lâchetés sous le dernier règne : « Si Tibère a commis quelque injustice, vous ne deviez pas, de son vivant, le combler d'honneurs, ni, après sa mort, blamer ce que vous aviez vous-même consacré par décret. C'est vous qui avez tenu envers lui une conduite insensée et coupable : c'est vous qui avez tué Séjan en le corrompant par l'orgueil dont vos bassesses l'ont gonflé. » Les sénateurs se crurent condamnés; aussi, le lendemain, ils se réunirent pour voter l'ovation à Caïus vainqueur... de ses justes ressentiments!... Les esclaves étaient dignes du tyran.

Cette épouvantable tyrannie des empereurs venoit de l'esprit général des Romains. Comme ils tombèrent tout à coup sous un gouvernement arbitraire, et qu'il n'y eut presque point d'intervalle chez eux entre commander et servir, ils ne furent point préparés à ce passage par des mœurs douces : l'humeur féroce resta ; les citoyens furent traités comme ils avoient traité eux-mêmes les ennemis vaincus, et furent gouvernés sur le même plan. Sylla, entrant dans Rome, ne fut pas un autre homme que Sylla entrant dans Athènes [1] : il exerça le même droit des gens. Pour les Etats qui n'ont été soumis qu'insensiblement, lorsque les lois leur manquent, ils sont encore gouvernés par les mœurs.

La vue continuelle des combats des gladiateurs [2] rendoit les Romains extrêmement féroces : on remarqua que Claude devint plus porté à répandre le sang, à force de voir ces sortes de spectacles [3]. L'exemple de cet empereur, qui étoit d'un naturel doux et qui fit tant de cruautés, fait bien voir que l'éducation de son temps étoit différente de la nôtre.

Les Romains, accoutumés à se jouer de la nature humaine dans la personne de leurs enfants et de leurs esclaves [4], ne pouvoient guère connoître cette vertu que nous appelons humanité. D'où peut venir cette férocité que nous trouvons dans les habitants de nos colonies, que [5] de cet usage continuel des châtiments sur une malheureuse partie du genre humain ? Lorsque

1. Athènes qui avait pris parti pour Mithridate, lors de sa lutte avec Rome, fut mise au pillage. Le sang ruissela jusque dans les faubourgs. Après sa victoire sur Marius, Sylla n'en usa pas autrement avec les Romains.

2. Ces combats avaient été importés à Rome par les Etrusques.

3. Après l'achèvement des travaux qu'il avait entrepris pour donner au lac Fucin l'écoulement qui lui manquait, il donna sur le lac un combat naval où 10.000 hommes montés sur 24 trirèmes s'entrégorgèrent.

4. Voyez les lois romaines sur la puissance des pères et celles des maîtres. (*N. de M.*) Le père de famille exerçait dans sa maison un droit de justice absolu et sans appel : il pouvait condamner à mort sa femme, ses enfants, ses esclaves, sans qu'aucune autorité pût modifier ses arrêts : *Le mari*, dit Caton l'Ancien, *est juge de sa femme ; son pouvoir n'a pas de limites : il peut ce qu'il veut.*

5. Ce *que* équivaut à *sinon* ou *si ce n'est* (Ragon, *Gr. fr.*, § 800). Cf. p. 128, note 1.

l'on est cruel dans l'état civil[1], que peut-on attendre de la douceur et de la justice naturelle?

On est fatigué de voir dans l'histoire des empereurs le nombre infini de gens qu'ils firent mourir pour confisquer leurs biens. Nous ne trouvons rien de semblable dans nos histoires modernes. Cela, comme nous venons de le dire, doit être attribué à des mœurs plus douces et à une religion plus réprimante[2]; et de plus on n'a point à dépouiller les familles de ces sénateurs qui avoient ravagé le monde. Nous tirons cet avantage de la médiocrité de nos fortunes, qu'elles sont plus sûres : nous ne valons pas la peine qu'on nous ravisse nos biens[3].

Le peuple de Rome, ce que l'on appeloit *plebs*, ne haïssoit pas[4] les plus mauvais empereurs. Depuis qu'il avoit perdu l'empire, et qu'il n'étoit plus occupé à la guerre, il étoit devenu le plus vil de tous les peuples; il regardoit le commerce et les arts comme des choses propres aux seuls esclaves; et les distributions de blé qu'il recevoit lui faisaient négliger les terres[5] : on l'avoit accoutumé aux jeux et aux spectacles. Quand il n'eut plus de tribuns à écouter ni de magistrats à élire, ces choses vaines lui devinrent nécessaires, et son oisiveté lui en augmenta le goût[6]. Or, Caligula, Néron, Commode, Caracalla, étoient

1. C'est-à-dire : lorsque l'on est cruel en vertu des lois qui régissent la cité.

2. C'est la seule et vraie raison de l'abîme qui sépare notre *état civil*, comme dit Montesquieu, de l'état civil de Rome.

3. Sainte-Beuve fait, à propos de ce passage, la remarque suivante : « Il y a une chose qui a manqué à Montesquieu pour achever l'éducation de son génie : il lui a manqué d'avoir vu une révolution. Il ne croyait plus, de nos temps, à des proscriptions possibles ni à des spoliations en masse... Il ne concevait pas qu'il y eût un jour possible, un jour prochain, où le clergé en masse serait dépossédé, où la noblesse le serait en grande partie, où les premières têtes du parlement de Paris monteraient en ordre sur l'échafaud; en 1793, cela ne se devine pas. »

4. Un jour que le peuple crut Claude assassiné, il fit presque une émeute.

5. Ce portrait peu flatté, mais exact de la plèbe, ne s'applique pas seulement à la Rome impériale; il en était déjà ainsi au temps des Gracques.

6. Juvénal signalait tristement cette irrémédiable décadence :

...Jam pridem, ex quo suffragia nulli
Vendimus, effudit curas; nam qui dabat [olim
Imperium, fasces, legiones, omnia, nunc se
Continet, atque duas tantum res anxius [optat :
Panem et circenses!...

(Sat. X.)

regrettés du peuple à cause de leur folie même ; car ils aimoient avec fureur ce que le peuple aimoit, et contribuoient de tout leur pouvoir et même de leur personne à ses plaisirs ; ils prodiguoient pour lui toutes les richesses de l'empire ; et, quand elles étoient épuisées, le peuple voyant sans peine dépouiller toutes les grandes familles, il jouissoit des fruits de la tyrannie, et il en jouissoit purement [1], car il trouvoit sa sûreté dans sa bassesse. De tels princes haïssoient naturellement les gens de bien : ils savoient qu'ils n'en étoient pas approuvés [2] ; indignés de la contradiction ou du silence d'un citoyen austère, enivrés des applaudissements de la populace, ils parvenoient à s'imaginer que leur gouvernement faisoit la félicité publique, et qu'il n'y avoit que des gens mal intentionnés qui pussent le censurer.

Caligula étoit un vrai sophiste dans sa cruauté : comme il descendoit également d'Antoine et d'Auguste [3], il disoit qu'il puniroit les consuls, s'ils célébroient le jour de réjouissance établi en mémoire de la victoire d'Actium, et qu'il les puniroit, s'ils ne le célébroient pas ; et Drusilla [4], à qui il accorda des honneurs divins, étant morte, c'étoit un crime de la pleurer, parce qu'elle étoit déesse, et de ne la pas pleurer, parce qu'elle étoit sa sœur.

C'est ici qu'il faut se donner le spectacle des choses

1. C'est-à-dire *sans mélange, pleinement.*

2. Les Grecs avoient des jeux où il étoit décent de combattre, comme il étoit glorieux d'y vaincre ; les Romains n'avoient guère que des spectacles, et celui des infâmes gladiateurs leur étoit particulier. Or, qu'un grand personnage descendît lui-même sur l'arène, ou montât sur le théâtre, la gravité romaine ne le souffroit pas. Comment un sénateur auroit-il pu s'y résoudre, lui à qui les lois défendoient de contracter aucune alliance avec des gens que les dégoûts ou les applaudissements mêmes du peuple avoient flétris ? Il y parut pourtant des empereurs ; et cette folie, qui montroit en eux le plus grand dérèglement du cœur, un mépris de ce qui étoit beau, de ce qui étoit honnête, de ce qui étoit bon, est toujours marquée chez les historiens avec le caractère de la tyrannie. (*N. de M.*)

3. Il descendait d'Antoine, par Germanicus, son père, dont la mère, Antonia, était fille d'Antoine et d'Octavie ; et d'Auguste, par Agrippine qui, par sa mère Julie, était petite-fille du fondateur de l'empire.

4. Drusilla, sœur et femme de Caligula. Quand elle mourut, l'empereur en fit une divinité qu'on adora sous le nom de Panthée.

humaines. Qu'on voie dans l'histoire de Rome tant de guerres entreprises, tant de sang répandu, tant de peuples détruits, tant de grandes actions, tant de triomphes, tant de politique, tant de sagesse, de prudence, de constance, de courage : ce projet d'envahir tout, si bien formé, si bien soutenu, si bien fini, à quoi aboutit-il qu'à assouvir le bonheur de cinq ou six monstres[1] ? Quoi! ce sénat n'avoit fait évanouir tant de rois que pour tomber lui-même dans le plus bas esclavage de quelques-uns[2] de ses plus indignes citoyens, et s'exterminer par ses propres arrêts! On n'élève donc sa puissance que pour la voir mieux renversée! les hommes ne travaillent à augmenter leur pouvoir que pour le voir tomber contre eux-mêmes dans de plus heureuses mains!

Caligula ayant été tué[3], le sénat s'assembla[4] pour établir une forme de gouvernement. Dans le temps qu'il délibéroit, quelques soldats entrèrent dans le palais pour piller; ils trouvèrent, dans un lieu obscur, un homme tremblant de peur; c'étoit Claude[5] : ils le saluèrent empereur[6].

Claude acheva de perdre les anciens ordres, en donnant à ses officiers le droit de rendre la justice[7].

1. *Que* signifie *sinon, si ce n'est* après une interrogation ou une phrase de sens négatif. BOURDALOUE : « A quoi peut-il aboutir *qu*'à notre perte? » VOLTAIRE : « Ai-je fait un seul pas *que* pour te rendre heureuse? »

2. Entendez que *le sénat s'était fait l'esclave de quelques-uns de ses plus indignes citoyens*. — *L'esclavage de quelqu'un* s'entend généralement dans un tout autre sens.

3. Caligula fut assassiné par le tribun Cassius Chéréa et les conjurés, le 24 janvier 41, dans le *cryptoportique* ou passage couvert qui allait de la vieille porte Mugonia sur le Palatin à l'un des palais impériaux. Ce cryptoportique est presque entièrement conservé.

4. « Ce qui peut donner une idée de ce temps-là, dit Suétone, c'est que la nouvelle de ce meurtre s'étant répandue, on refusa d'abord d'y croire. On soupçonna que c'était un bruit inventé et semé par Caïus pour sonder l'opinion publique à son égard. » (*Calig.*, 60.)

5. Tiberius Claudius Drusus, petit-fils d'Auguste et de Livie, et fils de ce Drusus qui fut surnommé d'abord Decimus, puis Néron.

6. Le sénat et les conjurés désiraient revenir à la république; mais comme ils n'avaient pas de plan arrêté, ils hésitèrent et donnèrent aux soldats le temps de saluer Claude empereur. Les consuls essayèrent bien de résister, mais ils ne furent par soutenus.

7. Auguste avoit établi les procurateurs, mais ils n'avoient point de juridiction; et quand on ne leur obéissoit pas, il falloit qu'ils recourussent à l'autorité du gouverneur de la province ou du préteur. Mais, sous Claude,

Les guerres de Marius et de Sylla ne se faisoient principalement que pour savoir qui auroit ce droit, des sénateurs ou des chevaliers [1] : une fantaisie d'un imbécile [2] l'ôta aux uns et aux autres [3] : étrange succès [4] d'une dispute qui avoit mis en combustion tout l'univers !

Il n'y a point d'autorité plus absolue que celle du prince qui succède à la république ; car il se trouve avoir toute la puissance du peuple, qui n'avoit pu se limiter lui-même. Aussi voyons-nous aujourd'hui les rois de Danemark [5] exercer le pouvoir le plus arbitraire qu'il y ait en Europe.

Le peuple ne fut pas moins avili que le sénat et les chevaliers. Nous avons vu que, jusqu'au temps des empereurs, il avoit été si belliqueux, que les armées qu'on levoit dans la ville se disciplinoient sur-le-champ, et alloient droit à l'ennemi. Dans les guerres civiles de Vitellius et de Vespasien, Rome, en proie à tous les ambitieux et pleine de bourgeois timides [6], trembloit devant la première bande de soldats qui pouvoit s'en approcher.

ils eurent la juridiction ordinaire, comme lieutenans de la province ; ils jugèrent encore des affaires fiscales : ce qui mit les fortunes de tout le monde entre leurs mains. (*N. de M.*)

1. Voy. Tacite, *Annales*, ch. 60 (*N. de M.*) Montesquieu appuie son affirmation sur l'autorité de Tacite : et il est vrai que pendant la lutte entre l'ordre sénatorial et les chevaliers, il y eut une multitude de lois judiciaires donnant la prépondérance dans les tribunaux au parti vainqueur. Mais, comme nous l'avons vu, les guerres de Marius et de Sylla eurent d'autres causes : c'était moins entre les sénateurs et les chevaliers qu'entre l'aristocratie et la plèbe, les citoyens romains et les Italiens désireux d'acquérir le droit de cité, que la lutte eut lieu.

2. Lorsque Antonia, mère de l'empereur, voulait parler d'un imbécile, elle disait : *Il est plus bête que mon fils Claude* (Suétone, *Claude*, 3).

3. Au civil, Claude établit un bureau spécial (*a cognitionibus*), chargé d'examiner les pièces de la procédure, et de rapporter les affaires devant les tribunaux du palais (*auditorium principis*). C'était annihiler la juridiction prétorienne. Au criminel, les anciens jurys continuèrent de fonctionner : le sénat eut sa juridiction et le prince la sienne. Ce ne fut qu'au IIIe siècle que l'unité de juridiction fut établie au profit des fonctionnaires impériaux.

4. *Successus : issue, résultat.*

5 Frédéric III fut investi, en 1665, d'un pouvoir absolu, et la couronne devint héréditaire. La royauté était auparavant élective.

6. C'était une conséquence des transformations successives survenues dans l'organisation militaire. Sous la république, les armées étaient composées de citoyens. Sous l'empire, le service militaire devint un métier : ce fut le temps des mercenaires.

La condition des empereurs n'étoit pas meilleure : comme ce n'étoit pas une seule armée [1] qui eût le droit ou la hardiesse d'en élire un, c'étoit assez que quelqu'un fût élu par une armée pour devenir désagréable aux autres, qui lui nommoient d'abord un compétiteur [2].

Ainsi, comme la grandeur de la république fut fatale au gouvernement républicain, la grandeur de l'empire le fut à la vie des empereurs. S'ils n'avoient eu qu'un pays médiocre à défendre, ils n'auroient eu qu'une principale armée, qui, les ayant une fois élus, auroit respecté l'ouvrage de ses mains.

Les soldats avoient été attachés à la famille de César, qui étoit garante [3] de tous les avantages que leur avoit procurés la révolution. Le temps vint que [4] les grandes familles de Rome furent toutes exterminées par celle de César, et que celle de César, dans la personne de Néron [5], périt elle-même. La puissance civile, qu'on avoit sans cesse abattue, se trouva hors d'état de contrebalancer la militaire [6], chaque armée voulut faire un empereur.

Comparons ici les temps. Lorsque Tibère commença à régner, quel parti ne tira-t-il pas du sénat ? Il apprit que les armées d'Illyrie et de Germanie s'étoient soulevées ; il leur accorda quelques demandes, et il sou-

1. C'est-à-dire *comme toutes les armées avaient le droit.*

2. Ainsi, en 69, les légions d'Espagne proclamaient Galba, et les prétoriens lui substituaient Othon, pendant que les légions de Germanie élevaient à l'empire leur général Vitellius. Celui-ci avait à peine triomphé d'Othon que les légions de Syrie et de Pannonie saluaient Vespasien empereur. L'année 69 vit s'accomplir tous ces événements : quatre empereurs en un an.

3. Le mot *garant* est tout à la fois adjectif et substantif : adjectif, et comme tel il possède les deux genres, dans le sens de *disposé à, capable de cautionner, répondre de quelque chose* ; substantif masculin au sens de *garantie, sûreté.* Les deux sens ne sont pas synonymes.

4. On dit également bien *un temps viendra que* et *un temps viendra où*, *du temps que* et *du temps où* (Ragon, § 925, rem. 3).

5. Néron fut le dernier empereur de la famille de César. Après Galba, Othon, Vitellius, qui ne firent que passer, les Flaviens prirent possession du trône des Césars avec Vespasien, encore que Vespasien, Titus et Domitien soient du nombre de ceux qu'on a l'habitude d'appeler les *douze Césars.*

6. Nous dirions aujourd'hui : *la puissance militaire.*

tint que c'étoit au sénat à juger des autres : il leur envoya des députés de ce corps. Ceux qui ont cessé de craindre le pouvoir peuvent encore respecter l'autorité. Quand on eut représenté aux soldats comment, dans une armée romaine, les enfants de l'empereur et les envoyés du sénat romain couroient risque de la vie, ils purent se repentir, et aller jusqu'à se punir eux-mêmes[1]; mais, quand le sénat fut entièrement abattu, son exemple ne toucha personne. En vain Othon harangue-t-il ses soldats pour leur parler de la dignité du sénat[2]; en vain Vitellius envoie-t-il les principaux sénateurs pour faire sa paix avec Vespasien : on ne rend point dans un moment aux ordres de l'Etat le respect qui leur a été ôté si longtemps. Les armées ne regardèrent ces députés que comme les plus lâches esclaves d'un maître qu'elles avoient déjà réprouvé.

C'étoit une ancienne coutume des Romains que celui qui triomphoit distribuoit quelques deniers à chaque soldat[3] : c'étoit peu de chose. Dans les guerres civiles, on augmenta ces dons. On les faisoit autrefois de l'argent pris sur les ennemis : dans ces temps malheureux, on donna celui des citoyens[4] : et les sol-

1. Germanicus avait reproché en termes très fermes leur révolte aux soldats de la 20e légion. Touchés de ce discours les coupables avaient demandé grâce et conjuré le général de punir leur crime. Les plus séditieux furent condamnés et exécutés par les soldats eux-mêmes (Tacite, *Annales*, I, 42-44).

2. Les soldats de la 17e cohorte, croyant sur de fausses apparences que la vie d'Othon était en danger, s'étaient soulevés et avaient parcouru les rues de la ville en proférant des menaces de mort contre les sénateurs. Le lendemain l'empereur, tout en remerciant les soldats de leur attachement à sa personne, leur recommanda le respect du sénat : « *L'éternité de l'empire, la paix de l'univers, mon salut et le vôtre dépendent de la conservation du sénat.... Si c'est de vos rangs que sortent les sénateurs, c'est du sénat que sortent les princes* » (Tacite, *Histoires*, I, 81-85).

3. Depuis l'établissement de la solde (400), le Trésor était, en droit, seul propriétaire du butin. Mais, en fait, une bonne partie du butin était distribuée, soit sur le champ, soit à Rome, après le triomphe, aux soldats et officiers. Quand Scipion triompha de Carthage, chaque soldat eut 400 as (40 fr.). Mais Pompée donna un jour 6,000 sesterces (1,302 fr.), et César, en 46, alla jusqu'à 20.000 (4.340 fr.).

4. Au dernier siècle de la République, le butin ne suffisant plus, il fallut donner des terres aux vétérans et fonder pour eux des colonies. Les lois *Appuleiae* (103 et 100) furent les premières lois agraires proposées pour cet objet.

dats vouloient un partage là où il n'y avoit pas de butin. Ces distributions n'avoient lieu qu'après une guerre : Néron les fit pendant la paix [1]. Les soldats s'y accoutumèrent ; et ils frémirent contre Galba, qui leur disoit avec courage qu'il ne savoit pas les acheter, mais qu'il savoit les choisir [2].

Galba, Othon, Vitellius, ne firent que passer [3]. Vespasien fut élu, comme eux, par les soldats ; il ne songea, dans tout le cours de son règne, qu'à rétablir [4] l'empire, qui avoit été successivement occupé par six tyrans également cruels, presque tous furieux, souvent imbéciles, et, pour comble de malheur, prodigues jusqu'à la folie.

Tite, qui lui succéda, fut les délices du peuple romain [5]. Domitien fit voir un nouveau monstre plus cruel, ou du moins plus implacable que ceux qui l'avoient précédé, parce qu'il étoit plus timide [6].

Ses affranchis les plus chers, et, à ce que quelques-uns ont dit, sa femme même, voyant qu'il étoit aussi dangereux dans ses amitiés que dans ses haines, et qu'il ne mettoit aucunes bornes à ses méfiances ni à ses accusations, s'en défirent. Avant de faire le coup [7],

1. Ces gratifications (*donativa*) étaient allouées en différentes occasions : c'était pour les empereurs un moyen de s'attacher leur armée. Octave avait ainsi acheté à plusieurs reprises la faveur de ses soldats, et ce fut bientôt une règle que l'empereur, à son avènement, devait distribuer un *donativum*. Galba en fit l'économie et n'eut pas lieu de s'en féliciter.

2. Galba avait raison. Les empereurs avaient laissé subsister en théorie l'obligation du service militaire pour tous les citoyens romains, mais en réalité, et déjà sous Auguste, les Italiens furent exclus des armées impériales. Ils ne fournissaient que des officiers et des prétoriens.

L'expression *choisir* est empruntée au langage militaire de la république. Les consuls *choisissaient* parmi les citoyens en âge de porter les armes jusqu'à concurrence du contingent. D'où les expressions : *dilectum habere, legere exercitum*.

3. *Suscepere duo manipulares imperium populi Romani transferendum, et transtulerunt* (Tacite, *Hist.*, I, 25). (*N. de M.*)

4. C'est-à-dire *à le remettre en son premier état*.

5. Titus mérita ce nom que lui donna un rhéteur et que consacra la reconnaissance populaire. Frivole et débauché avant son avènement au trône, le jour où il arriva au pouvoir, il congédia ses compagnons de plaisirs et déclara qu'il garderait ses mains pures de sang. Il tint parole. Son règne ne dura que 26 mois (23 juin 78-13 septembre 81).

6. *Domitiani natura præceps in iram, et, quo obscurior, eo irrevocabilior* (Tacite, *Vie d'Agricola*, 42).

7. Expression qui, de nos jours, paraît vulgaire, mais que le XVIIe siècle employait volontiers dans le style noble

Ils jetèrent les yeux sur un successeur, et choisirent Nerva, vénérable vieillard.

Nerva adopta Trajan, prince le plus accompli dont l'histoire ait jamais parlé [1]. Ce fut un bonheur d'être né sous son règne [2]; il n'y en eut point de si heureux ni de si glorieux pour le peuple romain. Grand homme d'Etat, grand capitaine, ayant un cœur bon qui le portoit au bien, un esprit éclairé qui lui montroit le meilleur, une âme noble, grande, belle; avec toutes les vertus, n'étant extrême sur aucune [3]; enfin l'homme le plus propre à honorer la nature humaine, et représenter la divine.

Il exécuta le projet de César, et fit avec succès la guerre aux Parthes [4]. Tout autre auroit succombé dans une entreprise où les dangers étoient toujours présents et les ressources éloignées, où il falloit absolument vaincre, et où il n'étoit pas sûr de ne pas périr après avoir vaincu [5].

Non, non! Britannicus est mort empoi-
[sonné.
Narcisse a fait le coup : vous l'avez or-
[donné.
(Racine, *Britannicus*, V. 6).

1. « Trajan, dit M. Duruy, est une des figures les plus sympathiques de l'histoire : s'il manque de la haute intelligence et de l'audace politique du réformateur qui reconstruit, il a la sagesse et la force qui consolident et conservent. Avec le miracle impossible d'une succession d'empereurs tels que lui, Rome était sauvée, parce que, dans les pays de pouvoir absolu, la puissance du prince pour le bien est égale à celle qu'il possède pour le mal. Dans ses jugements, on voit toujours l'esprit de justice; dans sa correspondance administrative, un parfait bon sens; dans sa vie privée, la modération et la retenue, sauf pour certains vices du temps; au palais, l'économie; dans les travaux publics, la magnificence; en tout, pour tous, la discipline, l'ordre et le respect absolu de la loi. » (*Histoire des Romains*, t. IV, p. 770.) Malheureusement le nom de Trajan reste attaché à l'histoire des persécutions.

2. Tacite saluait cette ère de bonheur inaugurée par le règne de Trajan : *hanc beatissimi saeculi lucem* (*Vie d'Agricola*, 44).

3. *Extrême* se construit ordinairement aujourd'hui avec la préposition *en* ou *dans*.

4. L'expédition de Trajan contre les Parthes (114-117) fut d'abord heureuse. Il occupa l'Arménie et entra à Babylone où ses soldats lui décernèrent le surnom de *Parthicus*, puis Ctésiphon, Suse et Séleucie. Mais cette dernière ville se souleva, la Mésopotamie suivit, et l'empereur dut reprendre le chemin de la Syrie, marquant sa route, selon le mot de Fronton, par le sang et les cadavres de ses soldats. Il mourut à Sélinonte en Cilicie (10 août 117).

5. Il faut entendre cette construction : *et où il n'était pas sûr...* au sens impersonnel. Nous dirions aujourd'hui : *et où l'on n'était pas sûr de ne pas périr après avoir vaincu.*

La difficulté consistoit et dans la situation des deux empires et dans la manière de faire la guerre des deux peuples. Prenoit-on le chemin de l'Arménie, vers les sources du Tigre et de l'Euphrate ? On trouvoit un pays montueux et difficile, où l'on ne pouvoit mener de convois; de façon que l'armée étoit demi-ruinée avant d'arriver en Médie. Entroit-on plus bas, vers le midi, par Nisibe ? On trouvoit un désert affreux qui séparoit les deux empires. Vouloit-on passer plus bas encore, et aller par la Mésopotamie ? On traversoit un pays en partie inculte, en partie submergé : et le Tigre et l'Euphrate allant du nord au midi, on ne pouvoit pénétrer dans le pays sans quitter ces fleuves, ni guère quitter ces fleuves sans périr.

Quant à la manière de faire la guerre des deux nations, la force des Romains consistoit dans leur infanterie, la plus forte, la plus ferme et la mieux disciplinée du monde.

Les Parthes n'avoient point d'infanterie, mais une cavalerie admirable : ils combattoient de loin, et hors de la portée des armes romaines : le javelot pouvoit rarement les atteindre; leurs armes étoient l'arc et des flèches redoutables; ils assiégeoient une armée plutôt qu'ils ne la combattoient : inutilement poursuivis, parce que chez eux fuir c'étoit combattre, ils faisoient retirer les peuples à mesure qu'on approchoit, et ne laissoient dans les places que des garnisons; et, lorsqu'on les avoit prises, on étoit obligé de les détruire; ils brûloient avec art [1] tout le pays autour de l'armée ennemie, et lui ôtoient jusqu'à l'herbe même; enfin ils faisoient à peu près la guerre comme on la fait encore aujourd'hui sur les mêmes frontières [2].

D'ailleurs les légions d'Illyrie et de Germanie, qu'on transportoit dans cette guerre, n'y étoient pas

1. Avec habileté.
2. Les Latins employaient *fines* pour désigner une étendue déterminée par des limites, par conséquent un territoire, un pays.

propres [1] : les soldats, accoutumés à manger beaucoup dans leur pays, y périssoient presque tous.

Ainsi, ce qu'aucune nation n'avoit pas encore fait, d'éviter le joug des Romains, celle des Parthes le fit, non pas comme invincible [2], mais comme inaccessible.

Adrien abandonna les conquêtes de Trajan, et borna l'empire à l'Euphrate; et il est admirable qu'après tant de guerres, les Romains n'eussent perdu que ce qu'ils avoient voulu quitter, comme la mer, qui n'est moins étendue que lorsqu'elle se retire d'elle-même [3].

La conduite d'Adrien causa beaucoup de murmures [4]. On lisoit dans les livres sacrés des Romains que, lorsque Tarquin voulut bâtir le Capitole, il trouva que la place la plus convenable étoit occupée par les statues de beaucoup d'autres divinités : il s'enquit, par la science qu'il avoit dans les augures, si elles voudroient céder leur place à Jupiter : toutes y consentirent, à la réserve de Mars, de la Jeunesse, et du

1. Sous l'Empire les légions furent principalement destinées à la garde des provinces frontières. Elles formaient autant de petites armées sédentaires avec des camps permanents (*castra stativa*) pourvues de tout ce qui était nécessaire à leur subsistance. Autour de ces camps s'aglomérait une population mêlée de marchands et de vétérans mariés, une sorte de colonie civile. Par suite les légions s'accoutumaient vite aux pays où elles étaient campées, se faisaient au climat, aux usages des habitants, se créaient des relations et défendaient avec d'autant plus d'ardeur un pays qui était devenu le leur. Mais, transplantées sous un ciel étranger, elles perdaient beaucoup de leurs moyens et de leur courage. D'ailleurs elles n'acceptaient pas sans murmurer ces déplacements. (V. Tacite, *Histoires* II, 80).

2. Dans cette phrase *comme* exprime la cause et signifie « parce que ». En pareil cas, *parce que* est un néologisme peu recommandable.

3. La comparaison n'est pas absolument juste, surtout appliquée aux conquêtes des Romains sur les Parthes. S'ils bornèrent l'empire à l'Euphrate, c'est qu'ils comprirent enfin que leurs projets sur ces contrées étaient irréalisables; il fallut d'ailleurs bien du temps et bien des échecs pour leur ouvrir les yeux.

4. D'après M. Duruy, Hadrien agit sagement en ramenant les aigles romaines en arrière de l'Euphrate, « mais ce fut une faute de renoncer à faire de l'Arménie l'inexpugnable rempart que ce pays, aux mains de Rome, aurait été pour les provinces orientales. L'Arménie rentra dans la dépendance incertaine où elle avait toujours été à l'égard des deux empires qui l'enveloppaient. »

Quant à l'accueil fait à cette politique, M. Duruy est d'un avis diamétralement opposé à celui de Montesquieu. « On était si bien convaincu de l'inanité des dernières expéditions que pas un murmure ne s'éleva contre la nouvelle politique, et lorsqu'il rentra dans Rome, au milieu de l'année 118, il y fut reçu avec les acclamations accoutumées. » (*Histoire des Romains*, t. V, p. 7.)

dieu Terme. Là dessus s'établirent trois opinions religieuses : que le peuple de Mars ne céderoit à personne le lieu qu'il occupoit ; que la jeunesse romaine ne seroit point surmontée [1], et qu'enfin le dieu Terme des Romains ne reculeroit jamais : ce qui arriva pourtant sous Adrien.

CHAP. XVI. — De l'état de l'empire depuis Antonin jusqu'à Probus.

Dans ces temps-là, la secte des stoïciens [2] s'étendoit et s'accréditoit dans l'empire [3]. Il sembloit que la nature humaine eût fait un effort pour produire d'elle-même cette secte admirable [4], qui étoit comme ces plantes que la terre fait naître dans des lieux que le ciel n'a jamais vus [5].

Les Romains lui durent leurs meilleurs empereurs. Rien n'est capable de faire oublier le premier Antonin [6] que Marc-Aurèle qu'il adopta. On sent en soi-

1. *Vaincue, domtée*, Bossuet dit de même : « Après que, par le dernier effet de notre courage, nous avons, pour ainsi dire, *surmonté* la mort, elle éteint en nous jusqu'à ce courage par lequel nous semblions la défier. » (*Or. fun. de la duchesse d'Orléans.*)

2. Le philosophe Zénon avait fondé à Athènes, au IVe siècle av. J.-C., une école qui, du lieu ordinaire de ses réunions, s'était appelée *stoïcienne* (du grec *stoa*, c'est-à-dire portique ; ce portique était le Pœcile). La morale stoïcienne, en dépit de ses exagérations, est la plus belle qu'ait connue l'antiquité païenne, puisqu'elle était fondée sur l'idée du *devoir*.

3. La philosophie avait été longtemps considérée à Rome comme un amusement peu digne d'un Romain. Et, sauf quelques rares exceptions, comme Cicéron et Caton, les meilleurs esprits n'y donnaient aucune attention. Mais les cruelles fantaisies d'un Tibère, d'un Néron et d'un Domitien, donnèrent à réfléchir ; et dès lors « toutes les belles âmes dégoûtées de la politique cherchèrent un refuge dans la philosophie où elles protestaient en silence contre les mœurs du siècle et le despotisme impérial. » (V. Martha, *les Moralistes sous l'empire romain.*)

4. Dans l'*Esprit des Lois*, Montesquieu exprime avec plus de force le sentiment d'admiration qu'il nourrissait pour la philosophie stoïcienne : «... Si je pouvais un moment cesser de penser que je suis chrétien, je ne pourrais m'empêcher de mettre la destruction de la secte de Zénon au nombre des malheurs du genre humain... » (Liv. XXIV, ch. X.) C'est évidemment ce qu'il y a de plus beau après le christianisme, mais combien au dessous de lui !

5. Montesquieu aurait dû, ne fût-ce que par une note, nous dire quelles sont ces plantes et quels sont ces lieux. Faute de cette explication, nous ne voyons dans cette comparaison qu'une phrase prétentieuse.

6. Antonin, descendant d'une famille originaire de Nîmes, avait été adopté par Hadrien. Son règne (138-161) fut heureux, et un de ses con-

même un plaisir secret, lorsqu'on parle de cet empereur ; on ne peut lire sa vie sans une espèce d'attendrissement[1] : tel est l'effet qu'elle produit, qu'on a meilleure opinion de soi-même, parce qu'on a meilleure opinion des hommes.

La sagesse de Nerva, la gloire de Trajan, la valeur d'Adrien, la vertu des deux Antonins, se firent respecter des soldats. Mais, lorsque de nouveaux monstres prirent leur place, l'abus du gouvernement militaire parut dans tout son excès ; et les soldats qui avoient vendu l'empire assassinèrent les empereurs, pour en avoir un nouveau prix[2].

On dit qu'il y a un prince dans le monde qui travaille depuis quinze ans à abolir dans ses États le gouvernement civil pour y établir le gouvernement militaire[3]. Je ne vous point faire de réflexions

temporains, l'historien Pausanias, voulut lui donner le surnom de « Père du genre humain ». Il adopta Marc-Aurèle et lui donna pour épouse sa fille Annia Faustina.

1. Le stoïcisme de Marc-Aurèle est beaucoup moins âpre que celui d'Épictète et même de Sénèque. Il n'atteint pas encore à l'humilité et à la charité chrétienne, mais on y trouve une notion plus large de la justice et de l'humanité, une sorte de mysticisme et de résignation qui étonne dans un païen. Marc-Aurèle a écrit un petit ouvrage intitulé : τὰ εἰς ἑαυτόν, sorte d'examen de conscience où se montre sa belle âme. Comment se fait-il que, sous son règne, la persécution contre les chrétiens sévit dans tout l'empire ? Marc-Aurèle ne promulgua cependant contre eux aucun nouvel édit, et s'en tint à la jurisprudence de ses prédécesseurs. M. P. Allard, dans sa consciencieuse *Histoire des persécutions*, attribue ce fait indéniable à un redoublement de superstition et de fanatisme que l'empereur n'eut pas le courage de réprimer : « Parfait honnête homme, cœur bon jusqu'à la faiblesse, et tendre jusqu'à l'illusion, sans arrogance, sans haine, sans emphase, d'une élévation constante, d'une distinction exquise, il était trop faible de caractère pour se mettre jamais en travers du torrent... Il n'essaya jamais de réagir contre la passion populaire ou d'éclairer le préjugé public. Il souffrait, souriait tristement, se taisait, laissait faire. » (*Histoire des persécutions pendant les deux premiers siècles*, ch. VI.)

Quant au dernier mot de cette anomalie, il faut peut-être le chercher dans ce jugement de M. Duruy qui, dès l'abord, paraît étrange, mais explique bien des choses : « Mettons-le donc au nombre des hommes à qui nous devons le plus de respect, mais ne le mettons pas au rang des princes qui ont le mieux mérité de leur pays. »

2. Entendez : *pour avoir un nouveau prix de cet assassinat*. Les prétoriens savaient en effet que toute révolution de palais leur était payée par celui qui en bénéficiait : et la vie d'un empereur était bien peu de chose mise en balance avec l'espoir d'un nouveau *donativum*.

3. Allusion à Frédéric-Guillaume Ier roi de Prusse (1713-1740). Il fut le premier artisan de la grandeur militaire de la Prusse.

odieuses [1] sur ce dessein : je dirai seulement que, par la nature des choses, deux cents gardes peuvent mettre la vie d'un prince en sûreté, et non pas quatre-vingt mille; outre qu'il est plus dangereux d'opprimer un peuple armé qu'un autre qui ne l'est pas.

Commode succéda à Marc-Aurèle son père. C'étoit un monstre qui suivoit toutes ses passions, et toutes celles de ses ministres et de ses courtisans [2]. Ceux qui en délivrèrent le monde mirent en sa place Pertinax, vénérable vieillard [3], que les soldats prétoriens massacrèrent d'abord.

Ils mirent l'empire à l'enchère, et Didius Julien l'emporta par ses promesses : cela souléva tout le monde; car, quoique l'empire eût été acheté, il n'avoit pas encore été marchandé [4]. Pescennius Niger, Sévère, et Albin, furent salués empereurs [5]; et Julien, n'ayant pu payer les sommes immenses qu'il avoit promises, fut abandonné par ses soldats.

Sévère défit Niger et Albin : il avoit de grandes qualités; mais la douceur, cette première vertu des princes, lui manquoit.

1. Montesquieu emploie ici l'épithète *odieux* dans le sens où nous disons encore aujourd'hui : *toute comparaison est odieuse.*

2. Commode (180-192), fils de Marc-Aurèle fut de tous les empereurs le plus méprisable : « plus cruel que Domitien, plus débauché que Néron, » nous dit son biographe. Il voulut être l'Hercule romain, et, pour cela, descendit 735 fois dans l'arène : il ne fut que l'empereur-boucher.

3. Bossuet dit avec beaucoup plus de raison que Pertinax fut « le vigoureux défenseur de la discipline militaire ». Pour avoir voulu mettre de l'ordre dans l'État et dans l'armée il périt assassiné, après 87 jours de règne.

4. « L'empire mis à l'encan par l'armée, dit Bossuet, trouva un acheteur. Le jurisconsulte Didius Julianus hasarda ce hardi marché : il lui en coûta la vie. » Deux acheteurs se présentèrent au camp des prétoriens : Sulpicianus, beau-père de Pertinax, et le sénateur Julianus. Le premier était dans l'intérieur du camp, le second sur le mur. Les enchères furent vivement poussées. Julianus l'emporta : il promettait à chaque prétorien 25.000 sesterces (6.700 fr.). « Jadis, remarque Chateaubriand, le sénat avait proclamé la vente d'un morceau de territoire de la république : c'était celle du champ où campait Annibal. » (*Études historiques*).

5. Pescennius Niger commandait les légions de Syrie, et Sévère celles de Pannonie. Ils furent salués empereurs par leurs légions. Sévère s'assura la neutralité des armées de Bretagne en négociant avec Albinus leur chef. Son premier soin fut de marcher contre Niger qu'il défit, et Albinus ayant pris le titre d'Auguste fut battu et se tua entre Lyon et Trévoux (197). Septime Sévère était maître de l'empire.

La puissance des empereurs pouvoit plus aisément paraître tyrannique que celle des princes de nos jours. Comme leur dignité étoit un assemblage de toutes les magistratures romaines; que, dictateurs sous le nom d'empereurs, tribuns du peuple, proconsuls, censeurs, grands pontifes, et, quand ils vouloient, consuls, ils exerçoient souvent la justice distributive [1], ils pouvoient aisément faire soupçonner que ceux qu'ils avoient condamnés, ils les avoient opprimés, le peuple jugeant ordinairement de l'abus de la puissance par la grandeur de la puissance; au lieu que les rois d'Europe, législateurs, et non pas exécuteurs de la loi, princes, et non pas juges, se sont déchargés de cette partie de l'autorité qui peut être odieuse; et, faisant eux-mêmes les grâces, ont commis à des magistrats particuliers la distribution des peines.

Il n'y a guère eu d'empereurs plus jaloux de leur autorité que Tibère et Sévère [2] : cependant ils se laissèrent gouverner, l'un par Séjan, l'autre par Plautien [3], d'une manière misérable.

La malheureuse coutume de proscrire, introduite par Sylla, continua sous les empereurs; et il falloit même qu'un prince eût quelque vertu pour ne pas la suivre; car, comme ses ministres et ses favoris jetoient d'abord les yeux sur tant de confiscations, ils ne lui parloient que de la nécessité de punir, et des périls de la clémence.

Les proscriptions de Sévère firent que plusieurs soldats de Niger se retirèrent chez les Parthes [4]; ils

1. La justice distributive consiste à répartir les récompenses ou les châtiments selon le mérite de chacun. Montesquieu en restreint la notion puisqu'il ne l'applique qu'aux châtiments.

2. Ce rapprochement peut surprendre, et pourtant il est mérité. Sévère disait que qui veut détruire les factions doit être cruel un jour, afin d'être clément le reste de sa vie. Il loua, dans le sénat, la sévérité de Sylla, de Marius et d'Auguste, et, pour les imiter, fit mettre à mort 29 sénateurs.

3. L'Africain Plautianus était préfet du prétoire et ce titre lui donnait une puissance formidable. Sa fille Plautilla épousa Caracalla, fils de l'empereur. Ce fut le commencement des déboires du favori qui fut mis à mort sur l'ordre de son gendre.

4. Sévère prit Ctésiphon et tint les Parthes en respect pour quelque temps. De là le titre de *Parthicus Maximus* qu'on lui décerna. Les monnaies à son effigie portent aussi les inscriptions de *pacator orbis, fundator pacis*. L'arc

leur apprirent ce qui manquoit à leur art militaire, à faire usage des armes romaines, et même à en fabriquer; ce qui fit que ces peuples, qui s'étoient ordinairement contentés de se défendre, furent dans la suite presque toujours agresseurs.

Il est remarquable que, dans cette suite de guerres civiles qui s'élevèrent continuellement, ceux qui avoient les légions d'Europe vainquirent presque toujours ceux qui avoient les légions d'Asie [1]; et l'on trouve dans l'histoire de Sévère qu'il ne put prendre la ville d'Atra en Arabie [2], parce que les légions d'Europe s'étant mutinées, il fut obligé de se servir de celles de Syrie.

On sentit cette différence depuis qu'on commença à faire des levées dans les provinces [3]; et elle fut telle entre les légions qu'elle étoit entre les peuples même, qui, par la nature et par l'éducation, sont plus ou moins propres pour la guerre.

Ces levées, faites dans les provinces, produisirent un autre effet : les empereurs, pris ordinairement dans la milice, furent presque tous étrangers, et quel-

de triomphe élevé en son honneur sur le Forum, et qui subsiste encore, est orné de bas-reliefs consacrant ses victoires sur les Parthes.

1. Sévère défit les légions asiatiques de Niger; Constantin, celles de Licinius. Vespasien, quoique proclamé par les armées de Syrie, ne fit la guerre à Vitellius qu'avec des légions de Mésie, de Pannonie et de Dalmatie. Cicéron, étant dans son gouvernement (de Cilicie), écrivoit au sénat qu'on ne pouvoit compter sur les levées faites en Asie. Constantin ne vainquit Maxence, dit Zozime, que par sa cavalerie. Sur cela voyez, ci-dessous, le septième alinéa du chapitre XXII. (*N. de M.*)

2. Trajan avait aussi, mais en vain, assiégé cette ville. Ce siège, au milieu d'un désert, était à peu près impossible, aussi les soldats se mutinèrent, et l'empereur comprit qu'il devait renoncer à cette entreprise, s'il ne voulait pas soulever contre lui son armée. D'Atra il ne reste aujourd'hui que quelques ruines (*el-Hadr*), au sud-ouest de Ninive.

3. Primitivement, l'armée romaine était exclusivement composée de citoyens. Lorsque Rome eut des alliés elle leur demanda des soldats, et, dès lors, l'armée se composa moitié de citoyens, moitié d'alliés italiens. Lorsque l'Italie entière eut reçu le droit de cité après la guerre sociale (89), les mercenaires et les provinciaux servirent à côté des citoyens, au titre d'auxiliaires (*auxilia*). Auguste avait commencé à se passer des Italiens : Vespasien les exclut tout à fait des légions sans leur fermer la garde prétorienne. Hadrien ne leva plus de soldats que dans les provinces impériales, pour couper court à toute intervention du sénat; et Septime Sévère exclut les Italiens de la garde prétorienne, leur permettant d'entrer dans les cohortes urbaines, le corps des vigiles et les cohortes des volontaires italiens.

quefois barbares; Rome ne fut plus la maîtresse du monde; mais elle reçut des lois de tout l'univers [1].

Chaque empereur y porta quelque chose de son pays, ou pour les manières, ou pour les mœurs, ou pour la police, ou pour le culte; et Héliogabale alla jusqu'à vouloir détruire tous les objets de la vénération de Rome, et ôter tous les dieux de leurs temples pour y placer le sien [2].

Ceci, indépendamment des voies secrètes que Dieu choisit et que lui seul connoît, servit beaucoup à l'établissement de la religion chrétienne [3], car il n'y avoit plus rien d'étranger dans l'empire [4], et l'on y étoit préparé à recevoir toutes les coutumes qu'un empereur voudroit introduire.

On sait que les Romains reçurent dans leur ville les dieux des autres pays [5]. Ils les reçurent en conquérants : ils les faisoient porter dans les triomphes; mais, lorsque les étrangers vinrent eux-mêmes les rétablir, on les réprima d'abord. On sait de plus que les

1. C'est même un des points les plus curieux de l'histoire de l'empire romain que cette prédominance de l'élément provincial dans les armées d'abord, puis à la tête du pouvoir. Ce fut la revanche des opprimés et la fin de Rome.

2. La pierre noire d'Émèse détrôna Jupiter Capitolin, et l'empereur fut le prêtre du dieu Soleil.

3. C'est la première fois que Montesquieu parle de la religion chrétienne. C'est une omission que rien ne peut excuser. Les luttes soutenues par les chrétiens sont cependant autrement intéressantes et importantes au seul point de vue historique que la chronique scandaleuse des empereurs. En vain, pour excuser Montesquieu, prétend-on que c'était là une question étrangère au but qu'il poursuivait, et difficile à juger à l'époque où il écrivait. La vérité pour nous est que l'écrivain ne sut pas assez se dégager des tendances du XVIIIe siècle et qu'il sacrifia au goût du jour : c'est une faute.

4. Oui, rien, sauf la religion chrétienne qui, pendant des siècles, fut traitée en ennemie.

5. Les divinités romaines étaient de pures et prosaïques abstractions, sans formes, sans légendes, pour la plupart champêtres : elles s'unirent d'abord aux divinités sabines. Janus, Jupiter, Mars, Quirinus, Saturne, Jana, Junon, Ops et Vesta étaient les principaux représentants de cette religion primitive. Après les Tarquins, l'influence grecque se fit sentir ici comme dans tout le reste. Les dieux de l'Olympe s'introduisirent à Rome avec leurs poétiques légendes, et les Romains les identifièrent tant bien que mal avec leurs divinités primitives. Après les guerres puniques ce fut le tour des divinités asiatiques avec leurs cérémonies superstitieuses : c'est au point de vue religieux, une époque de confusion sans nom. Le scepticisme gagna tout le terrain que perdait la religion nationale. D'Auguste à l'établissement du christianisme ce sont les superstitions orientales qui dominent : Isis, Osiris, Sérapis, Mithra sont les dieux à la mode.

Romains avoient coutume de donner aux divinités étrangères les noms de celles des leurs qui y avoient le plus de rapport [1]; mais, lorsque les prêtres des autres pays voulurent faire adorer à Rome leurs divinités sous leurs propres noms, ils ne furent pas soufferts; et ce fut un des grands obstacles que trouva la religion chrétienne.

On pourroit appeler Caracalla, non pas un tyran, mais le destructeur des hommes. Caligula, Néron et Domitien bornoient leurs cruautés dans Rome; celui-ci alloit promener sa fureur dans tout l'univers.

Sévère avoit employé les exactions d'un long règne, et les proscriptions de ceux qui avoient suivi le parti de ses concurrents, à amasser des trésors immenses [2].

Caracalla, ayant commencé son règne par tuer de sa propre main Géta, son frère [3], employa ses richesses à faire souffrir son crime aux soldats, qui aimoient Géta, et disoient qu'ils avoient fait serment aux deux enfants de Sévère, et non pas à un seul.

Ces trésors amassés par des princes n'ont presque jamais que des effets funestes : ils corrompent le successeur, qui en est ébloui; et, s'ils ne gâtent pas son cœur, ils gâtent son esprit. Il forme d'abord de grandes entreprises avec une puissance qui est d'accident, qui ne peut pas durer, qui n'est pas naturelle, et qui est plutôt enflée qu'agrandie.

Caracalla augmenta la paye des soldats [4]; Macrin

1. Ainsi on identifia Jupiter et Zeus, Junon et Héra, Minerve et Athéné, Diane et Artémis, Mercure et Hermès, Vulcain et Héphæstos, Vesta et Hestia, Mars et Arès, Vénus et Aphrodite, Neptune et Posidon, Cérès et Déméter, Proserpine et Perséphone, Pluton et Hadès, Bacchus et Dionysos.

2. Sévère, qui ne possédait, jusqu'à son consulat, qu'une petite maison à Rome et une terre, devint l'héritier des empereurs, ses prédécesseurs, en enlevant aux sœurs de Commode, comme héritier politique, une partie de ce que leur avait laissé leur frère, puis en se donnant des droits sur le reste, comme héritier civil, le jour où il se fit reconnaître pour fils adoptif de Marc-Aurèle. Pour gérer cette immense fortune, il institua une *procuratio rerum privatarum* dont l'usage se conserva.

3. Il le tua dans les bras de leur mère qui fut couverte de sang. Puis, au dire de Dion, il fit égorger 20,000 césariens et soldats, partisans de Géta.

4. Ce détail est de peu d'importance. Montesquieu aurait dû noter une réforme bien autrement grave : il accorda le droit de cité à tous les habitants de l'empire.

écrivit au sénat que cette augmentation alloit à soixante et dix millions de drachmes[1]. Il y a apparence que ce prince enfloit les choses; et, si l'on compare la dépense de la paye de nos soldats d'aujourd'hui avec le reste des dépenses publiques, et qu'on suive la même proportion pour les Romains, on verra que cette somme eût été énorme.

Il faut chercher quelle étoit la paye du soldat romain. Nous apprenons d'Orose que Domitien augmenta d'un quart la paye établie. Il paroît par le discours d'un soldat, dans Tacite, qu'à la mort d'Auguste elle étoit de dix onces de cuivre. On trouve dans Suétone que César avoit doublé la paye de son temps. Pline dit qu'à la seconde guerre punique on l'avoit diminuée d'un cinquième. Elle fut donc d'environ six onces de cuivre dans la première guerre punique, de cinq onces dans la seconde, de dix sous César, et de treize et un tiers sous Domitien[2]. Je ferai ici quelques réflexions.

La paye que la république donnoit aisément lorsqu'elle n'avoit qu'un petit État, que chaque année elle faisoit une guerre, et que chaque année elle recevoit des dépouilles, elle ne put la donner sans s'endetter

1. La drachme étoit une monnaie attique correspondant au denier romain. Mais il est difficile d'évaluer exactement l'augmentation dont parle Montesquieu, sur la foi de Dion. Caracalla introduisit dans le système monétaire de l'empire des réformes qui aboutirent à la plus inextricable des confusions. D'après Bouché-Leclercq, le poids de l'*aureus* (100 sesterces) aurait été réduit de 7 grammes 80 à 6 grammes 55, c'est-à-dire de 26 fr. 85 à 22 fr. 60. Le denier étant la 25e partie de l'*aureus* aurait donc valu à peu près 0 fr. 90. D'après ces calculs Caracalla aurait augmenté la solde de 63 millions.

2. La solde était probablement payée par semestre, toute campagne donnant droit à un *stipendium semestre*, et à un *stipendium annuum* si elle se prolongeait au delà de six mois. Au temps de Polybe (IIe siècle), elle était de 120 deniers ou 1.200 as, par an, soit 120 fr. en chiffres ronds, ce qui donne 0 fr. 34 par jour. César porta la solde à 225 deniers (193 fr. 50, le denier ne valant plus que 0 fr. 86), et Domitien à 300 (321 fr., le denier valant sous l'empire, de Néron à Caracalla, 1 fr. 07). Letronne, dans ses *Considérations sur les monnaies grecques et romaines*, estime que la paye des soldats fut, sous Jules César de 0 fr. 51; sous Auguste, de 0,49; sous Claude, de 0,48; sous Néron, de 0,45; sous Galba, de 0,44; sous Othon, de 0,43; sous Domitien, de 0,57. Il faut remarquer aussi que la solde des centurions était double, et celle des cavaliers triple.

dans la première guerre punique, qu'elle étendit[1] ses bras hors de l'Italie, qu'elle eut à soutenir une guerre longue et à entretenir de grandes armées.

Dans la seconde guerre punique, la paye fut réduite à cinq onces de cuivre; et cette diminution put se faire sans danger dans un temps où la plupart des citoyens rougirent d'accepter la solde même, et voulurent servir à leurs dépens.

Les trésors de Persée, et ceux de tant d'autres rois que l'on porta continuellement à Rome, y firent cesser les tributs[2]. Dans l'opulence publique et particulière, on eut la sagesse de ne point augmenter la paye de cinq onces de cuivre.

Quoique sur cette paye on fît une déduction pour le blé, les habits et les armes[3], elle fut suffisante, parce qu'on n'enrôloit que les citoyens qui avoient un patrimoine.

Marius ayant enrôlé des gens qui n'avoient rien, et son exemple ayant été suivi, César fut obligé d'augmenter la paye.

Cette augmentation ayant été continuée après la mort de César, on fut contraint, sous le consulat de Hirtius et de Pansa[4], de rétablir les tributs.

La foiblesse de Domitien lui ayant fait augmenter cette paye d'un quart, il fit une grande plaie à l'Etat, dont le malheur n'est pas que le luxe y règne, mais qu'il règne dans des conditions qui, par la nature des

1. Montesquieu emploie la conjonction *que* seule, parce que *dans la première guerre punique* constitue un complément circonstanciel de temps. Nous dirions plutôt aujourd'hui *alors que*.

2. Il ne s'agit évidemment pas ici des impôts perçus dans les provinces. Il s'agit du *tributum* proprement dit, de cet impôt extraordinaire et proportionnel au capital recensé (*tributum ex censu*) que le sénat prélevait pour faire face à des dépenses extraordinaires. Cet impôt dont le chiffre était déterminé par décret était perçu par tribus (d'où *tributum*). Le produit en était consacré exclusivement aux dépenses militaires. Il semble bien que le tribut fut souvent remboursé sur le butin pris à l'ennemi. Il fut aboli en 167 parce qu'alors le Trésor était suffisamment riche et que les revenus des provinces fournissaient à tous les besoins de la guerre.

3. Ce fut une règle constante. C. Gracchus fit voter une loi qui mettait l'habillement à la charge du Trésor, mais elle fut vite abrogée. Tacite (*Ann.*, I, 17) nous apprend que sous Tibère le soldat payait encore ses habits, ses armes et ses objets de campement.

4. Pansa et Hirtius furent consuls l'an 43 av. J.-C.

choses, ne doivent avoir que le nécessaire physique[1]. Enfin, Caracalla ayant fait une nouvelle augmentation, l'empire fut mis dans cet état que, ne pouvant subsister sans les soldats, il ne pouvoit subsister avec eux.

Caracalla, pour diminuer l'horreur du meurtre de son frère, le mit au rang des dieux[2]; et ce qu'il y a de singulier, c'est que cela lui fut exactement rendu par Macrin, qui, après l'avoir fait poignarder, voulant apaiser les soldats prétoriens, désespérés de la mort de ce prince qui leur avoit tant donné, lui fit bâtir un temple, et y établit des prêtres flamines en son honneur[3].

Cela fit que sa mémoire ne fut pas flétrie, et que le sénat n'osant pas le juger, il ne fut pas mis au rang des tyrans comme Commode, qui ne le méritoit pas plus que lui[4].

De deux grands empereurs, Adrien et Sévère, l'un établit la discipline militaire, et l'autre la relâcha[5].

1. Dans cette phrase *conditions* signifie *conditions sociales, classes de la société*, et désigne le bas peuple, les gens qui n'ont rien, les légionnaires. Nous savons jusqu'où les Romains avaient porté le luxe de la table. Les lois somptuaires essayèrent d'enrayer le mal, mais inutilement. Ici Montesquieu, parlant de la paye des soldats, estime sans doute que la solde était trop forte et qu'il en devait résulter de graves inconvénients. Le tableau que nous avons donné, d'après Letronne, prouve que l'auteur, faute de renseignements précis sur la valeur des monnaies romaines, s'était fait illusion sur l'augmentation du *stipendium*.

2. Spartien rapporte en effet que Caracalla fit prononcer l'apothéose de Géta, en disant : *Sit Deus, non sit vivus*. Mais M. Duruy pense que l'apothéose n'a été imaginée que pour faire passer le jeu de mots. Ce qui est certain c'est que Caracalla consacra dans le temple de Sérapis le poignard qui lui avait servi à assassiner son frère.

3. C'était une satisfaction donnée aux prétoriens qui avaient été particulièrement choyés par Caracalla. Macrin (217-218) était Africain, originaire de Cæsarea (auj. *Cherchell*). Caracalla l'avait nommé préfet du prétoire.

4. Il faut entendre que Caracalla et Commode méritaient également d'être mis au nombre des tyrans. Mais Commode seul y fut mis. Sur la place de *comme*, cf. Ragon, § 870.

5 Cette accusation a pour point de départ un mot rapporté par Dion. Sur son lit de mort l'empereur aurait dit à son fils : « Enrichissez les soldats et moquez-vous du reste. » Il est certain d'ailleurs que l'armée n'eut pas à se plaindre de lui. Mais Sévère fut un soldat, et comment aurait-il laissé se relâcher une discipline dont lui-même donnait l'exemple ? Zosime (I, 8) dit expressément qu'il établit dans les armées un ordre excellent, et lorsque Macrin voulut remettre en vigueur ses règlements militaires, les troupes se soulevèrent.

Les effets répondirent très bien aux causes. Les règnes qui suivirent celui d'Adrien furent heureux et tranquilles ; après Sévère, on vit régner toutes les horreurs [1].

Les profusions de Caracalla envers les soldats avoient été immenses [2] ; et il avoit très bien suivi le conseil que son père lui avoit donné en mourant, d'enrichir les gens de guerre, et de ne s'embarasser pas des autres.

Mais cette politique n'étoit guère bonne que pour un règne ; car le successeur, ne pouvant faire les mêmes dépenses, étoit d'abord massacré par l'armée : de façon qu'on voyait toujours les empereurs sages mis à mort par les soldats, et les méchants, par des conspirations ou des arrêts du sénat.

Quand un tyran qui se livroit aux gens de guerre avoit laissé les citoyens exposés à leurs violences et à leurs rapines, cela ne pouvoit non plus durer qu'un règne ; car les soldats, à force de détruire, alloient jusqu'à s'ôter à eux-mêmes leur solde. Il falloit donc songer à rétablir la discipline militaire, entreprise qui coûtoit toujours la vie à celui qui osoit la tenter.

Quand Caracalla eut été tué par les embûches de Macrin, les soldats, désespérés d'avoir perdu un prince qui donnoit sans mesure, élurent Héliogabale [3] ; et quand ce dernier, qui, n'étant occupé que de ses sales voluptés, les laissoit vivre à leur fantaisie, ne put plus être souffert, ils le massacrèrent. Ils tuèrent de même Alexandre [4], qui vouloit rétablir la discipline, et parloit de les punir.

1. Hadrien eut pour successeurs Antonin et Marc-Aurèle, tandis qu'à Septime Sévère succédèrent Caracalla et Elagabal : toute la différence est là.

2. Il répétait souvent : « Personne autre que moi ne doit avoir d'argent, afin que je puisse en donner aux soldats. »

3. *Varius Avitus Bassianus* prit le nom de *Marcus Aurelius Antoninus*. Le peuple lui donna le nom de son dieu *Elagabal*, mais ce nom ne se trouve jamais sur les monnaies, pas plus d'ailleurs que ceux de Caligula et de Caracalla.

4. *Marcus Aurelius Severus Alexander* était cousin germain d'Elagabal. Sous son règne, le grand jurisconsulte Ulpien fut le premier personnage de l'État. L'histoire a peut-être été trop complaisante pour cet empereur de treize ans et demi, mais il paraît hors

Ainsi, un tyran qui ne s'assuroit point la vie, mais le pouvoir de faire des crimes, périssoit avec ce funeste avantage que celui qui voudroit faire mieux périroit après lui.

Après Alexandre, on élut Maximin [1], qui fut le premier empereur d'une origine barbare. Sa taille gigantesque et la force de son corps l'avoient fait connoître.

Il fut tué avec son fils par ses soldats. Les deux premiers Gordiens périrent en Afrique. Maxime, Balbin, et le troisième Gordien, furent massacrés. Philippe, qui avoit fait tuer le jeune Gordien, fut tué lui-même avec son fils; et Dèce, qui fut élu en sa place, périt à son tour par la trahison de Gallus [2].

Ce qu'on appeloit l'empire romain dans ce siècle-là étoit une espèce de république irrégulière, telle à peu près que l'aristocratie d'Alger, où la milice, qui a la puissance souveraine, fait et défait un magistrat qu'on appelle le dey [3]; et peut-être est-ce une règle assez générale que le gouvernement militaire est à certains égards plutôt républicain que monarchique.

Et qu'on ne dise pas que les soldats ne prenoient

de doute qu'il fut de mœurs simples et pures. Que ce jeune sage n'ait pas été un grand général ni un grand administrateur, nous ne pouvons nous en étonner: rien ne l'avait préparé à sa haute fortune. Il se montra favorable aux chrétiens qui purent, sous son règne, bâtir leurs premières églises. Il mourut à 36 ans après treize ans de règne (222-235). « *Il vécut trop peu pour le bien du monde*, » dit Bossuet.

1. Avec Maximin commence l'anarchie la plus complète. Sept empereurs passent sur le trône en quatorze années (235-249).

2. Casaubon remarque sur l'*Histoire Augustale* que, dans les cent soixante années qu'elle contient, il y eut soixante et dix personnes qui eurent, justement ou injustement, le titre de César. « Adeo erant in illo principatu « quem tamen omnes mirantur, comi« tia imperii semper incerta. » Ce qui fait bien voir la différence de ce gouvernement à celui de France, où ce royaume n'a eu, en douze cents ans de temps, que soixante-trois rois. (*N. de M.*)

3. Avant la conquête française (1830) Alger était gouverné par un dey. Primitivement, le sultan de Constantinople envoyait un pacha pour administrer la régence en son nom. Immédiatement après le pacha venait le dey, commandant les milices turques. Mais l'influence de ce dernier s'accrut rapidement au point qu'en 1710 Achmet III supprima le pacha et donna tous ses pouvoirs au dey. Dès lors l'anarchie la plus complète et le despotisme le plus absolu se succédèrent dans la régence. Ainsi, en 1732, six deys furent installés et assassinés le même jour par les partis qui se disputaient l'influence.

de part au gouvernement que par leur désobéissance et leurs révoltes ; les harangues que les empereurs leur faisoient ne furent-elles pas à la fin du genre de celles que les consuls et les tribuns avoient faites autrefois au peuple ? Et, quoique les armées n'eussent pas un lieu particulier pour s'assembler, qu'elles ne se conduisissent point par de certaines formes, qu'elles ne fussent pas ordinairement de sang-froid, délibérant peu et agissant beaucoup, ne disposoient-elles pas en souveraines de la fortune publique ? Et qu'étoit-ce qu'un empereur, que le ministre d'un gouvernement violent, élu pour l'utilité particulière des soldats ?

Quand l'armée associa à l'empire Philippe [1], qui étoit préfet du prétoire du troisième Gordien, celui-ci demanda qu'on lui laissât le commandement entier, et il ne put l'obtenir ; il harangua l'armée pour que la puissance fût égale entre eux, et il ne l'obtint pas non plus ; il supplia qu'on lui laissât le titre de César, et on le lui refusa ; il demanda d'être [2] préfet du prétoire, et on rejeta ses prières ; enfin il parla pour sa vie. L'armée, dans ses divers jugements, exerçoit la magistrature suprême.

Les Barbares, au commencement inconnus aux Romains, ensuite seulement incommodes, leur étoient devenus redoutables [3]. Par l'évènement du monde le plus extraordinaire, Rome avoit si bien anéanti tous les peuples [4] que, lorsqu'elle fut vaincue elle-même,

1. Ce Philippe (244) était fils d'un chef de voleurs.

2. Quelques grammairiens ont essayé d'introduire une distinction entre *demander à* et *demander de*. Les meilleurs auteurs emploient indifféremment l'une ou l'autre de ces deux constructions. La seule règle est l'harmonie générale de la phrase.

3. Les barbares s'étaient insensiblement infiltrés dans l'Empire et jusque dans les armées romaines, et cet envahissement, lent mais incessant, ne fut pas moins irrésistible ni moins funeste que les grandes invasions. De temps à autre des soulèvements formidables venaient jeter la terreur dans Rome : les Cimbres à l'époque de Marius, Arioviste et les Suèves au temps de César, les Marcomans sous Marc-Aurèle. Les invasions du ve siècle ne furent que le dernier acte de cette lutte engagée depuis longtemps.

4. Rome avait tout au plus réduit les peuples au silence, et c'était beaucoup. Mais son histoire, qui n'est guère qu'une histoire militaire, prouve assez qu'elle ne les avait pas anéantis.

il sembla que la terre en eût enfanté de nouveaux pour la détruire.

Les princes des grands Etats ont ordinairement peu de pays voisins qui puissent être l'objet de leur ambition : s'il y en avoit eu de tels, ils auroient été enveloppés dans le cours de la conquête. Ils sont donc bornés par des mers, des montagnes et de vastes déserts, que leur pauvreté fait mépriser. Aussi les Romains laissèrent-ils les Germains dans leurs forêts [1], et les peuples du Nord dans leurs glaces ; et il s'y conserva, ou même il s'y forma des nations qui enfin les asservirent eux-mêmes.

Sous le règne de Gallus, un grand nombre de nations, qui se rendirent ensuite plus célèbres, ravagèrent l'Europe [2] ; et les Perses, ayant envahi la Syrie, ne quittèrent leurs conquêtes que pour conserver leur butin.

Ces essaims de barbares [3] qui sortirent autrefois du Nord ne paroissent plus aujourd'hui. Les violences des Romains avoient fait retirer les peuples du Midi au Nord : tandis que [4] la force qui les contenoit subsista, ils y restèrent ; quand elle fut affoiblie, ils se répandirent de toutes parts. La même chose arriva quelques siècles après. Les conquêtes de Charlemagne

1. Les expéditions de César, d'Auguste et de Trajan montrent, au contraire, que les Romains auraient voulu réduire les Germains comme les autres peuples. Mais comment atteindre ces tribus nomades et fuyantes à travers un pays mal connu ? Ils durent se contenter de fortifier les rives du Rhin et du Danube, et ils essayèrent de leur politique de promesses et d'intrigues : ils y réussirent aussi mal.

2. Les Gots, avaient déjà traversé le Danube au début du règne de Philippe. Mais la véritable invasion eut lieu en 250, sous l'empereur Dèce. Les Barbares franchirent les Balkans et descendirent en Macédoine. Gallus (251-253) conclut avec eux un traité honteux qui le rendit leur tributaire. Il s'engagea à leur payer un subside annuel en or. Ce fut sous le règne de Valérien (253-260) que les Alamans, les Gots les Francs et les Perses ravagèrent les provinces frontières. Les Alamans descendirent même jusqu'à Ravenne (258).

3. On admet généralement aujourd'hui que ces essaims de barbares furent beaucoup moins nombreux qu'on ne l'a cru pendant longtemps.

4. Au XVIIe siècle on employait souvent *tandis que* dans le même sens que *tant que*.

Tandis que vous vivrez le sort qui toujours change
Ne vous a point promis un bonheur sans mélange.
(*Iphigénie*, I, 1.)

et ses tyrannies [1] avoient une seconde fois fait reculer les peuples du Midi au Nord : sitôt que cet empire fut affoibli, ils se portèrent une seconde fois du Nord au Midi. Et si aujourd'hui un prince faisoit en Europe les mêmes ravages, les nations repoussées dans le Nord, adossées aux limites de l'univers, y tiendroient ferme jusqu'au moment qu'elles inonderoient et conquerroient l'Europe une troisième fois [2].

L'affreux désordre qui étoit dans la succession à l'empire étant venu à son comble, on vit paroître sur la fin du règne de Valérien, et pendant celui de Gallien son fils, trente prétendants divers, qui, s'étant la plupart entredétruits, ayant eu un règne très court, furent nommés tyrans [3].

Valérien ayant été pris par les Perses, et Gallien son fils négligeant les affaires, les Barbares pénétrèrent partout ; l'empire se trouva dans cet état où il fut environ un siècle après en Occident [4] ; et il auroit dès lors été détruit sans un concours heureux de circonstances qui le relevèrent [5].

Odenat [6], prince de Palmyre, allié des Romains,

1. C'est juger bien légèrement le grand empereur d'Occident. Si les peuplades du Nord reculèrent devant lui, c'est qu'elles se sentaient incapables de résister à son génie, et si, lui mort, elles revinrent, c'est qu'elles savaient trop en quelles mains était tombé son sceptre.

2. Ce raisonnement de Montesquieu est assez singulier. On voit trop que pour lui l'histoire des peuples n'est qu'un jeu de bascule où les vaincus de la veille deviennent les vainqueurs du lendemain. Cette théorie des compensations et de l'équilibre des forces n'a rien de grand et touche de près au fatalisme. La conception de Bossuet est autrement noble et vraie.

3. « Ceux qu'on a appelés par un souvenir d'Athènes *« les trente tyrans »* n'étaient ni trente ni tyrans. De la captivité de Valérien à la mort de son fils, on compte 18 généraux qui furent proclamés empereurs par leurs troupes, comme l'avaient été tous les princes depuis les Antonins, et il ne leur a manqué que le succès pour prendre place légalement parmi les maîtres du monde romain. » (Duruy, t. VI, ch. 96.) Pour arriver au chiffre de 30, ou plus exactement, de 29, il faut compter les fils d'empereurs à qui leurs pères avaient donné la pourpre.

4. Les Barbares ne faisaient encore qu'essayer leurs forces. Malgré sa déchéance Rome leur inspirait une certaine terreur. S'ils avaient osé, les grandes invasions eussent eu lieu alors. Du moins leurs premiers succès furent un enseignement qu'ils n'eurent garde d'oublier.

5. Les victoires de Claude II sur les Gots et d'Aurélien sur les Alamans consolidèrent pour quelque temps l'empire croulant.

6. Palmyre était la station obligée des caravanes qui se rendaient d'Antioche à Séleucie. Elle devint rapidement puissante. Les Romains convoitaient son territoire, mais comme elle

chassa les Perses, qui avoient envahi presque toute l'Asie. La ville de Rome fit une armée de ses citoyens, qui écarta les Barbares qui venoient la piller. Une armée innombrable de Scythes, qui passoient la mer avec six mille vaisseaux, périt par les naufrages, la misère, la faim, et sa grandeur même. Et Gallien ayant été tué, Claude, Aurélien, Tacite et Probus, quatre grands hommes qui, par un grand bonheur, se succédèrent, rétablirent l'empire prêt à périr.

Chap. XVII. — Changement dans l'État.

Pour prévenir les trahisons continuelles des soldats, les empereurs s'associèrent des personnes en qui ils avoient confiance; et Dioclétien, sous prétexte de la grandeur des affaires, régla qu'il y auroit toujours deux empereurs et deux Césars [1]. Il jugea que les quatre principales armées étant occupées [2] par ceux qui auroient part à l'empire, elles s'intimideroient les unes les autres; que les autres armées n'étant pas assez fortes pour entreprendre de faire leur chef empereur, elles perdroient peu à peu la coutume d'élire; et qu'enfin, la dignité de César étant toujours subordonnée [3], la puissance, partagée entre quatre pour la sûreté du gouvernement, ne seroit pourtant

était sur les confins de l'empire, ils la ménagèrent pour ne pas la jeter dans les bras des Parthes. Au IIIᵉ siècle, parmi les sénateurs de Palmyre, se trouvait un chef de tribus sarrasines, Odenath. Il avait épousé la célèbre Zénobie. Aidé par celle-ci, il ne tarda pas à devenir le personnage le plus influent de Palmyre. Dans la lutte entre Valérien et Sapor, roi des Perses, il soutint les Romains et se fit nommer par Gallien généralissime de l'empire en Orient, puis auguste.

1. Le 1er mai 285, Dioclétien avait proclamé césar un de ses compagnons d'armes, Maximien Hercule. L'année suivante il lui donna le titre d'auguste en récompense de ses exploits dans les Gaules sur les Bagaudes, après lui avoir fait promettre par un serment solennel sur l'autel de Jupiter qu'il déposerait la pourpre le jour où lui-même lui en donnerait l'exemple. En 293, les deux augustes s'adjoignirent chacun un césar : Constance Chlore et Galère. Ce fut la *tétrarchie* de Dioclétien.

2. Au sens du latin *occupare, posséder, être maître de.*

3. Les augustes seuls avaient le pouvoir législatif qui restait indivis entre eux. Les actes portaient quelquefois avec les noms des deux augustes celui d'un césar, mais jamais les noms

dans toute son étendue qu'entre les mains de deux [1].

Mais ce qui contint encore plus les gens de guerre, c'est que, les richesses des particuliers et la fortune publique ayant diminué, les empereurs ne purent plus leur faire des dons si considérables ; de manière que la récompense ne fut plus proportionnée au danger de faire une nouvelle élection.

D'ailleurs les préfets du prétoire [2], qui, pour le pouvoir et pour les fonctions, étoient à peu près comme les grands vizirs de ces temps-là, et faisoient à leur gré massacrer les empereurs pour se mettre en leur place, furent fort abaissés par Constantin, qui ne leur laissa que les fonctions civiles, et en fit quatre au lieu de deux.

La vie des empereurs commença donc à être plus assurée ; ils purent mourir dans leur lit, et cela sembla avoir un peu adouci leurs mœurs ; ils ne versèrent plus le sang avec tant de férocité. Mais, comme il falloit que ce pouvoir immense débordât quelque part, on vit un autre genre de tyrannie, mais plus sourde ; ce ne furent plus des massacres, mais des jugements

des deux césars. Le césar restait le subordonné de l'auguste et quelquefois les réprimandes ne lui étaient pas ménagées.

1. M. Duruy résume ainsi la politique qui présida à l'établissement de la tétrarchie : « Prévenir les révolutions en assurant la succession régulière à l'empire par voie de sélection, rendre vaines les intrigues des ambitieux et les émeutes de la soldatesque en divisant les commandements, les armées et le trésor public, telle avait été la conception théorique de Dioclétien. » (*Hist. des Romains*, t. VI, ch. 99.)

2. Auguste avait mis à la tête de sa garde prétorienne deux préfets ou commandants avec les attributions ordinaires de ces fonctions militaires. Mais peu à peu les préfets du prétoire étendirent leur commandement à toutes les troupes cantonnées en Italie, la milice urbaine exceptée qui restait sous la dépendance du préfet de Rome. Leurs rapports journaliers avec le prince leur valurent en même temps de le remplacer dans certaines affaires judiciaires, si bien qu'au commencement du IIIe siècle la juridiction criminelle sur l'Italie et les provinces appartenait au préfet du prétoire : c'est à lui qu'étaient portés tous les appels ainsi que les causes privilégiées. Il eut même la juridiction civile, et devint ainsi, à partir du règne de Sévère, et le grand justicier, et le grand jurisconsulte de l'empire.

Le nombre des préfets varia. Primitivement il y en eut deux. Sous certains empereurs l'histoire n'en mentionne qu'un seul, soit que la préfecture eût en effet été confiée à un seul, soit que l'un des deux eût absolument annihilé son collègue. À partir de Commode on en trouve quelquefois trois. Certains historiens veulent que Dioclétien ait nommé quatre préfets, d'autres n'en admettent que deux, sur l'autorité de Zosime (II, 32).

iniques, des formes de justice qui sembloient n'éloigner la mort que pour flétrir la vie; la cour fut gouvernée et gouverna par plus d'artifices, par des arts plus exquis [1], avec un plus grand silence; enfin, au lieu de cette hardiesse à concevoir une mauvaise action, et de cette impétuosité à la commettre, on ne vit plus régner que les vices des âmes foibles et des crimes réfléchis [2].

Il s'établit un nouveau genre de corruption. Les premiers empereurs aimoient les plaisirs : ceux-ci, la mollesse ; ils se montrèrent moins aux gens de guerre : ils furent plus oisifs, plus livrés à leurs domestiques [3], plus attachés à leurs palais et plus séparés de l'empire [4].

Le poison de la cour augmenta sa force, à mesure qu'il fut plus séparé [5] : on ne dit rien, on insinua tout; les grandes réputations furent toutes attaquées, et les ministres et les officiers de guerre furent mis sans cesse à la discrétion de cette sorte de gens qui ne peuvent servir l'Etat, ni souffrir qu'on le serve avec gloire.

Enfin, cette affabilité [6] des premiers empereurs, qui

1. *Exquis* a ici le sens de *recherché*, *exquisitus*.

2. C'est le règne des courtisans qui commence. Sous Auguste et ses successeurs le prince affectait de n'être que le premier des citoyens. Nerva et Trajan appelaient leurs somptueuses demeures du Palatin le *palais public*. Avec Dioclétien commence la monarchie au sens moderne du mot. Désormais il y aura une *cour*, c'est-à-dire une société dont le prince sera le centre, société amie du bel esprit et des belles manières, où les ambitions se cacheront sous les dehors du dévouement, où la flatterie sera le plus sûr moyen d'arriver au but, où les caractères s'abaisseront en même temps que les mœurs s'affineront.

3. C'est-à-dire à ceux qui faisaient partie de leur maison : *domesticus*.

4. Rome qui, depuis des siècles, était la tête et le cœur de l'empire, tomba, sous Dioclétien et ses successeurs, au rang d'une ville ordinaire Dioclétien avait établi sa résidence à Nicomédie : il ne parut que deux fois, et pour quelques jours, dans la ville des Césars, au commencement et à la fin de son règne. Ce fut une faute. L'empereur en enlevant à Rome sa suprématie décapitait l'empire. Il y eut encore un empereur, il n'y eut plus d'empire romain.

5. La pensée de Montesquieu manque de clarté. Un seul sens paraît possible : *le poison de la cour augmenta sa force à mesure que la cour fut plus isolée*. La cour devint un cercle fermé où les passions se développèrent et se livrèrent un plus rude assaut.

6. Il faut prendre *affabilité* dans un sens très large, des empereurs comme Tibère, Néron, Caligula n'ayant jamais passé pour affables. Montesquieu fait allusion à cette facilité avec laquelle

seule pouvoit leur donner le moyen de connoître leurs affaires, fut entièrement bannie. Le prince ne sut plus rien que sur le rapport de quelques confidents, qui, toujours de concert, souvent même lorsqu'ils sembloient être d'opinion contraire, ne faisoient auprès de lui que l'office d'un seul.

Le séjour de plusieurs empereurs en Asie, et leur perpétuelle rivalité avec les rois de Perse, firent qu'ils voulurent être adorés comme eux; et Dioclétien, d'autres disent Galère, l'ordonna par un édit [1].

Ce faste et cette pompe asiatique s'établissant, les yeux s'y accoutumèrent d'abord; et, lorsque Julien voulut mettre de la simplicité et de la modestie dans ses manières [2], on appela oubli de la dignité ce qui n'étoit que la mémoire des anciennes mœurs.

Quoique depuis Marc-Aurèle il y eût eu plusieurs empereurs, il n'y avoit eu qu'un empire; et l'autorité de tous étant reconnue dans la province [3], c'étoit une puissance unique exercée par plusieurs.

Mais Galère et Constance Chlore n'ayant pu s'ac-

ils se laissaient aborder, par opposition aux rigueurs de l'étiquette, qui, à dater de Dioclétien, pesèrent sur le prince et son entourage.

1. Dioclétien fit de sa cour une cour orientale : « Il se plaisait dans l'Orient, il en aimait les coutumes royales et en copia le cérémonial pompeux. Il remplaça par des vêtements de soie et d'or la casaque militaire, sur laquelle ses prédécesseurs jetaient simplement un manteau écarlate : il mit sur son front le bandeau royal qu'Aurélien avait déjà porté, et sur ses brodequins de pourpre des pierres précieuses. A l'*imperator* que tous, soldats et citoyens, venaient librement saluer, succéda le roi-dieu caché dans une ombre mystérieuse, au fond d'un palais dont les avenues furent gardées par une armée d'eunuques et d'officiers. Qui obtenait du *magister officiorum* une audience impériale y était mené par un maître des cérémonies et introduit par les *admissionales invitatores*. Dès qu'il avait franchi la porte gardée par 30 silentiaires, il se prosternait et adorait « le visage sacré », osant à peine lever les yeux sur cette majesté immobile et redoutable... Tout devint sacré, le palais du prince comme sa personne, ses paroles et ses actes. Jamais, dans notre Occident, l'homme n'avait autant usurpé sur la divinité. (Duruy, t. VI, ch. 99.)

2. Malgré le triste renom de l'Apostat, il faut lui rendre cette justice qu'il essaya de détruire les abus qui s'étaient introduits dans l'Etat. Il diminua le nombre des domestiques et des courtisans qui encombraient le palais. Il essaya de couper court aux exactions et à la vénalité des fonctionnaires par des pénalités terribles : il réduisit les privilèges et soulagea les provinces.

3. Il eût mieux valu écrire : *dans les provinces*.

corder, ils[1] partagèrent réellement l'empire[2]; et par cet exemple, qui fut suivi, dans la suite, par Constantin, qui prit le plan de Galère et non pas celui de Dioclétien, il s'introduisit une coutume qui fut moins un changement qu'une révolution[3].

De plus, l'envie qu'eut Constantin de faire une ville nouvelle, la vanité de lui donner son nom, le déterminèrent à porter en Orient le siège de l'empire[4]. Quoique l'enceinte de Rome ne fût pas à beaucoup près si grande qu'elle est à présent, les faubourgs en étoient prodigieusement étendus[5] : l'Italie, pleine de

1. *Ils* n'est pas nécessaire. Voir page 121, note 4.

2. Le partage était déjà fait. La réforme de Dioclétien n'était pas autre chose. Sans doute le territoire de l'empire était partagé entre les deux augustes et les deux césars, mais nous avons vu que les césars étaient les lieutenants des augustes; de fait le monde romain était donc divisé en deux empires. Quant à Constantin, il adopta d'abord le plan de Dioclétien puisqu'il donna la pourpre à Licinius (313), mais au bout d'un an Licinius entra en lutte avec Constantin, et ce dernier, par ses victoires, devint le seul maître de l'empire romain (314).

3. Montesquieu a raison. Cette division de l'empire se fit sans secousse et sans qu'on s'en aperçût. Les goûts, les mœurs de l'Orient et de l'Occident étaient tellement différents que, même sous la République, les provinces avaient conservé leur vie particulière. Rome n'avait jamais imposé à ses sujets une réglementation uniforme.

4. Constantin avait d'autres motifs de porter en Orient le siège de l'empire. Comme Dioclétien, Rome avec ses souvenirs le gênait. La cour impériale y eût été mal à l'aise; d'origine orientale, il lui fallait le ciel d'Orient. De plus Rome était le centre du paganisme, et Constantin, défenseur du christianisme, y eût été insulté et haï. Enfin l'empereur devait à cette époque se tenir toujours à proximité des frontières, et particulièrement de celles qui étaient le plus menacées. On peut ajouter que la récente invasion des Alamans en Italie prouvait que Rome n'était pas à l'abri d'un coup de main. Et de fait, Rome fut prise en 410, tandis que Constantinople résista jusqu'en 1453.

5. *Exspatiantia tecta multas addidere urbes*, dit Pline, *Histoire naturelle*, livre III, ch. V, (*N. de M.*) L'enceinte de Servius avait été bien vite insuffisante pour contenir la population qu'attirait la capitale de l'empire. Les maisons avaient débordé bien au delà, et, s'étageant sur les remblais qui soutenaient les murs, avaient complètement fait disparaître les fortifications, tellement que Zosime put appeler la Rome du IIIe siècle « ἀτείχιστος ». Aurélien devant les menaces d'invasion commença la seconde enceinte qui porte son nom et que Probus acheva. Cette seconde enceinte ajoutait à la première le *Pagus Janiculensis* entre le Janicule et le Tibre; le champ de Mars, le Pincio (*Collis Hortorum*), les versants est de l'Esquilin et du Caelius, et au sud les quartiers marqués aujourd'hui par les Thermes de Caracalla et le *Monte Testaccio*. Mais l'enceinte d'Aurélien était loin de suffire à contenir toute la population de Rome. Aujourd'hui que l'enceinte de la ville s'est augmentée de la *Cité Léonine* ou *Borgo* et de la moitié du Transtevère, Rome ne compte que 345.000 habitants. D'après Dezobry, sur 1.800.000 habitants, 280.000 environ habitaient dans l'enceinte murée. Les faubourgs étaient donc, comme le dit Pline, de véritables villes.

maisons de plaisance, n'étoit proprement que le jardin de Rome; les laboureurs étoient en Sicile, en Afrique, en Egypte [1], et les jardiniers, en Italie : les terres n'étoient presque cultivées que par les esclaves des citoyens romains [2]. Mais lorsque le siège de l'empire fut établi en Orient, Rome presque entière y passa, les grands y menèrent leurs esclaves, c'est-à-dire presque tout le peuple ; et l'Italie fut privée de ses habitants.

Pour que la nouvelle ville ne cédât en rien à l'ancienne, Constantin voulut qu'on y distribuât aussi du blé [3], et ordonna que celui d'Egypte seroit envoyé à Constantinople, et celui de l'Afrique à Rome, ce qui, me semble, n'étoit pas fort sensé [4].

1. On portait autrefois d'Italie, dit Tacite, du blé dans les provinces reculées, et elle n'est pas encore stérile ; mais nous cultivons plutôt l'Afrique et l'Egypte, et nous aimons mieux exposer aux accidents la vie du peuple romain. (*Annales*, liv. XII, ch. XLIII.)

2. L'agriculture, qui avait été la première occupation des Romains, fit bientôt place à d'autres soucis. La conquête devint pour Rome le principal moyen de subsistance. Les soldats rendus à leurs champs n'eurent plus le courage de les cultiver, et ceux qui ne les avaient pas encore quittés se demandaient s'il valait bien la peine de se donner tant de mal pour une terre qu'ils devraient bientôt abandonner. Les *Eglogues* de Virgile montrent bien ces préoccupations :

At nos hinc alii sitientes ibimus Afros...
Post aliquot, mea regna videns, mirabor aristas.

Columelle, dans la préface de son traité, se lamente sur le discrédit dans lequel l'agriculture était tombée, et Pline l'Ancien, s'écrie : *latifundia perdidere Italiam*. La petite culture avait, en effet, disparu devant les grandes propriétés, et les terres labourables avaient été remplacées par des pâturages d'un entretien plus facile et d'un rapport suffisant. Les Romains s'habituaient ainsi au *far niente*, qui est la vie de l'Italien méridional.

3. De tout temps avaient eu lieu, à Rome, des distributions de blé gratuites ou quasi gratuites. Mais, de plus, à partir de 123, nous voyons s'établir l'usage des « frumentations ». C. Gracchus, le premier, fit voter une loi assurant à tout citoyen domicilié à Rome le droit de toucher chaque mois cinq boisseaux de froment fournis par l'Etat, à moitié prix de la valeur réelle, soit 6 as 1/3 (0 fr. 34). Ces lois furent modifiées, supprimées, rétablies jusqu'à ce que la loi Clodia (58) décida que tous les citoyens recevraient leur blé gratis, sauf peut-être les sénateurs et les chevaliers. En 46, 320.000 citoyens étaient nourris par l'Etat. César en réduisit le nombre à 150.000, et institua deux édiles plébéiens chargés spécialement du service des approvisionnements et des distributions (*cura annonae*). Auguste se chargea de l'annone et arrêta le chiffre des assistés à 200.000 qui resta le chiffre normal. Sous l'Empire, il y eut un *praefectus annonae* assisté d'un *subpraefectus*. A partir d'Aurélien, les distributions mensuelles de blé furent remplacées par des distributions quotidiennes de pain (*panis gradilis*, c'est-à-dire distribué sur les degrés du palais impérial).

4. Ce qui peut justifier en quelque façon la conduite de Constantin, c'est qu'elle était fondée sur une coutume profondément entrée dans les mœurs

Dans le temps de la république, le peuple romain, souverain de tous les autres, devoit naturellement avoir part aux tributs : cela fit que le sénat lui vendit d'abord du blé à bas prix, et ensuite le lui donna pour rien. Lorsque le gouvernement fut devenu monarchique, cela subsista contre les principes de la monarchie[1] : on laissoit cet abus à cause des inconvénients qu'il y auroit eu à le changer. Mais Constantin, fondant une ville nouvelle, l'y établit sans aucune bonne raison.

Lorsque Auguste eut conquis l'Egypte, il apporta à Rome le trésor des Ptolomées[2] : cela y fit à peu près la même révolution que la découverte des Indes a faite depuis en Europe, et que de certains systèmes ont faite de nos jours[3]. Les fonds doublèrent de prix à Rome ; et, comme Rome continua d'attirer à elle les richesses d'Alexandrie, qui recevoit elle-même celles de l'Afrique et de l'Orient, l'or et l'argent devinrent très communs en Europe ; ce qui mit les peuples en état de payer des impôts très considérables en espèces.

Mais lorsque l'empire eut été divisé, ces richesses allèrent à Constantinople. On sait d'ailleurs que les mines d'Allemagne[4] n'étoient point encore ouvertes[5] ;

romaines. Ces distributions peuvent nous paraître extraordinaires, mais il faut se rappeler que les citoyens romains avaient bien quelque droit à bénéficier des avantages d'une conquête qui était leur œuvre.

1. On a demandé pourquoi Montesquieu s'était abstenu de donner les raisons de cette assertion. C'est apparemment qu'il les jugeait manifestes. La monarchie a pour objet de travailler au bien du peuple par de bonnes lois, par la protection donnée au commerce et à l'industrie, mais non d'encourager la paresse par de folles largesses.

2. *Ptolémée* est la seule orthographe correcte.

3. Allusion au système de Law. Dans la première édition, Montesquieu avait écrit : *certains systèmes ridicules*.

4. L'édition de 1748 porte « *les mines d'Angleterre* ». Bien que nous nous conformions à cette édition, nous avons cru devoir rétablir le texte de l'édition de 1734. La note qui suit, et qui est de Montesquieu, prouve que la leçon de 1748 est fautive sur ce point. L'auteur, en effet, invoque le témoignage de Tacite dans sa *Germanie*. Or, au chapitre V, Tacite dit : *Nec tamen affirmaverim nullam Germaniae venam argentum aurumve gignere : quis enim scrutatus est ?* Donc, à la connaissance de Tacite du moins, les mines d'Allemagne n'étaient pas encore exploitées.

5. Tacite, *De moribus Germanorum*, le dit formellement. On sait d'ailleurs à peu près l'époque de l'ouverture de la plupart des mines d'Allemagne. Voy. Thomas Sesreiberus, sur l'origine des mines du Hartz. On croit celles de Saxe moins anciennes. (*N. de M.*)

qu'il y en avoit très peu en Italie et dans les Gaules; que, depuis les Carthaginois, les mines d'Espagne n'étoient guère plus travaillées, ou du moins n'étoient plus si riches [1]. L'Italie, qui n'avoit plus que des jardins abandonnés, ne pouvoit, par aucun moyen, attirer l'argent de l'Orient, pendant que l'Occident, pour avoir de ses marchandises, y envoyoit le sien. L'or et l'argent devinrent donc extrêmement rares en Europe; mais les empereurs y voulurent exiger les mêmes tributs ; ce qui perdit tout.

Lorsque le gouvernement a une forme depuis longtemps établie, et que les choses se sont mises dans une certaine situation, il est presque toujours de la prudence de les y laisser, parce que les raisons, souvent compliquées et inconnues, qui font qu'un pareil état a subsisté, font qu'il se maintiendra encore : mais, quand on change le système total, on ne peut remédier qu'aux inconvénients qui se présentent dans la théorie, et on en laisse d'autres que la pratique seule peut faire découvrir [2].

Ainsi, quoique l'empire ne fût déja que trop grand, la division qu'on en fit le ruina, parce que toutes les parties de ce grand corps, depuis longtemps ensemble, s'étoient pour ainsi dire ajustées pour y rester et dépendre les unes des autres [3].

1. Les Carthaginois, dit Diodore, surent très bien l'art d'en profiter, et les Romains celui d'empêcher que les autres n'en profitassent. (*N. de M.*)

2. « Maxime excellente et qui se réduit à ne jamais changer rien dans un gouvernement avant de savoir par l'expérience ce qui pourrait convenir à la nature de cet État ou ce qui pourrait lui être contraire ; ne se point préoccuper pour ou contre ce qui est établi ; voir tout par ses yeux, juger par soi-même et n'introduire ensuite que ce que la raison veut qu'on change et qu'on corrige » (*Frédéric II*).

3. M. Villemain répond à cette accusation : « Montesquieu accuse Constantin d'avoir hâté la ruine de l'empire en le transférant à Byzance. Mais n'était-il pas beau d'aller au devant de l'ennemi, de le repousser par une nouvelle capitale, et de se couvrir du Bosphore quand on perdait le Rhin? La grandeur de cette politique ne paraît-elle pas dans la faiblesse même de cet empire grec, qui, si décrépit et si attaqué, s'est traîné pourtant jusqu'à la fin du moyen âge et presque jusqu'à nous, tandis que la ville de Rome, débarrassée de l'empire et ne gardant que le pontificat, sert de passage de la civilisation antique aux temps modernes? »

Constantin [1], après avoir affoibli la capitale, frappa un autre coup sur les frontières ; il ôta les légions qui étoient sur le bord des grands fleuves, et les dispersa dans les provinces [2] ; ce qui produisit deux maux : l'un, que la barrière qui contenoit tant de nations fut ôtée ; et l'autre, que les soldats vécurent et s'amollirent dans le cirque et dans les théâtres [3].

Lorsque Constantin [4] envoya Julien [5] dans les Gaules, il trouva que cinquante villes le long du Rhin avoient été prises par les Barbares ; que les provinces avoient été saccagées ; qu'il n'y avoit plus que l'ombre d'une armée romaine que le seul nom des ennemis faisoit fuir.

Ce prince, par sa sagesse, sa constance, son économie, sa conduite, sa valeur, et une suite continuelle

1. Dans ce qu'on dit de Constantin, on ne choque point les auteurs ecclésiastiques qui déclarent qu'ils n'entendent parler que des actions de ce prince qui ont du rapport à la piété, et non de celles qui en ont au gouvernement de l'Etat. EUSÈBE, *Vie de Constantin*, liv. I, ch. IX ; SOCRATE, liv. I, ch. I. (*N. de M.*)

2. Le but de Constantin fut d'empêcher les insurrections des armées, et d'assurer ainsi l'hérédité de sa couronne. L'empire étoit en proie à tant de maux, qu'on ne pouvoit remédier aux uns sans aggraver les autres ; c'est ce qui nous oblige à juger moins sévèrement ceux qui étoient à la tête des affaires. (*N. de M.*)

3. Depuis l'établissement du christianisme, les combats de gladiateurs devinrent rares. Constantin défendit d'en donner : ils furent entièrement abolis sous Honorius, comme il paroît par Theodoret et Othon de Frisingue. Les Romains ne retinrent de leurs anciens spectacles que ce qui pouvoit affoiblir les courages, et servoit d'attrait à la volupté. (*N. de M.*)

Montesquieu, on le voit, est très sévère pour Constantin. Il a suivi l'historien grec Zosime qui écrivit une *Histoire des empereurs* pleine de préventions contre les chrétiens. Des historiens de Rome, même parmi les plus célèbres, ont, de nos jours, suivi la même autorité qu'ils récusent d'ailleurs très souvent lorsqu'il s'agit d'empereurs autres que Constantin. A ceux qui veulent connaître la vérité, et que les accusations de Zosime, de Montesquieu et de Duruy auraient impressionnés, nous conseillons la lecture du chapitre qui termine le 2e volume de l'*Eglise et l'Empire romain au IVe siècle*. M. le duc de Broglie rend justice à Constantin, et conclut : « Constantin ne fut ni assez grand ni assez pur pour sa tâche. Le contraste, trop visible à tous les yeux, a justement choqué la postérité. Toutefois, l'histoire a vu si peu de souverains mettre au service d'une noble cause leur pouvoir et leur ambition, qu'elle a droit, quand elle les rencontre, de réclamer pour eux la justice des hommes et d'espérer la miséricorde de Dieu. »

4. En mourant, Constantin laissait 3 fils : Constantin II, Constance II et Constant qui se partagèrent l'empire. Constance II fut seul empereur de 350 à 361 ; il favorisa l'arianisme.

5. Julien et Gallus, neveux de Constantin, avaient survécu au massacre dont les fils de Constance-Chlore avaient été les victimes et qui avait inauguré le règne des 3 empereurs.

d'actions héroïques, rechassa les Barbares [1]; et la terreur de son nom les contint tant qu'il vécut.

La brièveté des règnes, les divers partis politiques, les différentes religions, les sectes particulières de ces religions, ont fait que le caractère des empereurs est venu à nous extrêmement défiguré [2]. Je n'en donnerai que deux exemples. Cet Alexandre, si lâche dans Hérodien, paroit plein de courage dans Lampridius; ce Gratien, tant loué par les orthodoxes, Philostorgue le compare à Néron [3].

Valentinien [4] sentit plus que personne la nécessité de l'ancien plan [5]; il employa toute sa vie à fortifier les bords du Rhin, à y faire des levées, y bâtir des châteaux, y placer des troupes, leur donner le moyen d'y subsister. Mais il arriva dans le monde un évène-

1. Les Alamans avaient envahi la Gaule. Julien les repoussa jusqu'à Cologne (356). Les Barbares ne se tinrent pas pour battus, et formèrent le projet d'enlever le jeune César au milieu de ses cantonnements; ils échouèrent. Julien prit à son tour l'offensive et défit les ennemis à Argentoratum (Strasbourg). L'année suivante (359), il passa le Rhin, ravagea le pays des Alamans et des Burgondes, et les obligea à demander la paix. Si la vie de ce prince ne comptait pas d'autres pages que celle-là, nous ne lui marchanderions pas notre admiration, d'autant mieux que son nom est inséparable de l'histoire de Paris. Il habitait Lutèce, dont il conserva toujours un souvenir agréable. Les historiens qui ont abaissé Constantin se sont plu à exalter Julien : il n'en reste pas moins marqué du stigmate de l'apostasie.

2. Voici une restriction dont il faut savoir gré à Montesquieu; mais il eu mieux valu se garder de certains jugements trop sévères ou en laisser la responsabilité à ceux qui les avaient portés les premiers. L'historien, lorsqu'il n'est pas sûr de la vérité, peut et doit s'en tenir au vraisemblable, mais à condition d'en avertir le lecteur.

3. *Hérodien*, historien grec (170-240), composa une *Histoire* qui va de 186 à 238, du règne de Commode à celui de Gordien. On y trouve beaucoup de rhétorique. *Lampridius* (IVe siècle) fut un des six auteurs de l'*Histoire Auguste*, compilation sans méthode et sans critique, qui comprend les vies des empereurs, de l'avènement d'Hadrien à la mort de Carus et de ses fils Numérien et Carin. On attribue à Lampride la biographie de Commode, Antonin, Diadumène, Elagabal et Alexandre Sévère. *Philostorge*, écrivain grec arien (IVe-Ve siècle), avait composé une histoire ecclésiastique qui allait de l'hérésie d'Arius à l'année 425.

4. A la mort de Julien, Jovien n'avait fait que passer sur le trône (363-364), mais il avait eu le temps d'abolir les lois contre les chrétiens. Valentinien, disgracié autrefois par l'apostat, fut salué empereur. Il s'associa son frère Valens. Le premier était orthodoxe, le second arien.

5. La garde des frontières fut, en effet, la grande préoccupation de Valentinien. Il fortifia la ligne du Rhin et celle du Danube, et repoussa victorieusement les Alamans qui, revenus à la charge, essuyèrent une défaite terrible dans les champs Catalauniques où plus tard devait venir échouer Attila.

ment qui détermina Valens, son frère, à ouvrir le Danube, et eut d'effroyables suites.

Dans le pays qui est entre les Palus-Méotides [1], les montagnes du Caucase et la mer Caspienne, il y avoit plusieurs peuples qui étoient la plupart de la nation des Huns ou de celle des Alains [2]; leurs terres étoient extrêmement fertiles; ils aimoient la guerre et le brigandage; ils étoient presque toujours à cheval, ou sur leurs chariots, et erroient dans le pays où ils étoient enfermés; ils faisoient bien quelques ravages sur les frontières de Perse et d'Arménie; mais on gardoit aisément les portes Caspiennes [3], et ils pouvoient difficilement pénétrer dans la Perse par ailleurs. Comme ils n'imaginoient point qu'il fût possible de traverser les Palus-Méotides, ils ne connoissoient pas les Romains; et, pendant que d'autres Barbares ravageoient l'empire, ils restoient dans les limites que leur ignorance leur avoit données

Quelques-uns ont dit que le limon que le Tanaïs avoit apporté avoit formé une espèce de croûte sur le Bosphore Cimmérien, sur laquelle ils avoient passé; d'autres, que deux jeunes Scythes, poursuivant une biche qui traversa ce bras de mer, le traversèrent aussi [4]. Ils furent étonnés de voir un nouveau monde;

1. Aujourd'hui mer d'Azof.

2. On croit que les Huns étaient d'origine mongole ou finnoise, et on ne sait à quelle époque ils émigrèrent vers l'Occident; la seule chose certaine, c'est qu'au moment où les tribus germaines ou scandinaves descendaient du Nord au Sud, les hordes asiatiques se dirigèrent de l'Est à l'Ouest, marchant elles aussi à la conquête du monde romain. Ce fut au temps de Valens que les Huns franchirent l'Oural et la Volga. Ils rencontrèrent les Alains établis dans la région du Caucase, les vainquirent, s'unirent à eux, et tous ensemble se ruèrent sur les Ostrogots cantonnés sur les bords du Don. Ils les défirent et acceptèrent leur soumission, puis ils vinrent se heurter aux Wisigots essayèrent, mais en vain, de résister sur le Danube et le Pruth. Les Gots, les premiers envahisseurs de l'Empire, se trouvaient maintenant entre les Huns et les Romains.

3. Les anciens appelaient *Pylae Caucasiae* les passages du Caucase, ils en connaissaient trois : les *pylae albanicae* du côté de la mer Caspienne, les *pylae sarmaticae* au milieu de la chaîne, et les *pylae ibericae* du côté de la mer Noire. Le passage principal est celui du milieu (aujourd'hui défilé de Darial).

4. Il est étrange de rencontrer de pareilles fadaises dans un ouvrage de ce genre, Montesquieu aurait mieux fait de laisser dans Zosime et Jornandès ces récits fabuleux. — Le Tanaïs est aujourd'hui le Don, et le Bosphore Cimmérien le détroit d'Iénikalé.

et, retournant dans l'ancien [1], ils apprirent à leurs compatriotes les nouvelles terres, et, si j'ose me servir de ce terme, les Indes qu'ils avoient découvertes.

D'abord, des corps innombrables de Huns passèrent; et, rencontrant les Goths les premiers, ils les chassèrent devant eux. Il sembloit que ces nations se précipitassent les unes sur les autres, et que l'Asie, pour peser sur l'Europe, eût acquis un nouveau poids.

Les Goths effrayés se présentèrent sur les bords du Danube, et, les mains jointes, demandèrent une retraite [2]. Les flatteurs de Valens saisirent cette occasion, et la lui représentèrent comme une conquête heureuse d'un nouveau peuple, qui venoit défendre l'empire et l'enrichir.

Valens ordonna qu'ils passeroient sans armes; mais, pour de l'argent, ses officiers leur en laissèrent tant qu'ils voulurent [3]. Il leur fit distribuer des terres; mais, à la différence des Huns, les Goths n'en cultivoient point [4]; on les priva même du blé qu'on leur avoit promis : ils mouroient de faim, et ils étoient au milieu d'un pays riche; ils étoient armés, et on leur faisoit des injustices. Ils ravagèrent tout depuis le Danube jusqu'au Bosphore, exterminèrent Valens et

1. Sur quoi s'appuie Montesquieu pour prétendre que les Huns retournèrent annoncer à leurs compagnons qu'ils avaient fait une merveilleuse découverte? Les Barbares n'agissaient pas ainsi. Ils allaient devant eux, et alors même qu'ils étaient vaincus, ils revenaient à la charge jusqu'à la victoire ou à l'échec définitif.

2. Le roi des Wisigots, Athanaric, voulait résister, appuyé sur le Pruth et les Carpathes. Ses sujets découragés allèrent demander asile à Valens. Celui-ci crut faire un coup de maître en leur permettant de s'établir dans les provinces après avoir livré leurs armes et un certain nombre de leurs enfants comme otages.

3. Ce fut la vénalité ou l'incurie des gens impériaux qui perdit tout. Les vivres se firent rares; les Goths en achetèrent au prix de l'or; puis ils furent réduits à vendre leurs femmes et leurs enfants. Mais, en même temps, ils se procurèrent des armes. Un jour ils pillèrent les plaines de l'Hémus : c'était la guerre.

4. Voy. l'*Histoire gothique de Priscus*, où cette différence est bien établie.

On demandera peut-être comment des nations qui ne cultivoient point les terres pouvoient devenir si puissantes, tandis que celles de l'Amérique sont si petites. C'est que les peuples pasteurs ont une subsistance bien plus assurée que les peuples chasseurs.

Il paroit, par Ammien Marcellin, que les Huns dans leur première demeure ne labouroient point les champs; ils ne vivoient que de leurs troupeaux dans

son armée, et ne repassèrent le Danube que pour abandonner l'affreuse solitude qu'ils avoient faite [1].

Chap. XVIII. — Nouvelles maximes prises par les Romains.

Quelquefois la lâcheté des empereurs, souvent la foiblesse de l'empire, firent que l'on chercha à apaiser par de l'argent les peuples qui menaçoient d'envahir. Mais la paix ne peut pas s'acheter, parce que celui qui l'a vendue n'en est que plus en état de la faire acheter encore.

Il vaut mieux courir le risque de faire une guerre malheureuse que de donner de l'argent pour avoir la paix; car on respecte toujours un prince, lorsqu'on sait qu'on ne le vaincra qu'après une longue résistance.

D'ailleurs ces sortes de gratifications se changeoient en tributs, et, libres au commencement, devenoient nécessaires : elles furent regardées comme des droits acquis; et lorsqu'un empereur les refusa à quelques peuples ou voulut donner moins, ils devinrent de mortels ennemis. Entre mille exemples, l'armée que Julien mena contre les Perses fut poursuivie dans sa retraite par des Arabes à qui il avoit refusé le tribut accoutumé; et d'abord après, sous l'empire de Valen-

un pays abondant en pâturages, et arrosé par quantité de fleuves, comme font encore aujourd'hui les petits Tartares qui habitent une partie du même pays. Il y a apparence que ces peuples, depuis leur départ, ayant habité des lieux moins propres à la nourriture des troupeaux, commencèrent à cultiver les terres (*N. de M.*)

1. Valens appela à son aide son neveu Gratien qui lui envoya des troupes commandées par le Franc Richomer. Les Gots, conduits par Fritigern, infligèrent une première défaite aux Romains sous les murs de Marcianopolis. Gratien arrivait au secours de Valens, mais celui-ci ne voulut pas l'attendre. Le 9 août 378, la bataille s'engagea près d'Andrinople. 40,000 soldats romains, presque tous les généraux, 35 tribuns et l'empereur restèrent sur le champ de bataille. Les Gots ne purent cependant s'emparer d'Andrinople; ils s'avancèrent jusque sous les murs de Constantinople d'où ils furent repoussés par les Sarrasins qui, pour la première fois, venaient se mettre au service de l'empereur.

tinien, les Allemands [1], à qui on avoit offert des présents moins considérables qu'à l'ordinaire, s'en indignèrent, et ces peuples du Nord, déja gouvernés par le point d'honneur, se vengèrent de cette insulte prétendue par une cruelle guerre.

Toutes ces nations, qui entouroient l'empire en Europe et en Asie, absorbèrent peu à peu les richesses des Romains; et, comme ils s'étoient agrandis parce que l'or et l'argent de tous les rois étoit porté chez eux [2], ils s'affoiblirent parce que leur or et leur argent fut porté chez les autres.

Les fautes que font les hommes d'Etat ne sont pas toujours libres; souvent ce sont des suites nécessaires de la situation où l'on est; et les inconvénients ont fait naître les inconvénients.

La milice, comme on a déja vu, étoit devenue très à charge à l'Etat; les soldats avoient trois sortes d'avantages : la paye ordinaire, la récompense après le service [3], et les libéralités d'accident, qui devenoient

1. Dans l'énumération que Tacite nous a laissée des peuplades de la Germanie, nous ne trouvons pas les *Alamans*. Ce n'est qu'au IIIe siècle que nous voyons apparaître les *Alamans* et les *Franks*. Mais, d'après les auteurs les plus compétents, ces noms nouveaux ne désignent pas des populations nouvelles. Fustel de Coulanges y voit de simples noms de guerre : « Franks et Saxons signifient guerriers; Alamans signifie hommes de pays divers, assemblages d'hommes que le hasard ou la guerre avait formés. » Les Alamans, sous le nom desquels on a depuis désigné tous les peuples de race teutonique, appartiennent donc à cette époque de l'histoire du monde barbare qu'Amédée Thierry appelle l'époque des grandes confédérations. Ils étaient établis entre le Rhin et le Danube, menaçant à la fois et l'Italie et la Gaule.

2. « Vous voulez des richesses, disoit un empereur à son armée qui murmuroit : voilà le pays des Perses, allons en chercher. Croyez-moi, de tant de trésors que possédoit la république romaine, il ne reste plus rien; et le mal vient de ceux qui ont appris aux princes à acheter la paix des barbares. Nos finances sont épuisées, nos villes détruites, nos provinces ruinées. Un empereur qui ne connoît d'autres biens que ceux de l'âme n'a pas honte d'avouer une pauvreté honnête. » (Ammien Marcellin, liv. XXIV.) (*N. de M.*)

3. Par *service*, il faut entendre le *service militaire*. Le soldat qui avait reçu son congé (*missio*), recevait, sous l'Empire, une sorte de retraite proportionnée au temps qu'il avait passé sous les drapeaux, ainsi qu'à son grade (*praemia militiae*). La retraite des fantassins légionnaires était de 12.000 sesterces (3.000 fr.) et celle des prétoriens de 20.000 (5.000 fr.). De plus, certains privilèges étaient accordés aux étrangers; ces privilèges étaient gravés sur des diplômes en bronze dont quelques spécimens nous sont parvenus.

très souvent des droits pour des gens qui avoient le peuple et le prince entre leurs mains.

L'impuissance où l'on se trouva de payer ces charges fit que l'on prit une milice moins chère[1]. On fit des traités avec des nations barbares qui n'avoient ni le luxe des soldats romains, ni le même esprit, ni les mêmes prétentions.

Il y avoit une autre commodité à cela : comme les Barbares tomboient tout à coup sur un pays, n'y ayant point[2] chez eux de préparatifs après la résolution de partir, il étoit difficile de faire des levées à temps dans les provinces. On prenoit dans un autre corps de Barbares, toujours prêt à recevoir de l'argent, à piller et à se battre. On étoit servi pour le moment; mais dans la suite on avoit autant de peine à réduire les auxiliaires que les ennemis.

Les premiers Romains[3] ne mettoient point dans leurs armées un plus grand nombre de troupes auxiliaires que de romaines; et, quoique leurs alliés fussent proprement des sujets, ils ne vouloient point avoir pour sujets des peuples plus belliqueux qu'eux-mêmes.

Mais dans les derniers temps, non seulement ils n'observèrent pas cette proportion des troupes auxiliaires, mais même ils remplirent de soldats barbares les corps de troupes nationales[4].

1. Ce ne fut pas pour une simple raison d'économie que les empereurs éliminèrent peu à peu de leurs armées les citoyens romains. Ils voulurent surtout enlever aux légions le désir et les moyens de disposer de l'empire à leur gré.

2. Tournure calquée sur le participe absolu latin. Nous en avons déjà vu plusieurs exemples dans Montesquieu.

3. C'est une observation de Végèce; et il paroît, par Tite Live, que, si le nombre des auxiliaires excéda quelquefois, ce fut de bien peu (*N. de M.*)

4. L'armée romaine comprenait, sous la République, des citoyens, des *socii* et des *auxilia*. Ces *auxilia* étaient composés de troupes étrangères recrutées hors de l'Italie. On y trouve des mercenaires crétois et celtibériens dès la 2e guerre punique (Tite Live, XXIV, 30-49). Marius arma des gladiateurs et des esclaves (Plutarque, Marius, 44). A partir de la guerre sociale, la cavalerie détachée de la légion se recruta exclusivement chez les Gaulois, les Espagnols, les Thraces, les Numides, les Germains : elle fit partie des *auxilia*. César fit mieux : en dépit de la loi qui n'admettait dans les légions que des citoyens romains, il créa une légion de Gaulois, la fameuse *Alauda* (l'*alouette*). Il est vrai qu'il leur donna le droit de cité (Suétone, *César*, 24).

Ainsi, ils établissoient des usages tout contraires à ceux qui les avoient rendus maîtres de tout ; et comme autrefois leur politique constante fut de se réserver l'art militaire, et d'en priver tous leurs voisins, ils le détruisoient pour lors chez eux, et l'établissoient chez les autres.

Voici, en un mot, l'histoire des Romains : ils vainquirent tous les peuples par leurs maximes ; mais, lorsqu'ils y furent parvenus, leur république ne put subsister ; il fallut changer de gouvernement ; et des maximes contraires aux premières, employées dans ce gouvernement nouveau, firent tomber leur grandeur.

Ce n'est pas la fortune qui domine le monde : on peut le demander aux Romains, qui eurent une suite continuelle de prospérités quand ils se gouvernèrent sur un certain plan, et une suite non interrompue de revers lorsqu'ils se conduisirent sur un autre. Il y a des causes générales, soit morales, soit physiques, qui agissent dans chaque monarchie, l'élèvent, la maintiennent, ou la précipitent ; tous les accidents sont soumis à ces causes ; et si le hasard d'une bataille, c'est-à-dire une cause particulière a ruiné un Etat, il y avoit une cause générale qui faisoit que cet Etat devoit périr par une seule bataille. En un mot, l'allure principale entraîne avec elle tous les accidents particuliers [1].

L'enrôlement des Barbares et principalement des Germains continue sous l'Empire. Tous les empereurs en eurent à leur solde, et peu à peu, sous les noms de *fœderati*, de *Laeti*, de *Gentiles*, les Barbares formèrent la plus grande partie de l'armée romaine.

1. Montesquieu se sépare ici de ceux qui croient que les peuples sont poussés par cette force aveugle que les anciens appelaient le Destin. Le fatalisme en histoire est immoral et Montesquieu l'a compris. Mais il ne sait pas ou n'ose pas conclure. Bossuet est autrement précis et affirmatif : *Ce même Dieu qui a fait l'enchaînement de l'univers, et qui, tout puissant par lui-même, a voulu, pour établir l'ordre, que les parties d'un si grand tout dépendissent les unes des autres ; ce même Dieu a voulu aussi que le cours des choses eût sa suite et ses proportions : je veux dire que les hommes et les nations ont eu des qualités proportionnées à l'élévation à laquelle ils étaient destinés ; et qu'à la réserve de certains coups extraordinaires où Dieu voulut que sa main parût toute seule, il n'est point arrivé de grand changement qui n'ait eu ses causes dans les siècles précédents..... Encore qu'à ne regarder que les rencontres particulières, la fortune semble seule décider de l'établissement et de la*

Nous voyons que, depuis près de deux siècles, les troupes de terre de Danemark ont presque toujours été battues par celles de Suède. Il faut qu'indépendamment du courage des deux nations et du sort des armes, il y ait dans le gouvernement danois, militaire ou civil, un vice intérieur qui ait produit cet effet; et je ne le crois point difficile à découvrir [1].

Enfin, les Romains perdirent leur discipline militaire; ils abandonnèrent jusqu'à leurs propres armes. Végèce dit que les soldats les trouvant trop pesantes, ils obtinrent de l'empereur Gratien de quitter leur cuirasse et ensuite leur casque [2] : de façon qu'exposés aux coups sans défense, ils ne songèrent plus qu'à fuir.

Il ajoute qu'ils avoient perdu la coutume de fortifier leur camp [3], et que, par cette négligence, leurs armées furent enlevées par la cavalerie des Barbares.

La cavalerie fut peu nombreuse chez les premiers Romains : elle ne faisoit que la onzième partie de la légion [4], et très souvent moins; et ce qu'il y a d'extraordinaire, ils en avoient beaucoup moins que nous, qui avons tant de sièges à faire, où la cavalerie est peu utile. Quand les Romains furent dans la décadence,

ruine des empires, à tout prendre, il en arrive à peu près comme dans le jeu, où le plus habile l'emporte à la longue. (Disc. sur l'hist. univ., IIIe partie, ch. II.)

1. Montesquieu a probablement en vue l'oligarchie qui, jusqu'à 1665, jeta le Danemarck dans toutes sortes de troubles et de révolutions. Mais il faut dire que pendant ces deux siècles le Danemarck eut affaire à des ennemis tels que Gustave Wasa, Gustave-Adolphe, Charles X et Charles XII.

2. Primitivement, les Romains avaient un casque et une cuirasse de cuir (*galea, lorica*). Mais, dès le temps de Camille, on avait substitué au cuir le casque de bronze (*cassis*) et la cuirasse de fer et d'acier.

3. « Les Romains doivent la constance de leur succès à la méthode, dont ils ne se sont jamais départis, de se camper tous les soirs dans un camp fortifié, de ne jamais livrer bataille sans avoir derrière eux un camp retranché pour leur servir de retraite et renfermer leurs magasins, leurs bagages et leurs blessés. La nature des armes dans ces siècles était telle, que dans ces camps ils étaient non seulement à l'abri des insultes d'une armée égale, mais même d'une armée supérieure; ils étaient les maîtres de combattre ou d'attendre une occasion favorable. » (*Napoléon Ier, Précis des guerres de César.*)

4. La légion comprenait 4.200 hommes, et la cavalerie affectée au service de chaque légion ne comptait que 300 *equites*. Mais il faut y ajouter la cavalerie des *socii*, triple de la cavalerie romaine, et celle des *auxilia*. César avait ainsi 4.000 et 5.000 cavaliers et Pompée jusqu'à 7.000 (*De Bello civili*, III, 84).

ils n'eurent presque plus que de la cavalerie. Il me semble que, plus une nation se rend savante dans l'art militaire, plus elle agit par son infanterie ; et que, moins elle le connoît, plus elle multiplie sa cavalerie : c'est que, sans la discipline, l'infanterie pesante ou légère n'est rien ; au lieu que la cavalerie va toujours, dans son désordre même. L'action de celle-ci consiste plus dans son impétuosité et un certain choc ; celle de l'autre, dans sa résistance et une certaine immobilité : c'est plutôt une réaction[1] qu'une action. Enfin, la force de la cavalerie est momentanée : l'infanterie agit plus longtemps ; mais il faut de la discipline pour qu'elle puisse agir longtemps[2]

Les Romains parvinrent à commander à tous les peuples, non seulement par l'art de la guerre, mais aussi par leur prudence, leur sagesse, leur constance, leur amour pour la gloire et pour la patrie. Lorsque, sous les empereurs, toutes ces vertus s'évanouirent, l'art militaire leur resta, avec lequel, malgré la foiblesse et la tyrannie de leurs princes, ils conservèrent ce qu'ils avoient acquis ; mais, lorsque la corruption se mit dans la milice même, ils devinrent la proie de tous les peuples.

Un empire fondé par les armes a besoin de se soutenir par les armes[3]. Mais comme, lorsqu'un Etat est dans le trouble, on n'imagine pas comment il peut en sortir, de même, lorsqu'il est en paix et qu'on respecte sa puissance, il ne vient point dans l'esprit comment cela peut changer : il néglige donc la milice, dont il croit n'avoir rien à espérer et tout à craindre, et souvent même il cherche à l'affoiblir.

1. On entend par *réaction* en physique, une résistance active à un effort quelconque.

2. L'expérience a démontré, en effet, que l'infanterie est la principale force d'une armée. Depuis quelques années cependant, il semble se produire une révolution complète dans l'art militaire ; tous les efforts portent sur l'artillerie, et dans les guerres à venir cette arme aura probablement le principal rôle. Mais ce que Montesquieu a dit de l'infanterie relativement à la cavalerie reste toujours vrai.

3. N'est-ce pas là précisément une cause certaine de décadence ? Les armements sont une lourde charge pour le budget d'un Etat, et le système de la paix armée ne peut être que préjudiciable à un pays.

C'étoit une règle inviolable des premiers Romains, que quiconque avoit abandonné son poste, ou laissé ses armes dans le combat, étoit puni de mort. Julien et Valentinien avoient à cet égard rétabli les anciennes peines. Mais les Barbares pris à la solde des Romains, accoutumés à faire la guerre comme la font aujourd'hui les Tartares, à fuir pour combattre encore, à chercher le pillage plus que l'honneur [1], étoient incapables d'une pareille discipline.

Telle étoit la discipline des premiers Romains, qu'on y avoit vu des généraux condamner à mourir leurs enfants pour avoir, sans leur ordre, gagné la victoire [2]; mais, quand ils furent mêlés parmi les Barbares, ils y contractèrent un esprit d'indépendance qui faisoit le caractère de ces nations; et, si l'on lit les guerres de Bélisaire contre les Goths, on verra un général presque toujours désobéi par ses officiers.

Sylla et Sertorius, dans la fureur des guerres civiles, aimoient mieux périr que de faire quelque chose dont Mithridate pût tirer avantage; mais, dans les temps qui suivirent, dès qu'un ministre ou quelque grand crut qu'il importoit à son avarice, à sa vengeance, à son ambition, de faire entrer les Barbares dans l'empire, il le leur donna d'abord à ravager [3].

Il n'y a point d'Etat où l'on ait plus besoin de tributs que dans ceux qui s'affoiblissent; de sorte que l'on est obligé d'augmenter les charges à mesure que l'on est moins en état de les porter : bientôt, dans les provinces romaines, les tributs devinrent intolérables.

1. Ils ne vouloient pas s'assujettir aux travaux des soldats romains. Voyez Ammien Marcellin, liv. XVIII, qui dit, comme une chose extraordinaire qu'ils s'y soumirent en une occasion pour plaire à Julien, qui vouloit mettre des places en état de défense. (*N. de M.*)

2. « *Les lois de cette milice étaient dures, mais nécessaires. La victoire était périlleuse et souvent mortelle à ceux qui la gagnaient contre les ordres. Il y allait de la vie, non seulement à fuir, mais encore à se remuer pour ainsi dire, et à branler tant soit peu sans le commandement du général.* » Bossuet, *Disc. H. U.*, IIIe P., ch. VI.)

3. Cela n'étoit pas étonnant dans ce mélange avec des nations qui avoient été errantes, qui ne connaissoient point de patrie, et où souvent des corps entiers de troupes se joignoient à l'ennemi qui les avoit vaincus contre leur nation même. Voy. dans Procope, ce que c'étoit que les Goths sous Vitigès. (*N. de M.*)

Il faut lire, dans Salvien [1], les horribles exactions que l'on faisoit sur les peuples. Les citoyens, poursuivis par les traitants [2], n'avoient d'autre ressource que de se réfugier chez les Barbares, ou de donner leur liberté au premier qui la vouloit prendre.

Ceci servira à expliquer, dans notre histoire françoise, cette patience avec laquelle les Gaulois souffrirent la révolution qui devoit établir cette différence accablante entre une nation noble et une nation roturière [3]. Les Barbares, en rendant tant de citoyens esclaves de la glèbe, c'est-à-dire du champ auquel ils étoient attachés, n'introduisirent guère rien qui n'eût été plus cruellement exercé [4] avant eux.

CHAP. XIX. — Grandeur d'Attila. — Cause de l'établissement des Barbares. — Raisons pourquoi l'empire d'Occident fut le premier abattu.

Comme, dans le temps que l'empire s'affoiblissoit, la religion chrétienne s'établissoit [5], les chrétiens

1. Écrivain ecclésiastique et prêtre de l'église de Marseille, Salvien a écrit entre autres ouvrages, un traité remarquable sur le but providentiel des invasions : *De Gubernatione Dei*, en 8 livres.

2. On appelait *traitants*, sous l'ancienne monarchie, ceux qui se chargeaient du recouvrement des impôts sous certaines conditions stipulées dans leurs *traités* avec le gouvernement. Par analogie, Montesquieu désigne sous ce nom les agents impériaux du fisc.

3. Cette distinction inventée au XVIe siècle a surtout pris faveur au XVIII[e]. Fustel de Coulanges, qui la combat, dit qu'elle est née de l'antagonisme et qu'elle a grandi avec cet antagonisme ; c'est la haine qui l'a engendrée, et elle perpétue la haine. « Les anciens chroniqueurs, qui étaient contemporains de l'établissement des Ger[illegible]ns et qui l'ont vu de leurs yeux, mentionnent sans nul doute beaucoup de ravages et de violences ; mais ils ne montrent jamais une race vaincue, une population entière assujettie. Nous possédons d'innombrables écrits de ce temps-là : ils ne présentent jamais l'idée d'un peuple réduit au servage... On y parle sans cesse de seigneurs et de fiefs ; on n'y dit jamais que les seigneurs soient fils des conquérants étrangers ni que les serfs soient les Gaulois vaincus... Ni l'esclavage, ni le servage de la glèbe ne datent de l'invasion : ils sont infiniment plus anciens qu'elle. Ils n'ont pas non plus pesé uniquement sur la population gauloise. Avant l'invasion, il y avait eu des esclaves chez les Gaulois, il y en avait eu aussi chez les Germains. Quant au servage de la glèbe, forme adoucie de l'esclavage, il existait également des deux côtés du Rhin. » (*Histoire des institutions politiques de l'ancienne France*, 1re partie, liv. III, chap. XI).

4. Tournure latine : *exercere* a le sens de *pratiquer*.

5. C'est-à-dire se fortifiait : *stabilire*.

reprochoient aux païens cette décadence, et ceux-ci en demandoient compte à la religion chrétienne. Les chrétiens disoient que Dioclétien avoit perdu l'empire en s'associant trois collègues[1], parce que chaque empereur vouloit faire d'aussi grandes dépenses et entretenir d'aussi fortes armées que s'il avoit été seul; que par là le nombre de ceux qui recevoient n'étant pas proportionné au nombre de ceux qui donnoient, les charges devinrent si grandes, que les terres furent abandonnées par les laboureurs et se changèrent en forêts[2]. Les païens, au contraire, ne cessoient de crier contre un culte nouveau, inouï jusqu'alors; et comme autrefois, dans Rome florissante, on attribuoit les débordements du Tibre et les autres effets de la nature à la colère des dieux, de même, dans Rome mourante, on imputoit les malheurs à un nouveau culte et au renversement des anciens autels[3].

Ce fut le préfet Symmaque[4] qui, dans une lettre écrite aux empereurs au sujet de l'autel de la Victoire, fit le plus valoir contre la religion chrétienne des

1. C'est Lactance, le vigoureux apologiste du christianisme, qui, dans son traité *De la mort des persécuteurs*, fait ce reproche à Dioclétien.

2. Montesquieu, après beaucoup d'autres, s'appuie pour porter ce jugement sur un texte de Lactance et de Salvien. Or, ces deux auteurs se plaignent moins des impôts que de la façon dont ils sont perçus. Salvien reproche aux agents du fisc de faire de la perception des impôts une source de bénéfices particuliers; il réclame aussi contre l'inégalité de la répartition. Au fond, ce fut toujours le vice de l'administration romaine. Les lettres de Cicéron nous ont suffisamment édifiés sur les opérations des *publicains*, complices des gouverneurs, dans les provinces. Les impôts furent généralement modérés, mais ils furent toujours le prétexte à mille exactions. (V. pour ce qui concerne la Gaule, Fustel de Coulanges, 1re partie, liv. II, ch. X.)

3. « Les chrétiens sont la cause de tous les désastres, de toutes les calamités publiques. Si le Tibre inonde Rome, si le Nil n'inonde pas les campagnes, si le ciel est fermé, si la terre tremble, s'il survient une famine, une guerre, une peste, un cri s'élève aussitôt : « Les chrétiens aux lions! à mort les chrétiens! » (Tertullien. *Ad Nat.*, *I*. 9 ; *Apolog.*, 40).

4. *Aurelius Symmachus* (340-410) préfet de Rome en 384 fit partie de la députation que le sénat envoya à Gratien pour lui demander le rétablissement de l'autel et de la statue de la Victoire dans la salle du sénat. Gratien ne voulut pas recevoir la députation. Une seconde tentative fut faite auprès de Valentinien II et Symmaque prit la parole : son plaidoyer nous a été conservé. C'est tout ce que nous possédons de l'éloquence païenne au ive siècle.

raisons populaires, et par conséquent très capables de séduire.

« Quelle chose peut mieux nous conduire à la connoissance des dieux, disoit-il, que l'expérience de nos prospérités passées ? Nous devons être fidèles à tant de siècles, et suivre nos pères, qui ont suivi si heureusement les leurs. Pensez que Rome vous parle, et vous dit : Grands princes, pères de la patrie, respectez mes années pendant lesquelles j'ai toujours observé les cérémonies de mes ancêtres : ce culte a soumis l'univers à mes lois ; c'est par là qu'Annibal a été repoussé de mes murailles, et que les Gaulois l'ont été du Capitole. C'est pour les dieux de la patrie que nous demandons la paix ; nous la demandons pour les dieux indigètes [1]. Nous n'entrons point dans des disputes qui ne conviennent qu'à des gens oisifs ; et nous voulons offrir des prières et non pas des combats. »

Trois auteurs célèbres [2] répondirent à Symmaque. Orose [3] composa son histoire pour prouver qu'il y avoit toujours eu dans le monde d'aussi grands malheurs que ceux dont se plaignoient les païens. Salvien [4] fit son livre, où il soutint que c'étoient les déréglements des païens qui avoient attiré les ravages des

1. Les dieux *indigètes* (de *indu* ancienne préposition synonyme de *in*, et *genili*) étaient, pour les Romains, des dieux d'ordre inférieur, héros divinisés qui avaient vécu dans le Latium : ainsi Picus, Faunus, Janus, Enée, Evandre... On les opposait aux *dii patrii*, dieux que les Troyens avaient apportés avec eux dans leur nouvelle patrie.

2. Le véritable adversaire de Symmaque dans cette question fut saint Ambroise, évêque de Milan. C'est lui qui intervint auprès de Gratien et lui fit refuser l'audience sollicitée par les envoyés du sénat. Après le plaidoyer de Symmaque, il adressa à Valentinien un mémoire où il démontrait que les dieux n'avaient empêché aucune défaite, réclamait au nom des sénateurs chrétiens, qui ne pourraient s'associer par leur présence à des rites païens et menaçait Valentinien de lui interdire l'accès de l'église, s'il rétablissait l'autel de la Victoire.

3. Paul Orose, prêtre espagnol qui vivait au commencement du ve siècle a écrit une *Histoire contre les païens*, en 7 livres. Il y a dans cette œuvre, en dépit de ses inexactitudes, une idée juste et grande : l'auteur voit dans la suite des évènements la main de Dieu préparant le monde à la venue du Messie. C'est le principe même du *Discours sur l'Histoire universelle*, et en particulier, de la 3e partie. Mais il y a entre les deux œuvres l'abîme qui sépare le génie de la médiocrité.

4. Voyez note 1 page 170.

Barbares ; et saint Augustin fit voir que la cité du ciel étoit différente de cette cité de la terre[1], où les anciens Romains, pour quelques vertus humaines, avoient reçu des récompenses aussi vaines que ces vertus[2].

Nous avons dit que dans les premiers temps la politique des Romains fut de diviser toutes les puissances qui leur faisoient ombrage ; dans la suite, ils n'y purent réussir. Il fallut souffrir qu'Attila soumît toutes les nations du Nord : il s'étendit depuis le Danube jusqu'au Rhin, détruisit tous les forts et tous les ouvrages qu'on avoit faits sur ces fleuves, et rendit les deux empires tributaires[3].

« Théodose[4], disoit-il insolemment, est fils d'un père très noble, aussi bien que moi ; mais, en me payant le tribut, il est déchu de sa noblesse, et est devenu mon esclave ; il n'est pas juste qu'il dresse des embûches à son maître, comme un esclave méchant. »

« Il ne convient pas à l'empereur, disoit-il dans une autre occasion, d'être menteur. Il a promis à un de mes sujets de lui donner en mariage la fille de Saturnilus ; s'il ne veut pas tenir sa parole, je lui déclare la guerre ; s'il ne peut pas, et qu'il soit dans cet état

1. Dans son admirable ouvrage : *la Cité de Dieu*, saint Augustin nous fait voir l'action de Dieu sur le monde. Les 10 premiers livres sont employés à réfuter ceux qui prétendaient que le polythéisme avait fait la prospérité de l'empire romain : les 12 derniers sont consacrés aux deux cités, celle de la terre et celle du ciel : « C'est, dit M. Villemain, l'oraison funèbre de l'empire romain prononcée dans un cloître... Une ardente conviction anime tout l'ouvrage ; et cette conviction est l'arrêt de mort de l'ancienne société. » (*Tableau de l'éloquence chrétienne au* IV*e siècle.*)

2. C'est la pensée bien connue de saint Augustin : *mercedem suam receperunt, vani vanam.*

3. Roua, roi des Huns, oncle et prédécesseur d'Attila, s'était fait donner par Théodose II une subvention annuelle de 350 livres d'or, et avait établi en principe que la rive septentrionale du Danube appartenait aux Huns comme la rive méridionale aux Romains.

4. Théodose II ou le Jeune était fils d'Arcadius. Il lui succéda et fut empereur d'Orient de 408 à 448. Mais ce fut sa sœur Pulchérie qui gouverna sous son nom. « C'était, dit Amédée Thierry, un de ces souverains dénués de vertus et de vices qui perdent les peuples plus sûrement que ne feraient des tyrans, parce qu'ils leur communiquent la mollesse de leur âme et leur indifférence pour le bien. » (*Histoire d'Attila*, t. I, ch. III). Les contemporains l'avaient surnommé *le Calligraphe*, mince éloge pour un empereur.

qu'on ose lui désobéir, je marche à son secours [1]. »

Il ne faut pas croire que ce fût par modération qu'Attila laissa subsister les Romains; il suivoit les mœurs de sa nation, qui le portoient à soumettre les peuples, et non pas à les conquérir [2]. Ce prince, dans sa maison de bois où le représente Priscus [3], maître de toutes les nations barbares, et en quelque façon de presque toutes celles qui étoient policées, étoit un des grands monarques dont l'histoire ait jamais parlé [4].

On voyoit à sa cour les ambassadeurs des Romains d'Orient et de ceux d'Occident [5], qui venoient recevoir ses lois, ou implorer sa clémence. Tantôt il demandoit qu'on lui rendît les Huns transfuges, ou les esclaves romains qui s'étoient évadés [6], tantôt il vouloit qu'on lui livrât quelque ministre de l'empereur. Il avoit mis sur l'empire d'Orient un tribut de deux cent mille livres d'or [7]. Il recevoit les appointements

1. Le message qu'Attila envoya en 450 aux deux empereurs Théodose II et Valentinien III montre encore mieux comment ce chef de Barbares traitait les prétendus maîtres du monde : « *Attila, mon maître et le tien,* disait le messager, *t'ordonne de lui préparer un palais, car il va venir.* »

2. En opposant les deux mots *soumettre* et *conquérir* Montesquieu montre assez ce qu'il entend. Attila se contentait de remporter des victoires, il ne cherchait pas à donner aux peuples vaincus une organisation et des lois qui les rattachassent à son empire. C'était le contraire de la politique romaine.

3. Ce Priscus était un savant grec. Lorsque Théodose II en 449 envoya au roi des Huns une ambassade conduite par Maximin, ce dernier se fit adjoindre comme collègue, l'historien Priscus qui était son ami. Priscus séjourna parmi les Huns, approcha d'Attila, et comme il était homme d'esprit et fin observateur il a laissé une relation de cette ambassade, qui est un des monuments les plus intéressants et les plus instructifs de l'histoire au ve siècle.

4. Il est à remarquer en effet que le nom d'Attila domine tout le ve siècle et l'histoire des invasions. « Il doit sa sinistre gloire moins encore au mal qu'il a fait qu'à celui qu'il pouvait faire, et dont le monde est resté épouvanté. » (A. Thierry.) Attila devint le centre d'une légende et le héros d'un cycle épique, comme le fut plus tard Charlemagne. Les légendes latines, les poèmes teutons, les traditions hongroises sont de très faible valeur au point de vue historique, mais elles démontrent éloquemment quelle place ce chef barbare tint dans l'imagination populaire.

5. Les deux ambassades, celle d'Orient conduite par Maximin et Priscus, celle d'Occident ayant à sa tête Romulus et Romanus arrivèrent en même temps à la bourgade royale capitale de toute la Hunnie (449). Cette bourgade était certainement dans la Hongrie actuelle, probablement aux environs de Jaszberény, à proximité des forêts de Matra.

6. C'était une des clauses du traité de Margus auquel Attila eut si souvent recours pour appuyer ses revendications.

7. La livre d'or (*solidus*) fut sous le Bas-Empire la monnaie la plus

de général des armées romaines. Il envoyoit à Constantinople ceux qu'il vouloit récompenser, afin qu'on les comblât de biens, faisant un trafic continuel de la frayeur des Romains.

Il étoit craint de ses sujets, et il ne paroît pas qu'il en fût haï [1]. Prodigieusement fier, et cependant rusé [2], ardent dans sa colère, mais sachant pardonner ou différer la punition, suivant qu'il convenoit à ses intérêts, ne faisant jamais la guerre quand la paix pouvoit lui donner assez d'avantages, fidèlement servi des rois mêmes qui étoient sous sa dépendance, il avoit gardé pour lui seul l'ancienne simplicité des mœurs des Huns. Du reste, on ne peut guère louer sur la bravoure le chef d'une nation où les enfants entroient en fureur au récit des beaux faits d'armes de leurs pères, et où les pères versoient des larmes parce qu'ils ne pouvoient imiter leurs enfants.

Après sa mort, toutes les nations barbares se redivisèrent [3] ; mais les Romains étoient si foibles qu'il n'y avoit pas de si petit peuple qui ne pût leur nuire.

Ce ne fut pas une certaine invasion qui perdit l'empire, ce furent toutes les invasions. Depuis celle qui fut si générale sous Gallus [1], il sembla rétabli, parce

connue et la plus appréciée. Elle resta à peu près invariable. Sa valeur était de 15 fr. 005. C'était donc un tribut de 3.133,000 fr. qu'Attila avait imposé à l'empire d'Orient.

1. Il faut consulter sur le caractère de ce prince et les mœurs de sa cour Jornandès et Priscus. (*N. de M.*) Jornandès, Visigot d'origine, devint évêque de Ravenne. Il écrivit une histoire de ses compatriotes : *De Getarum sive Gothorum origine et rebus gestis.* Il y parle souvent d'Attila et des Huns. Il écrivit vers 550. Il ne parle donc pas, comme Priscus, de ce qu'il a vu.

2. « Cet homme dont la vie se passa dans les batailles payait rarement de sa personne : c'est par la tête qu'il était général. Asiatique dans tous ses instincts, il ne plaçait même la guerre qu'après la politique, donnant toujours le pas aux calculs de la ruse sur la violence, et les estimant davantage. Créer des prétextes, entamer des négociations à tout propos, les enchevêtrer les unes dans les autres, comme les mailles d'un filet où l'adversaire finissait par se prendre, tenir perpétuellement son ennemi haletant sous la menace, et surtout savoir attendre, c'était là sa suprême habileté. » A. Thierry, *Histoire d'Attila*, t. I, ch. (II).

3. Attila avait laissé le pouvoir suprême à son fils Ellak, mais ses autres fils ne voulurent pas reconnaître l'autorité de leur frère. Ils se partagèrent les nations, et « d'illustres rois, dit Jornandès, des rois pleins de bravoure et de gloire furent tirés au sort avec leurs sujets. » Les Germains prirent les armes, conduits par Ardaric, et la lutte entre Barbares commença.

4. Voyez page 140 note 2.

qu'il n'avoit point perdu de terrain; mais il alla de degrés en degrés de la décadence à sa chute, jusqu'à ce qu'il s'affaissa tout à coup sous Arcadius et Honorius.

En vain on avoit rechassé les Barbares dans leur pays : ils y seroient tout de même rentrés pour mettre en sûreté leur butin; en vain on les extermina : les villes n'étoient pas moins saccagées, les villages brûlés, les familles tuées ou dispersées [1].

Lorsqu'une province avoit été ravagée, les Barbares qui succédoient, n'y trouvant plus rien, devoient passer à une autre. On ne ravagea au commencement que la Thrace, la Mysie [2], la Pannonie; quand ces pays furent dévastés, on ruina la Macédoine, la Thessalie, la Grèce; de là il fallut aller aux Noriques [3]. L'empire c'est-à-dire le pays habité, se rétrécissoit toujours, et l'Italie devenoit frontière.

La raison pourquoi il ne se fit point, sous Gallus et Gallien, d'établissement de Barbares, c'est qu'ils trouvoient encore de quoi piller.

Ainsi, lorsque les Normands, image des conquérants de l'empire, eurent pendant plusieurs siècles ravagé la France, ne trouvant plus rien à prendre, ils acceptèrent une province qui étoit entièrement déserte, et se la partagèrent [4].

La Scythie dans ces temps-là étant presque toute

1. C'étoit une nation bien destructive que celle des Goths : ils avoient détruit tous les laboureurs dans la Thrace, et coupé les mains à tous ceux qui menoient les chariots. (*Histoire byzantine de Malchus, dans l'Extrait des ambassades*) (*N. de M.*)

2. Montesquieu a confondu la *Mysie* province d'Asie-Mineure avec la *Mœsie* province danubienne bornée au nord par le Danube, au sud par la Thrace, à l'est par la Pannonie, à l'ouest par le Pont-Euxin. C'est la Bulgarie actuelle.

3. Les Noriques (*ripense et mediterraneum* c'est-à-dire riverain du Danube et intérieur) étaient bornés au nord par le Danube, au sud par la Vénétie, à l'est par la Pannonie, à l'ouest par la Rhétie et la Vindélicie. C'est aujourd'hui le duché de Salzbourg, la Haute-Autriche, la Styrie et la Carinthie.

4. La comparaison est inexacte. Les Normands n'étaient que des pillards qui rançonnaient les rives des grands fleuves comme l'Escaut, la Seine et la Loire. Les rois de France crurent bon de traiter avec eux ; mais la France n'était pas encore épuisée, et les Normands n'étaient pas des Huns.

inculte [1], les peuples y étoient sujets à des famines fréquentes; ils subsistoient en partie par un commerce avec les Romains, qui leur portoient des vivres des provinces voisines du Danube [2]. Les Barbares donnoient en retour les choses qu'ils avoient pillées, les prisonniers qu'ils avoient faits, l'or et l'argent qu'ils recevoient pour la paix. Mais lorsqu'on ne put plus leur payer des tributs assez forts pour les faire subsister, ils furent forcés de s'établir [3].

L'empire d'Occident fut le premier abattu : en voici les raisons.

Les Barbares, ayant passé le Danube, trouvoient à leur gauche le Bosphore, Constantinople, et toutes les forces de l'empire d'Orient, qui les arrêtoient : cela faisoit qu'ils se tournoient à main droite, du côté de l'Illyrie, et se poussoient vers l'Occident [4]. Il se fit un reflux de nations et un transport de peuples de ce côté-là. Les passages de l'Asie étant mieux gardés, tout refouloit vers l'Europe; au lieu que dans la première invasion, sous Gallus, les forces des Barbares se partagèrent.

L'empire ayant été réellement divisé [5], les empereurs

1. Les Goths, comme nous l'avons dit, ne cultivaient point la terre. Les Vandales les appeloient *Trulles*, du nom d'une petite mesure; parce que dans une famine ils leur vendirent fort cher une pareille mesure de blé. OLYMPIODORE, dans la *Bibliothèque de Photius*, livre XXX. (*N. de M.*) *Olympiodore*, historien grec du ve siècle, vécut à la cour d'Honorius et écrivit l'histoire du règne de cet empereur. La *Bibliothèque* de Photius, patriarche de Constantinople, auteur du schisme grec, renferme des extraits de 280 ouvrages, accompagnés de jugements.

2. On voit, dans l'*Histoire de Priscus*, qu'il y avoit des marchés établis par les traités sur les bords du Danube. (*N. de M.*)

3. Quand les Goths envoyèrent prier Zénon de recevoir dans son alliance Theudéric, fils de Triarius, aux conditions qu'il avoit accordées à Theudéric, fils de Balamer, le sénat consulté répondit que les revenus de l'État n'étoient pas suffisants pour nourrir deux peuples goths, et qu'il falloit choisir l'amitié de l'un des deux. (*Histoire de Malchus*, dans l'*Extrait des Ambassades*.) (*N. de M.*)

4. Attila avait détruit toutes les fortifications élevées patiemment par les Romains et surtout par Trajan sur les rives du Danube. Après lui, la route était libre, et ses succès étaient pour les Barbares un encouragement à suivre ses traces. C'était plus sûr que d'aller attaquer Constantinople; et puis Constantinople ce n'était pas pour eux la *Romanie*. Rome les attirait.

5. Après la mort de Valentinien II, Théodose était resté seul maître de l'empire. Il le partagea entre ses deux fils Honorius et Arcadius (395). Dès lors l'Orient et l'Occident formèrent

d'Orient, qui avoient des alliances avec les Barbares, ne voulurent pas les rompre pour secourir ceux d'Occident. Cette division dans l'administration, dit Priscus, fut très préjudiciable aux affaires d'Occident. Ainsi, les Romains d'Orient refusèrent à ceux d'Occident une armée navale, à cause de leur alliance avec les Vandales [1]. Les Wisigots, ayant fait alliance avec Arcadius, entrèrent en Occident, et Honorius fut obligé de s'enfuir à Ravenne [2]. Enfin Zénon [3], pour se défaire de Théodoric, le persuada d'aller attaquer l'Italie, qu'Alaric avoit déja ravagée [4].

Il y avoit une alliance très étroite entre Attila et Genséric, roi des Vandales. Ce dernier craignoit les Goths; il avait marié son fils avec la fille du roi des Goths, et lui ayant ensuite fait couper le nez, il l'avoit renvoyée : il s'unit donc avec Attila. Les deux empires, comme enchaînés par ces deux princes, n'osoient se secourir. La situation de celui d'Occident fut surtout déplorable : il n'avoit point de forces de mer; elles étoient toutes en Orient, en Egypte, Chypre, Phénicie,

deux empires distincts. Aussi c'est à cette date que finit l'histoire de l'empire romain, bien que l'usage soit d'en marquer le terme à la chute de Romulus Augustule (476).

1. Les Vandales étaient venus du Nord de la Germanie. Ils avaient envahi la Pannonie vers 170 et avaient été repoussés par Marc-Aurèle au delà du Danube. Jusqu'au IVe siècle ils étaient restés aux alentours de la forêt Hercynienne avec les Burgondes et les Longobards, essayant de temps à autre, ainsi sous Valérien et Probus, d'envahir l'empire. Mais ce fut en 406 qu'ils se dirigèrent vers l'ouest, avec les Alains et les Suèves, franchirent le Rhin à Mayence, traversèrent la Gaule, saccagèrent l'Aquitaine, passèrent les Pyrénées et s'établirent dans la Galice et la Bétique. En 429 ils abordèrent en Afrique dont leur roi Genséric conquit le Nord (429-439). Les flottes vandales commencèrent alors à ravager les côtes de la Méditerranée.

2. Alaric fut d'abord l'allié d'Arcadius, et vint se heurter à Pollentia contre le général d'Honorius, Stilicon, qui lui infligea une défaite. Mais bientôt Stilicon proposa au vaincu, qu'il estimait d'ailleurs, de prendre parti pour Honorius et l'empire d'Occident. Alaric accepta, puis des dissentiments s'élevèrent entre l'empereur et son nouvel allié. Les Goths marchèrent sur Rome : deux fois ils assiégèrent la ville, et deux fois on les écarta en traitant avec eux. Mais au troisième siège Rome fut prise et mise à sac, ce qui valut à Alaric le surnom de *Raptor Urbis* (400).

3. Zénon était empereur d'Orient (474-491) tandis qu'Odoacre après avoir renversé Romulus Augustule était à la tête de l'Occident. Théodoric était le roi des Ostrogots.

4. Tout ce qui suit, jusqu'à : *Rome était pour ainsi dire sans défense*, ne se trouve pas dans l'édition de 1734. Ce développement nuit d'ailleurs à l'intelligence de l'ensemble, puisque Montesquieu revient sur le passé.

Ionie, Grèce, seuls pays où il y eût alors quelque commerce. Les Vandales et d'autres peuples attaquoient partout les côtes d'Occident. Il vint une ambassade des Italiens à Constantinople, dit Priscus, pour faire savoir qu'il étoit impossible que les affaire se soutinssent sans une réconciliation avec les Vandales.

Ceux qui gouvernoient en Occident ne manquèrent pas de politique : ils jugèrent qu'il falloit sauver l'Italie, qui étoit en quelque façon la tête, et en quelque façon le cœur de l'empire. On fit passer les Barbares aux extrémités, et on les y plaça [1]. Le dessein étoit bien conçu, il fut bien exécuté. Ces nations ne demandoient que la subsistance : on leur donnoit les plaines ; on se réservoit les pays montagneux, les passages des rivières, les défilés, les places sur les grands fleuves ; on gardoit la souveraineté [2]. Il y a apparence que ces peuples auroient été forcés de devenir Romains ; et la facilité avec laquelle ces destructeurs furent eux-mêmes détruits par les Francs, par les Grecs, par les Maures, justifie assez cette pensée. Tout ce système fut renversé par une révolution plus fatale que toutes les autres : l'armée d'Italie, composée d'étrangers, exigea

1. Montesquieu a raison en dépit de l'opinion accréditée au sujet des Barbares. La lecture des écrivains contemporains des invasions montre ce qu'ils en pensaient et ce que nous devons en penser. Ainsi Sidoine Apollinaire appelle le Wisigot Théodoric : *Romanae columen salusque gentis* (*Carm.*, XXIII, v. 70). Les Barbares vendaient leurs services aux Romains, et le jour où ils croyaient avoir à se plaindre, se retournaient contre eux. Ils ravageaient les provinces et forçaient les empereurs à de nouvelles concessions. En un m[illegible] ils agissaient en sujets révoltés et non en conquérants. « On s'est quelquefois représenté la barbarie conjurée contre l'empire : c'est le contraire qui se voit dans les chroniques du temps. Tous ces barbares se combattaient entre eux, et ils se disputaient les faveurs impériales... Qu'on lise le livre du Goth Jornandès : on n'y trouvera aucun sentiment hostile à l'empire : mais on y remarquera une violente animosité contre les Gépides, les Vandales, les Burgondes, les Huns. » (Fustel de Coulanges. *H. des Institutions politiques de l'Ancienne France*, t. I. Liv. III, ch. VII). Les armées impériales étaient presque exclusivement composées de mercenaires ou d'auxiliaires barbares ; mais la grosse difficulté pour le gouvernement impérial était de retenir chacune de ces armées dans le pays qui lui avait été assigné.

2. Souveraineté bien précaire, car les Barbares étaient en réalité les seuls maîtres de l'empire : et le jour où un chef de ces redoutables alliés eut la fantaisie de supprimer cette fiction qu'on appelait l'empire d'Occident, personne ne s'y opposa.

ce qu'on avoit accordé à des nations plus étrangères encore ; elle forma sous Odoacer[1] une aristocratie qui se donna le tiers des terres de l'Italie ; et ce fut le coup mortel porté à cet empire.

Parmi tant de malheurs, on cherche avec une curiosité triste le destin de la ville de Rome[2]. Elle étoit pour ainsi dire sans défense ; elle pouvoit être aisément affamée ; l'étendue de ses murailles faisoit qu'il étoit très difficile de les garder. Comme elle étoit située dans une plaine, on pouvoit aisément la forcer ; il n'y avoit point de ressource dans le peuple, qui en étoit extrêmement diminué. Les empereurs furent obligés de se retirer à Ravenne, ville autrefois défendue par la mer, comme Venise l'est aujourd'hui[3].

Le peuple romain, presque toujours abandonné de ses souverains, commença à le devenir[4] et à faire des traités pour sa conservation[5] : ce qui est le moyen

1. En 454 le Suève Ricimer inaugura sous le nom de patriciat une véritable dictature barbare. Jusqu'en 472 il fut le souverain absolu de l'empire d'Occident. Il fit et défit cinq empereurs et exerça même son pouvoir dictatorial pendant un interrègne de deux ans. Après lui le Burgonde Gondebaud, puis le Pannonien Oreste, ancien secrétaire d'Attila, se donnèrent le titre et les pouvoirs de patrice. Enfin Odoacre, chef des Hérules ou Ruges, renversa Romulus Augustule, fils d'Oreste, créé empereur par son père, et renvoyant à Constantinople les ornements des Césars déclara placer Rome et les provinces sous l'autorité de l'empereur d'Orient. En 480 Théodoric le tua et prit le titre de roi d'Italie.

2. Bossuet a marqué éloquemment cette destinée de la ville des Césars : *Dieu enfin se ressouvint de tant de sanglants décrets du sénat contre les fidèles, et tout ensemble des cris furieux dont le peuple romain, avide du sang chrétien, avait si souvent fait retentir l'amphithéâtre : il livra donc aux Barbares cette ville enivrée du sang des martyrs, comme parle saint Jean. Dieu renouvela sur elle les sensibles châtiments qu'il avait exercés sur Babylone ; Rome même est appelée de ce nom. Cette nouvelle Babylone, imitatrice de l'ancienne, comme elle enflée de ses victoires, triomphante dans ses délices et dans ses richesses, souillée de ses idolâtries et persécutrice du peuple de Dieu, tombe aussi comme elle d'une grande chute, et saint Jean chante sa ruine. La gloire de ses conquêtes, qu'elle attribuait à ses dieux, lui est ôtée : elle est en proie aux Barbares, prise trois ou quatre fois, pillée, saccagée, détruite. Le glaive des Barbares ne pardonne qu'aux chrétiens. Une autre Rome toute chrétienne sort des cendres de la première ; et c'est seulement après l'inondation des Barbares que s'achève entièrement la victoire de Jésus-Christ sur les dieux romains, qu'on voit non seulement détruits mais oubliés* (Disc. H. U., IIIe partie, ch. I).

3. Ce fut en 404, sous Honorius, que Ravenne devint la résidence officielle des empereurs d'Occident. C'était alors un des plus beaux ports de l'Adriatique. Aujourd'hui elle est à cinq ou six kilomètres de la mer.

4. Construction hardie. Entendez : *commença à devenir souverain.*

5. Du temps d'Honorius, Alaric, qui assiégeoit Rome, obligea cette ville à prendre son alliance même

le plus légitime d'acquérir la souveraine puissance. C'est ainsi que l'Armorique et la Bretagne commencèrent à vivre sous leurs propres lois.

Telle fut la fin de l'empire d'Occident. Rome s'étoit agrandie parce qu'elle n'avoit eu que des guerres successives, chaque nation, par un bonheur inconcevable, ne l'attaquant que quand l'autre avoit été ruinée. Rome fut détruite, parce que toutes les nations l'attaquèrent à la fois et pénétrèrent partout [1].

CHAP. XX. — Des conquêtes de Justinien. — De son gouvernement.

Comme tous ces peuples entroient pêle-mêle dans l'empire, ils s'accommodoient réciproquement; et toute la politique de ces temps-là fut de les armer les uns contre les autres : ce qui étoit aisé, à cause de leur férocité et de leur avarice [2]. Ils s'entredétruisirent pour la plupart avant d'avoir pu s'établir; et cela fit que l'empire d'Orient subsista encore du temps [3].

D'ailleurs, le Nord s'épuisa lui-même, et l'on n'en vit plus sortir ces armées innombrables qui parurent d'abord; car, après les premières invasions des Goths et des Huns, surtout depuis la mort d'Attila, ceux-ci et les peuples qui les suivirent attaquèrent avec moins de forces.

contre l'empereur, qui ne put s'y opposer. (Procope, guerre des Goths, liv. I; voy. Zosime, liv. VI) (*N de M.*)

1. C'est une raison ajoutée à toutes celles que Montesquieu a fait valoir au chapitre XVIIIe.

2. « Ces armées se détestaient mutuellement. Les Burgondes ne pouvaient souffrir le voisinage des Wisigots qui ne pouvaient souffrir celui des Alains ni des Suèves. Pendant une trentaine d'années, l'empire se servit des uns pour affaiblir ou maîtriser les autres. Le général de l'empire Aétius employa tour à tour les Wisigots contre les Burgondes et les Burgondes contre les Wisigots. Quand les Wisigots se révoltaient, il enrôlait des troupes de Huns : quand les Huns voulurent envahir, il fit marcher les Wisigots » (Fustel de Coulanges, t. I. Liv. III, ch. VII). Ainsi à la bataille des Champs Catalauniques Aétius avait sous ses ordres, à côté des troupes romaines des Wisigots, des Burgondes, des Franks, et des Alains, et il eut soin d'opposer les Wisigots aux Ostrogots de l'armée d'Attila.

3. Cette expression équivaut à *pendant longtemps.*

Lorsque ces nations, qui s'étoient assemblées en corps d'armée, se furent dispersées en peuples, elles s'affoiblirent beaucoup; répandues dans les divers lieux de leurs conquêtes, elles furent elles-mêmes exposées aux invasions [1].

Ce fut dans ces circonstances que Justinien [2] entreprit de reconquérir l'Afrique et l'Italie, et fit ce que nos François [3] exécutèrent aussi heureusement contre les Wisigots, les Bourguignons, les Lombards les Sarrasins.

Lorsque la religion chrétienne fut apportée aux Barbares, la secte arienne [4] étoit en quelque façon dominante dans l'empire. Valens leur envoya des prêtres ariens [5], qui furent leurs premiers apôtres. Or, dans

1. Les Barbares se réunissaient en effet souvent pour fondre sur l'empire. Ainsi les Alains, les Burgondes, les Vandales et les Suèves pénétrèrent ensemble dans les Gaules en 406. Ils étaient environ 200.000. Ils s'établirent chacun de leur côté, comme nous l'avons dit. (V. note 1 page 178.) On comprend qu'une fois séparés ils étaient beaucoup moins redoutables. Et de fait qu'est-il resté de tous ces Barbares qui à sept reprises différentes, de 259 à 451 ravagèrent le territoire de la Gaule ?... Absolument rien, si ce n'est des ruines. Les Germains qui s'y établirent furent seulement, comme l'a démontré M. Fustel de Coulanges, ceux qui y entrèrent comme laboureurs ou à titre de soldats de l'empire.

2. « Vers l'an 474, et pendant le règne de l'empereur Léon, étaient arrivés de Bédériana (Illyrie) à Constantinople trois jeunes paysans qui, un bâton à la main, et un sayon de poils de chèvre sur l'épaule, avec quelques pains noirs, venaient chercher fortune dans la ville impériale... L'un d'eux fut l'empereur Justin... Quand Justin eut sa fortune faite, il appela près de lui sa sœur Bégléniiza, femme d'un paysan de Taurésium, nommé Istok, et leur fils Upranda, qu'il voulut élever comme sien... Bégléniiza devint Vigilantia; Istok, Sabbatius; et Upranda prit ce nom de Justinianus qu'il a su rendre immortel. » (A. Thierry. *Histoire d'Attila et de ses successeurs*, t. Ier, IIe partie, ch. IV.) Justinien régna de 527 à 567.

3. Le mot *Français* n'est employé que depuis le traité de Verdun (843). Jusqu'à Charlemagne on désigne nos ancêtres sous le nom de *Franks*.

4. L'arianisme eut pour auteur Arius, prêtre d'Alexandrie. Il niait la divinité du Christ, et ne voyait en lui que la première de toutes les créatures. Il commença à dogmatiser vers 320. L'émotion que souleva l'hérésie naissante fut telle que Constantin convoqua à Nicée un concile œcuménique. Ce concile condamna Arius et rédigea son fameux symbole (325). Mais l'arianisme n'était pas mort : il trouva des partisans jusque dans les successeurs de Constantin, Constance et Valens. Théodose le Grand, après la tenue du concile de Constantinople (381), s'employa vigoureusement à détruire l'hérésie.

5. Les Wisigots avaient été les premiers parmi les Barbares à embrasser le Christianisme. L'évêque Ulfila et les prêtres envoyés par Valens les gagnèrent à l'arianisme. Les Ostrogots embrassèrent la même doctrine, ainsi que les Lombards, les Ruges, les Burgondes, les Vandales. Les

l'intervalle qu'il y eut entre leur conversion et leur établissement, cette secte fut en quelque façon détruite chez les Romains : les Barbares ariens, ayant trouvé tout le pays orthodoxe, n'en purent jamais gagner l'affection; et il fut facile aux empereurs de les troubler.

D'ailleurs, ces Barbares, dont l'art et le génie n'étoient guère d'attaquer les villes et encore moins de les défendre, en laissèrent tomber les murailles en ruines. Procope nous apprend que Bélisaire trouva celles d'Italie dans cet état. Celles d'Afrique avoient été démantelées par Genséric, comme celles d'Espagne le furent dans la suite par Vitisa [1], dans l'idée de s'assurer de ses habitants.

La plupart de ces peuples du Nord, établis dans les pays du Midi, en prirent d'abord la mollesse, et devinrent incapables des fatigues de la guerre. Les Vandales [2] languissoient dans la volupté; une table délicate, des habits efféminés, des bains, la musique, la danse, les jardins, les théâtres, leur étoient devenus nécessaires.

Ils ne donnoient plus d'inquiétude aux Romains, dit Malchus, depuis qu'ils avoient cessé d'entretenir les armées que Genséric tenoit toujours prêtes, avec lesquelles il prévenoit ses ennemis, et étonnoit tout le monde par la facilité de ses entreprises.

La cavalerie des Romains étoit très exercée à tirer de l'arc; mais celle des Goths et des Vandales ne se servoit que de l'épée et de la lance, et ne pouvoit combattre de loin : c'est à cette différence que Bélisaire attribuoit une partie de ses succès.

Les Romains, surtout sous Justinien [3], tirèrent de

Franks seuls, parmi les tribus germaines, restèrent attachés à la vraie foi.

1. Witiza régna sur les Wisigoths d'Espagne (696-710). Il fut l'avant-dernier roi de ce peuple.

2. Les Vandales furent toujours méprisés par les autres Barbares, à cause de leur perfidie et de leur lâcheté. Leurs rois ariens, Genséric et Hunéric, persécutèrent cruellement les catholiques.

3. Après la mort d'Attila et les défaites qui furent la conséquence de leurs divisions, les Huns convinrent de se séparer et de laisser à chacun sa

grands services des Huns, peuples dont étoient sortis les Parthes, et qui combattoient comme eux. Depuis qu'ils eurent perdu leur puissance par la défaite d'Attila et les divisions que le grand nombre de ses enfants fit naître, ils servirent les Romains en qualité d'auxiliaires, et ils formèrent leur meilleure cavalerie.

Toutes ces nations barbares se distinguoient chacune par leur manière particulière de combattre et de s'armer[1]. Les Goths et les Vandales étoient redoutables l'épée à la main; les Huns étoient des archers admirables; les Suèves, de bons hommes d'infanterie; les Alains étoient pesamment armés; et les Hérules étoient une troupe légère. Les Romains prenoient dans toutes ces nations les divers corps de troupes qui convenoient à leurs desseins, et combattoient contre une seule avec les avantages de toutes les autres.

Il est singulier que les nations les plus foibles aient été celles qui firent de plus grands établissements. On se tromperoit beaucoup, si l'on jugeoit de leurs forces par leurs conquêtes. Dans cette longue suite d'incursions, les peuples barbares, ou plutôt les essaims sortis d'eux, détruisoient ou étoient détruits : tout dépendoit des circonstances; et, pendant qu'une grande nation étoit combattue et arrêtée, une troupe d'aventuriers qui trouvoient un pays ouvert y faisoient des ravages effroyables. Les Goths, que le désavantage de leurs armes fit fuir devant tant de nations,

liberté d'action. Les uns firent soumission au gouvernement impérial, et sous le commandement d'Hernakh s'établirent dans la Petite Scythie comme hôtes et fédérés de l'empire. C'est de ceux-là que parle Montesquieu. Les autres reprirent la vie nomade sous la conduite de Denghizikh : ce furent les Huns Outigours et Coutrigours. Ils habitaient les contrées au delà du Dniéper et les steppes du Caucase, séparés les uns des autres sur le Don. Justinien conclut avec le roi des Huns Outigours, Sandilk, un traité aux termes duquel il devait attaquer les Coutrigours toutes les fois que ceux-ci enverraient une expédition du côté du Danube.

1. Un passage remarquable de Jornandès nous donne toutes ces différences ; c'est à l'occasion de la bataille que les Gépides donnèrent aux enfants d'Attila (*N. de M.*). Cette bataille est celle du Nétad dont les conséquences furent désastreuses pour les Huns.

s'établirent en Italie, en Gaule et en Espagne; les Vandales, quittant l'Espagne par foiblesse, passèrent en Afrique, où ils fondèrent un grand empire[1].

Justinien ne put équiper contre les Vandales que cinquante vaisseaux; et, quand Bélisaire débarqua, il n'avoit que cinq mille soldats[2]. C'étoit une entreprise bien hardie; et Léon, qui avoit autrefois envoyé contre eux une flotte composée de tous les vaisseaux de l'Orient, sur laquelle il avoit cent mille hommes, n'avoit pas conquis l'Afrique, et avoit pensé perdre l'empire[3].

Ces grandes flottes, non plus que les grandes armées de terre, n'ont guère jamais réussi[4]. Comme elles épuisent un Etat, si l'expédition est longue ou que quelque malheur leur arrive, elles ne peuvent être secourues ni réparées; si une partie se perd, ce qui reste n'est rien, parce que les vaisseaux de guerre, ceux de transport, la cavalerie, l'infanterie, les munitions, enfin les diverses parties, dépendent du tout ensemble. La lenteur de l'entreprise fait qu'on trouve toujours des ennemis préparés; outre qu'il est rare que l'expédition se fasse jamais dans une saison commode : on tombe dans le temps des orages : tant de choses n'étant presque jamais prêtes que quelques mois plus tard qu'on ne se l'étoit promis.

Bélisaire envahit l'Afrique; et, ce qui lui servit beaucoup, c'est qu'il tira de Sicile une grande quan-

1. Ce paragraphe manque tout au moins de précision au point de vue historique. Les Goths furent sans doute pendant longtemps immobilisés par la politique des empereurs de Constantinople et s'enfuirent devant les Huns; mais il n'en fut pas toujours ainsi : témoins Alaric qui prit Rome et Théodoric qui conquit l'Italie. — Quant aux Vandales, ils quittèrent l'Espagne grâce surtout à la trahison du comte Boniface qui leur fournit des vaisseaux (416).

2. Montesquieu est mal renseigné. D'après la plupart des historiens, Bélisaire partit à la tête d'une flotte de 600 vaisseaux, 20,000 matelots et 15,000 hommes de débarquement.

3. L'expédition envoyée par Léon Ier (454-474) contre Genséric échoua par l'incapacité du général en chef Basiliscus. Mais Justinien avait dans Bélisaire un des plus grands hommes de guerre de l'antiquité.

4. Allusion probable à l'expédition malheureuse de Charles-Quint contre Alger (1541). Les raisons que donne Montesquieu sont précisément celles qui expliquent l'échec de Charles-Quint.

tité de provisions, en conséquence d'un traité fait avec Amalasonte[1], reine des Goths. Lorsqu'il fut envoyé pour attaquer l'Italie, voyant que les Goths tiroient leur subsistance de la Sicile, il commença par la conquérir; il affama ses ennemis, et se trouva dans l'abondance de toutes choses.

Bélisaire prit Carthage, Rome[2] et Ravenne, et envoya les rois des Goths et des Vandales captifs à Constantinople, où l'on vit, après tant de temps, les anciens triomphes renouvelés.

On peut trouver dans les qualités de ce grand homme[3] les principales causes de ses succès. Avec un général qui avoit toutes les maximes des premiers Romains, il se forma une armée telle que les anciennes armées romaines.

Les grandes vertus se cachent ou se perdent ordinairement dans la servitude; mais le gouvernement tyrannique de Justinien ne put opprimer la grandeur de cette âme, ni la supériorité de ce génie.

L'eunuque Narsès[4] fut encore donné à ce règne pour le rendre illustre. Elevé dans le palais, il avoit plus la confiance de l'empereur; car les princes regardent toujours leurs courtisans comme leurs plus fidèles sujets

Mais la mauvaise conduite de Justinien, ses profusions, ses vexations, ses rapines, sa fureur de bâtir,

1. Cette Amalasonte était fille de Théodoric et gouvernait l'Italie pendant la minorité de son fils Athalaric.

2. Curieux retour des choses d'ici-bas. Ce fut Constantinople qui délivra Rome et reconquit Carthage.

3. Bélisaire fut en effet le plus grand des généraux du Bas-Empire. Il peut même soutenir le parallèle avec les illustres capitaines des beaux temps de Rome. Mais, si le soldat est au dessus de tout éloge, l'homme ne saurait être proposé comme modèle, et la grandeur d'âme que lui prête Montesquieu, quelques lignes plus bas, n'était pas sa qualité dominante. Justinien eut la faiblesse de croire les courtisans qui excitaient sa jalousie soupçonneuse contre un chef trop heureux. Il le rappela au milieu de sa victoire contre les Huns devant Constantinople. C'était la disgrâce : mais Bélisaire aveugle et mendiant n'est qu'une poétique légende. Il s'était prémuni contre l'avenir. « Malheureusement, dit A. Thierry, il fut trop riche pour la pureté de sa gloire. »

4. Narsès fut lui aussi un grand général, sans cependant pouvoir être comparé à Bélisaire. Ce fut précisément ce qui le sauva de la jalousie de Justinien. C'est lui qui mit fin à la domination des Ostrogots en Italie (552) par la défaite du roi Totila.

de changer, de réformer, son inconstance dans ses desseins, un règne dur et foible, devenu plus incommode par une longue vieillesse, furent des malheurs réels mêlés à des succès inutiles, et une gloire vaine [1].

Ces conquêtes, qui avoient pour cause non la force de l'empire, mais de certaines circonstances particulières, perdirent tout : pendant qu'on y occupoit les armées, de nouveaux peuples [2] passèrent le Danube, désolèrent l'Illyrie, la Macédoine et la Grèce ; et les Perses, dans quatre invasions, firent à l'Orient des plaies incurables.

Plus ces conquêtes furent rapides, moins elles eurent un établissement solide : l'Italie et l'Afrique furent à peine conquises, qu'il fallut les reconquérir [3].

Justinien avoit pris sur le théâtre une femme qui s'y étoit longtemps prostituée [4] : elle le gouverna avec un empire qui n'a point d'exemple dans les histoires ; et, mettant sans cesse dans les affaires les passions et les fantaisies de son sexe, elle corrompit les victoires et les succès les plus heureux.

1. Montesquieu ne s'est pas assez défié des calomnies dont Procope s'est fait l'écho complaisant. Les dernières années de Justinien furent attristées par ces attaques haineuses qui ravalaient ses conquêtes et ses plus glorieux travaux. Il commit des fautes, il est vrai : ainsi, découragé, il licencia l'armée, en partie du moins ; emporté par l'amour du faste, il continua et étendit encore ses plans de constructions. Mais beaucoup de ces entreprises furent magnifiques et la plupart même utiles. Ses contemporains l'appelèrent *restitutor orbis*, et en effet, il refit pour quelque temps l'unité de l'empire. Il donna un code au monde romain, et c'est ce grand ouvrage qui a été le point de départ de toutes nos législations modernes. Montesquieu aurait dû se souvenir de ces travaux qui ne sont pas, quoi qu'il en dise, une gloire vaine.

2. Ce sont les *Avars*, ou plus exactement les *Ouar-Khouni*. Les *Ouar-Khouni* étaient des Huns du rameau oriental et appartenaient à ces tribus nomades qui parcouraient les terres situées au Nord de la mer Caspienne et à l'est de la Volga. Ils avaient été vaincus par les véritables Avars, puis avec ces derniers, emmenés en captivité par les *Turks*. Un jour, ils s'enfuirent au nombre de 200.000 vers le soleil couchant. On les prit pour les Avars dont le nom était redouté de toutes les tribus barbares, et ils n'eurent garde de répudier ce nom qui, à lui seul, était une puissance. Ce sont ces faux Avars qui finirent par tomber sous l'épée de Charlemagne.

3. Les conquêtes de Bélisaire ne furent pas en effet de longue durée. En 568, les Lombards, conduits par Alboïn, soumettaient la plus grande partie de l'Italie qui, cette fois, échappait définitivement aux empereurs. Au VIIe siècle, l'Afrique tombait au pouvoir des Arabes.

4. C'était la fameuse Théodora, fille du montreur d'ours Akakios et danseuse de son état.

En Orient, on a de tout temps multiplié l'usage des femmes pour leur ôter l'ascendant prodigieux qu'elles ont sur nous dans ces climats; mais à Constantinople la loi d'une seule femme donna à ce sexe l'empire [1]; ce qui mit quelquefois de la foiblese dans le gouvernement.

Le peuple de Constantinople étoit de tout temps divisé en deux factions, celle des *bleus* et celle des *verts* : elles tiroient leur origine de l'affection que l'on prend dans les théâtres pour de certains acteurs plutôt que pour d'autres. Dans les jeux du cirque, les chariots [2] dont les cochers étoient habillés de vert disputoient le prix à ceux qui étoient habillés de bleu; et chacun y prenoit intérêt jusqu'à la fureur.

Ces deux factions, répandues dans toutes les villes de l'empire, étoient plus ou moins furieuses, à proportion de la grandeur des villes, c'est-à-dire de l'oisiveté d'une grande partie du peuple.

Mais les divisions, toujours nécessaires dans un gouvernement républicain pour le maintenir, ne pouvoient être que fatales à celui des empereurs, parce qu'elles ne produisoient que le changement du souverain, et non le rétablissement des lois et la cessation des abus [3].

Justinien, qui favorisa les *bleus* et refusa toute justice aux *verts* [4], aigrit les deux factions, et par conséquent les fortifia.

1. Nous ne savons si c'est la loi chrétienne du mariage qui, en faisant la femme plus honorée, permit aux impératrices d'acquérir un pouvoir parfois prédominant. Il est certain que les femmes prirent vite une très grande influence, au point de faire et de défaire les empereurs à leur gré. Ainsi Pulchérie, Ariadne, Théodora, Martina, Irène qui régna même en son propre nom, ce qui ne s'était pas encore vu, Théophano épouse de Phocas, à partir de laquelle le principe d'hérédité fut reconnu même dans la personne des filles.

2. Aujourd'hui nous dirions : les *chars*, le mot *chariot* étant réservé pour désigner des voitures de transport. Mais au XVIIIe siècle la division n'était pas encore faite. Nous trouvons ce même emploi dans Bossuet : *la course à cheval et sur des chariots*. (Disc. H. U. IIIe P. Ch. V.)

3. Belle théorie sur le gouvernement républicain. Mais l'histoire des républiques anciennes aurait dû montrer à Montesquieu que les divisions y avaient un tout autre but que la cessation des abus.

4. Cette maladie étoit ancienne. Suétone dit que Caligula, attaché à la faction des *verts*, haïssoit le peuple parce qu'il applaudissait à l'autre. (*N. de M.*)

Elles allèrent jusqu'à anéantir l'autorité des magistrats. Les *bleus* ne craignoient point les lois, parce que l'empereur les protégeoit contre elles; les *verts* cessèrent de les respecter, parce qu'elles ne pouvoient plus les défendre [1].

Tous les liens d'amitié, de parenté, de devoir, de reconnoissance furent ôtés; les familles s'entredétruisirent; tout scélérat qui voulut faire un crime fut de la faction des *bleus*; tout homme qui fut volé ou assassiné fut de celle des *verts*.

Un gouvernement si peu sensé étoit encore plus cruel : l'empereur, non content de faire à ses sujets une injustice générale en les accablant d'impôts excessifs, les désoloit par toutes sortes de tyrannies dans leurs affaires particulières.

Je ne serois point naturellement porté à croire tout ce que Procope nous dit là dessus dans son *Histoire secrète* [2], parce que les éloges magnifiques qu'il a faits de ce prince dans ses autres ouvrages affoiblissent son témoignage dans celui-ci, où il nous le dépeint comme le plus stupide et le plus cruel des tyrans [3].

Mais j'avoue que deux choses font que je suis pour l'*Histoire secrète* : la première, c'est qu'elle est mieux liée avec l'étonnante foiblesse où se trouva cet empire à la fin de ce règne et dans les suivants.

L'autre est un monument qui existe encore parmi nous [4] : ce sont les lois de cet empereur, où l'on voit

1. Pour prendre une idée de l'esprit de ces temps-là, il faut voir Théophanes, qui rapporte une longue conversation qu'il y eut, au théâtre, entre les *verts* et l'empereur. (*N. de M.*) — Cette note de Montesquieu vise la révolte dite *Nika*, du cri de ralliement adopté par les émeutiers. Justinien voulait quitter Constantinople : Théodora le retint et Bélisaire le sauva en massacrant, dit-on, 30.000 révoltés dans le Cirque (13-18 janvier 532).

2. Procope, d'abord avocat et rhéteur, devint secrétaire de Bélisaire, puis préfet de Constantinople (562). Il écrivit une *Histoire* qui est un panégyrique de Justinien et une *Histoire secrète* où il traîne l'empereur dans la boue. Il faut savoir se défier des deux ouvrages.

3. Alors pourquoi, s'il suspecte, et à bon droit, l'impartialité de Procope, Montesquieu enregistre-t-il ses accusations dans plus d'un passage de ce chapitre? Ce qui suit montre bien que l'écrivain juge ici plutôt d'après ses passions personnelles qu'en historien consciencieux.

4. Ce monument comprend le *Code*, les *Institutes*, le *Digeste* ou *Pandectes* où

dans le cours de quelques années la jurisprudence varier davantage qu'elle[1] n'a fait dans les trois cents dernières années de notre monarchie[2].

Ces variations sont la plupart sur des choses de si petite importance qu'on ne voit aucune raison qui eût dû porter un législateur à les faire, à moins qu'on n'explique ceci par l'*Histoire secrète*, et qu'on ne dise que ce prince vendoit également ses jugements et ses lois.

Mais ce qui fit le plus de tort à l'état politique du gouvernement fut le projet qu'il conçut de réduire tous les hommes à une même opinion sur les matières de religion, dans des circonstances qui rendoient son zèle entièrement indiscret[3].

Comme les anciens Romains fortifièrent leur empire en y laissant toute sorte de culte, dans la suite, on le réduisit à rien, en coupant l'une après l'autre les sectes qui ne dominoient pas[4].

Ces sectes étoient des nations entières. Les unes, après qu'elles avoient été conquises par les Romains, avoient conservé leur ancienne religion : comme les Samaritains et les Juifs. Les autres s'étoient répandues

se trouvent réunis toutes les lois romaines et les ouvrages des grands jurisconsultes Ulpien, Paul, Papinien, Gaïus...

1. Il y a des cas où *davantage que*, pour l'harmonie, vaut mieux que *plus que* (Ragon, § 829).

2. Justinien avait ajouté à sa législation différents articles, après la publication de la 2e édition de son Code. Ces lois furent réunies sous le nom de *Novelles*, et c'est d'elles que parle Montesquieu. S'il avait voulu être plus juste, il aurait mentionné les autres travaux législatifs de Justinien, et pour les apprécier à leur juste valeur, il n'aurait eu qu'à traduire ce même Procope pour lequel il avoue sa faiblesse : *Legibus prae nimia obscuris multitudine, et manifesta inter se pugna confusis, admota manu, optima conciliatione, sublato ipsarum dissidio, jus conservavit.* (*De Aedificiis*, préface.)

3. Cette immixtion des empereurs d'Orient dans les affaires religieuses tenait à l'idée qu'ils avaient de leur mission. Constantin voulait que l'empereur fût l'*évêque des choses du dehors*, l'apôtre armé. Aussi on l'appelait l'*Isapostolos* (semblable aux Apôtres), et il exerçait un véritable contrôle sur le gouvernement de l'Eglise. Le catholicisme en souffrit plus d'une fois, particulièrement à l'époque de l'Arianisme dont les empereurs Constance et Valens se firent les défenseurs et les propagateurs. Quant à Justinien, son zèle en ces matières fut certainement indiscret : il tranchait souverainement sur le dogme et la discipline.

4. Il y a exagération évidente dans les effets attribués par Montesquieu à la politique religieuse de Justinien. Ce n'est pas là ce qui réduisit l'empire à rien.

dans un pays : comme les sectateurs de Montan [1] dans la Phrygie ; les manichéens [2], les sabbatiens [3], les ariens [4], dans d'autres provinces ; outre qu'une grande partie des gens de la campagne étoient encore idolâtres et entêtés d'une religion grossière comme eux-mêmes [5].

Justinien, qui détruisit ces sectes par l'épée ou par les lois, et qui, les obligeant à se révolter, s'obligea à les exterminer, rendit incultes plusieurs provinces. Il crut avoir augmenté le nombre des fidèles : il n'avoit fait que diminuer celui des hommes.

Procope nous apprend que, par la destruction des Samaritains [6], la Palestine devint déserte ; et ce qui rend ce fait singulier, c'est qu'on affoiblit l'empire, par zèle pour la religion, du côté par où, quelques règnes après, les Arabes pénétrèrent pour la détruire.

Ce qu'il y avoit de désespérant, c'est que, pendant que l'empereur portoit si loin l'intolérance, il ne convenoit pas lui-même avec [7] l'impératrice sur les points

1. Montan de Phrygie, trouvant la discipline de l'Eglise trop douce, voulut y introduire des pratiques plus sévères. Entre autres choses, les jeûnes devaient être plus longs et plus rigoureux. Montan se donnait d'ailleurs modestement comme le précurseur du Saint-Esprit dont l'avènement, disait-il, était proche. Le grand Tertullien tomba dans cette hérésie. (IIe siècle.)

2. *Mani*, appelé *Manès* par les Grecs et *Manichœus* par les Latins, était probablement originaire de Babylone. Il fonda une nouvelle religion qu'il prêcha en Perse. Le roi Bahram le fit écorcher vif et jeter aux bêtes (216-276). Son système repose sur la croyance à deux principes, l'un bon, l'autre mauvais. Saint Augustin a dévoilé les turpitudes de cette prétendue religion et l'a combattue vigoureusement.

3. Les sabbatiens appartiennent à ces hérétiques qu'on a appelés *judaïsants*, parce qu'ils voulaient unir le christianisme et le judaïsme. Les sabbatiens observaient l'ancienne loi du sabbat.

4. V. page 182, note 4.

5. C'est de là que l'habitude s'introduisit de désigner les idolâtres sous le titre de *pagani* (campagnards) dont nous avons fait *païens* et *paganisme*, mots dont le sens est, comme on le voit, purement historique.

6. Les Samaritains habitaient les montagnes d'Ephraïm, de la vallée d'Esdrélon à Béthel ; ils se composaient de quelques Israélites et de très nombreux étrangers, que Josèphe appelle Cuthéens. Ces Cuthéens avaient uni dans un monstrueux assemblage le culte de Jéhovah et l'idolâtrie de leurs pères. Les Samaritains formaient donc un schisme au milieu d'Israël et ils étaient traités comme des maudits par les Juifs. Ils se sont perpétués à travers les âges et aujourd'hui encore on les retrouve à Naplouse, l'ancienne Samarie.

7. Le XVIIe siècle employait très volontiers cette construction, au sens de *s'accorder*. C'est la traduction directe du latin : *convenire cum*.

les plus essenciels : il suivoit le concile de Chalcédoine [1] ; et l'impératrice favorisoit ceux qui y étoient opposés [2], soit qu'ils fussent de bonne foi, dit Évagre [3], soit qu'ils le fissent à dessein.

Lorsqu'on lit Procope sur les édifices de Justinien [4], et qu'on voit les places et les forts que ce prince fit élever partout, il vient toujours dans l'esprit une idée, mais bien fausse, d'un État florissant.

D'abord les Romains n'avoient point de places [5] : ils mettoient toute leur confiance dans leurs armées, qu'ils plaçoient le long des fleuves, où ils élevoient des tours de distance en distance pour loger les soldats.

Mais lorsqu'on n'eut plus que de mauvaises armées, que souvent même on n'en eut point du tout, la frontière ne défendant plus l'intérieur, il fallut le fortifier ; et alors on eut plus de places et moins de forces, plus de retraites et moins de sûreté [6]. La campagne n'étant plus habitable qu'autour des places fortes, on en bâtit de toutes parts. Il en étoit comme de la France du temps des Normands, qui n'a jamais été si foible que lorsque tous ses villages étoient entourés de murs.

Ainsi toutes ces listes de noms des forts que Justi-

1. Ce concile, le 4e œcuménique, fut tenu en 451 et condamna les hérésies de Nestorius et d'Eutychès.

2 Malgré les décisions du Concile de Chalcédoine, les Eutychiens avaient relevé la tête et étaient encouragés par les sympathies de l'impératrice Théodora, laquelle fit élever sur le siège de Constantinople un des leurs, le patriarche Anthimus, et rêva même de faire élire un pape eutychien.

3. Syrien, auteur d'une *Histoire ecclésiastique* de 431 à 593.

4. Procope exalte les grands travaux de Justinien dans son ouvrage *De Aedificiis*. Cet empereur construisit ou restaura près de 700 forteresses. C'est à lui que l'on doit Sainte-Sophie de Constantinople, le chef-d'œuvre de l'architecture byzantine.

5. D'abord, dans les premiers temps. C'est seulement plus tard que beaucoup de villes d'Italie, et Rome la première, furent fortifiées, que les frontières furent garnies de camps retranchés et souvent défendues par des murailles.

6. Auguste avoit établi neuf frontières ou *marches* ; sous les empereurs suivants le nombre en augmenta. Les barbares se montroient là où ils n'avoient point encore paru. Et Dion, liv. LV, rapporte que de son temps, sous l'empire d'Alexandre, il y en avoit treize. On voit par la notice de l'empire, écrite depuis Arcadius et Honorius, que dans le seul empire d'Orient, il y en avait quinze. Le nombre en augmenta toujours. La Pamphylie, la Lycaonie, la Pisidie devinrent des *marches*, et tout l'empire fut couvert de fortifications. Aurélien avoit été obligé de fortifier Rome. (*N. de M.*)

nien fit bâtir, dont Procope couvre des pages entières, ne sont que des monuments de la faiblesse de l'empire [1].

CHAP. XXI. — Désordres de l'empire d'Orient.

Dans ce temps-là, les Perses étoient dans une situation plus heureuse que les Romains : ils craignoient peu les peuples du Nord, parce qu'une partie du mont Taurus, entre la mer Caspienne et le Pont-Euxin, les en séparoit, et qu'ils gardoient un passage fort étroit, fermé par une porte [2], qui étoit le seul endroit par où la cavalerie pouvoit passer ; partout ailleurs ces Barbares étoient obligés de descendre par des précipices, et de quitter leurs chevaux, qui faisoient toute leur force; mais ils étoient encore arrêtés par l'Araxe [3], rivière profonde, qui coule de l'ouest à l'est, et dont on défendoit aisément les passages.

De plus, les Perses étoient tranquilles du côté de l'Orient; au Midi, ils étoient bornés par la mer. Il leur étoit facile d'entretenir la division parmi les princes arabes, qui ne songeoient qu'à se piller les uns les autres. Ils n'avoient donc proprement d'ennemis que les Romains. « Nous savons, disoit un ambassadeur de Hormisdas [4], que les Romains sont occupés à plusieurs guerres, et ont à combattre contre presque toutes les nations; ils savent au contraire que nous n'avons de guerre que contre eux. »

1. Le raisonnement est assez singulier. Les armées de Rome s'étaient affaiblies insensiblement par le mélange des auxiliaires et des mercenaires et l'élimination progressive des citoyens. Mais l'étendue même de l'empire était la principale cause de cet affaiblissement, et nous doutons fort que, même si Rome eût pu défendre ses frontières avec des armées citoyennes, elle eût pu se passer de forts pour protéger les provinces. Si le nombre des forteresses prouvait à lui seul la faiblesse d'un empire, que faudrait-il conclure à l'égard des nations modernes?

2. Les Portes Caspiennes. (*N. de M.*) V. page 161, note 3.

3. L'Araxe (aujourd'hui *Eraskh*) est un affluent du Cyrus (*Koura*). Il pouvait offrir un obstacle appréciable aux Barbares venant du Nord par le Caucase, mais en quoi aurait-il arrêté ceux qui seraient venus par la rive orientale de la mer Caspienne?

4. Fils de Khosroès Ier, régna de 579 à 592.

Autant que [1] les Romains avoient négligé l'art militaire, autant les Perses l'avoient-ils cultivé. « Les Perses, disoit Bélisaire à ses soldats, ne vous surpassent point en courage ; ils n'ont sur vous que l'avantage de la discipline. »

Ils prirent dans les négociations la même supériorité que dans la guerre. Sous prétexte qu'ils tenoient une garnison aux portes Caspiennes, ils demandoient un tribut aux Romains, comme si chaque peuple n'avoit pas ses frontières à garder ; ils se faisoient payer pour la paix, pour les trêves, pour les suspensions d'armes, pour le temps qu'on employoit à négocier, pour celui qu'on avoit passé à faire la guerre.

Les Avares [2] ayant traversé le Danube, les Romains, qui la plupart du temps n'avoient point de troupes à leur opposer, occupés contre les Perses lorsqu'il auroit fallu combattre les Avares, et contre les Avares quand il auroit fallu arrêter les Perses, furent encore forcés de se soumettre à un tribut ; et la majesté de l'empire fut flétrie chez toutes les nations.

Justin, Tibère et Maurice [3] travaillèrent avec soin à défendre l'empire. Ce dernier avoit des vertus ; mais elles étoient ternies par une avarice presque inconcevable dans un grand prince.

Le roi des Avares offrit à Maurice de lui rendre les prisonniers qu'il avoit faits, moyennant une demi-pièce d'argent par tête ; sur son refus, il les fit égorger. L'armée romaine, indignée, se révolta ; et les *verts* s'étant soulevés en même temps, un centenier, nommé Phocas, fut élevé à l'empire, et fit tuer Maurice et ses enfants [4].

1. On construit aujourd'hui : *autant... autant*. Montesquieu traduit ici exactement la tournure latine *quantum... tantum*.

2. Les faux Avars dont nous avons parlé plus haut. V. page 187, note 2.

3. Justin II le Jeune (565-578), Tibère II (578-582) et Maurice (582-602) furent les successeurs immédiats de Justinien. Justin, quoi qu'en dise Montesquieu, en se laissant dominer par l'impératrice Sophie, prépara de nouveaux malheurs à l'empire. Sophie trouva moyen d'insulter Narsès qui, pendant treize ans, avait victorieusement défendu l'Italie. Irrité, le général ouvrit la péninsule aux Lombards, et Alboïn se fit couronner à Milan roi d'Italie et des Lombards (570).

4. Maurice, déchiré par les remords, se reprochait sans cesse la mort de ses malheureux soldats, et attendait le châ-

L'histoire de l'empire grec, c'est ainsi que nous nommerons dorénavant l'empire romain, n'est plus qu'un tissu de révoltes, de séditions et de perfidies. Les sujets n'avoient pas seulement l'idée de la fidélité que l'on doit aux princes; et la succession des empereurs fut si interrompue que le titre de *porphyrogénète* [1], c'est-à-dire né dans l'appartement où accouchoient les impératrices, fut un titre distinctif que peu de princes des diverses familles impériales purent porter.

Toutes les voies furent bonnes pour parvenir à l'empire : on y alla par les soldats, par le clergé, par le sénat, par les paysans, par le peuple de Constantinople, par celui des autres villes.

La religion chrétienne étant devenue dominante dans l'empire, il s'éleva successivement plusieurs hérésies qu'il fallut condamner. Arius ayant nié la divinité du Verbe; les Macédoniens [2], celle du Saint-Esprit; Nestorius [3], l'unité de la personne de Jésus-Christ;

timent qu'il savait avoir mérité. Phocas le fit saisir avec ses cinq fils. Quatre d'entre eux furent égorgés sous les yeux du père. Le cinquième allait être sauvé par le dévouement sublime de sa nourrice qui lui avait substitué son propre enfant. Maurice s'en aperçut, et il présenta lui-même son fils au glaive en répétant : *Vous êtes juste, Seigneur, et vos jugements sont équitables*, puis il se livra au bourreau (602). Corneille a supposé que ce dernier fils de Maurice avait été sauvé, et il a tiré de cette prétendue substitution d'enfants le sujet de son indéchiffrable tragédie d'*Héraclius*. Il ne faut pas confondre le Phocas dont il est question ici avec Nicéphore Phocas qui régna de 963 à 969.

1. Les uns, comme Montesquieu, donnent à ce mot le sens de *né dans la pourpre* parce que la chambre de l'impératrice aurait été tendue de pourpre. D'autres, et parmi eux, les écrivains les plus récents, le font venir du palais de *porphyre* où devait être né l'héritier du trône pour être réputé légitime.

2. Les Macédoniens avaient pour chef Macedonius, évêque de Constantinople. Ils furent condamnés par le concile de Constantinople (381) qui compléta le symbole de Nicée en ce qui concerne le Saint-Esprit : *Et in Spiritum Sanctum, Dominum et vivificantem, qui ex Patre Filioque procedit, qui cum Patre et Filio simul adoratur et conglorificatur, qui locutus est per Prophetas.*

3. Disciple de Théodore de Mopsueste; lorsqu'il fut devenu évêque de Constantinople (428), il enseigna la doctrine de son maître. Il ne reconnaissait qu'une *union morale* entre les deux natures en J.-C., ce qui l'amenait à conclure implicitement qu'il y avait deux personnes en J.-C., et expressément que Marie ne doit pas être appelée *mère de Dieu* (Θεοτόκος), mais seulement *mère du Christ* (χριστοτόκος). Le concile œcuménique d'Ephèse (431) proclama la maternité divine de Marie.

Eutychès [1], ses deux natures; les Monothélites [2], ses deux volontés, il fallut assembler des conciles contre eux; mais les décisions n'en ayant pas été d'abord universellement reçues, plusieurs empereurs séduits revinrent aux erreurs condamnées. Et, comme il n'y a jamais eu de nation qui ait porté une haine si violente aux hérétiques que les Grecs, qui se croyoient souillés, lorsqu'ils parloient à un hérétique ou habitoient avec lui, il arriva que plusieurs empereurs perdirent l'affection de leurs sujets; et les peuples s'accoutumèrent à penser que des princes, si souvent rebelles à Dieu, n'avoient pu être choisis par la Providence pour les gouverner.

Une certaine opinion, prise de cette idée qu'il ne falloit pas répandre le sang des chrétiens, laquelle s'établit de plus en plus lorsque les Mahométans eurent paru [3], fit que les crimes qui n'intéressoient pas directement la religion furent foiblement punis [4] : on se contenta de crever les yeux, ou de couper le nez ou les cheveux, ou de mutiler de quelque manière ceux qui avoient excité quelque révolte ou attenté à la personne du prince; des actions pareilles purent se commettre sans danger et même sans courage.

Un certain respect pour les ornements impériaux fit que l'on jeta d'abord les yeux sur ceux qui osèrent s'en revêtir. C'étoit un crime de porter ou d'avoir chez soi des étoffes de pourpre; mais dès qu'un

1. Archimandrite de Constantinople, enseignait qu'il n'y avait qu'une nature en J.-C., la nature divine absorbant la nature humaine; d'où le nom de *monophysites* donné aux Eutychiens. Le concile œcuménique de Chalcédoine (451) condamna cette nouvelle hérésie.

2. L'existence de deux natures en J.-C. entraîne l'existence d'une double volonté. Sergius de Constantinople pensa que l'union hypostatique avait pour conséquence l'existence d'une seule volonté. Il fut soutenu dans son erreur par l'empereur Héraclius. En 649, dans un synode tenu au Latran, Martin Ier (649-655) condamna le *monothélisme*. En 680, le deuxième concile de Constantinople confirma et précisa cette condamnation.

3. Mahomet, né en 570, sous le règne de Justin II, commença à propager sa doctrine un peu avant 622 (date de l'hégire). En 629, il s'emparait de la Mecque. Héraclius régnait à Constantinople.

4. « M. de Montesquieu appelle faible punition d'être mutilé ou d'avoir les yeux crevés : il faut que sa vue soit fort mauvaise, sans quoi il n'aurait pas traité en bagatelle le démembrement d'organes plus précieux que la vie même. » *Frédéric II.*

homme s'en vêtissoit [1], il étoit d'abord suivi, parce que le respect étoit plus attaché à l'habit qu'à la personne.

L'ambition étoit encore irritée par l'étrange manie de ces temps-là, n'y ayant guère d'homme considérable qui n'eût par devers lui quelque prédiction qui lui promettoit l'empire.

Comme les maladies de l'esprit ne se guérissent guère, l'astrologie judiciaire [2] et l'art de prédire par les objets vus dans l'eau d'un bassin avoient succédé, chez les chrétiens, aux divinations par les entrailles des victimes ou le vol des oiseaux, abolies avec le paganisme. Des promesses vaines furent le motif de la plupart des entreprises téméraires des particuliers, comme elles devinrent la sagesse du conseil des princes.

Les malheurs de l'empire croissant tous les jours, on fut naturellement porté à attribuer les mauvais succès dans la guerre et les traités honteux dans la paix à la mauvaise conduite de ceux qui gouvernoient.

Les révolutions mêmes firent les révolutions, et l'effet devint lui-même la cause. Comme les Grecs avoient vu passer successivement tant de diverses familles sur le trône, ils n'étoient attachés à aucune; et la fortune ayant pris des empereurs dans toutes les conditions, il n'y avoit pas de naissance assez

1. Littré et les plus récents grammairiens condamnent cette conjugaison du verbe *vêtir*. Ils veulent qu'on dise : *je vêts, je vêtais*... Et de fait, c'est cette forme qu'employaient Rabelais et Amyot. La forme *vêtissait* a pour elle l'autorité de Montesquieu, Voltaire, Buffon, Delille, Lamartine. On ne saurait nier qu'il y a dans la conjugaison de ce verbe une double tendance rendue évidente par les composés *je revêtais* et *j'investissais*. L'une des deux finira peut-être par l'emporter.

2. Jusqu'au IIe siècle de l'ère chrétienne, l'*astrologie* n'était pas distincte de l'*astronomie*. A cette époque on désigna sous le premier nom cette prétendue science de l'avenir fondée sur l'observation des astres. On l'appelait *judiciaire* précisément parce que ses adeptes prétendaient en tirer des *jugements* sur les événements futurs. L'astrologie prit probablement naissance en Chaldée : elle fut en très grand honneur au moyen âge.

basse ni de mérite si mince qui pût ôter l'espérance [1].

Plusieurs exemples reçus dans la nation en formèrent l'esprit général, et firent les mœurs, qui règnent aussi impérieusement que les lois.

Il semble que les grandes entreprises soient parmi nous plus difficiles à mener que chez les anciens. On ne peut guère les cacher, parce que la communication est telle aujourd'hui entre les nations, que chaque prince a des ministres dans toutes les cours et peut avoir des traîtres dans tous les cabinets.

L'invention des postes [2] fait que les nouvelles volent et arrivent de toutes parts.

Comme les grandes entreprises ne peuvent se faire sans argent, et que depuis l'invention des lettres de change [3] les négociants en sont les maîtres, leurs

1. Sur 109 empereurs byzantins, 34 seulement moururent dans leur lit. En dix siècles, il y eut 65 révolutions. Tout le monde pouvait d'ailleurs arriver à l'empire : « Léon Ier avait d'abord été boucher ; Justin Ier était venu à Constantinople, pieds nus, la besace sur le dos, de son village de l'Illyrienne ; Phocas était un simple centurion quand il prit la place de Maurice ; Léon III avait d'abord été artisan et gagnepetit ; Léon V était né de parents arméniens chassés de leur pays pour leurs méfaits. Michel II et Basile Ier avaient été palefreniers chez le patricien Bardanios. Dès lors n'importe quel aventurier, n'importe quel soldat heureux pouvait être roi. Les supplices atroces qui, au Forum Amastrianum, déchiraient les conspirateurs malheureux, ne décourageaient pas les autres : on pouvait toujours espérer être plus habile ou mieux servi par la fortune. » (A. Rambaud.)

2. Xénophon nous apprend que Cyrus, lors de son expédition contre les Scythes, pour se tenir en communication avec Suze, avait établi des relais d'hommes et de chevaux sur toute la route. Auguste organisa un système postal régulier sur toutes les grandes routes de l'empire, mais à l'usage seulement de l'État et des fonctionnaires publics : les particuliers ne pouvaient s'en servir que moyennant une autorisation spéciale. Charlemagne rétablit chez nous cette institution, mais elle ne lui survécut pas. En 1315, l'Université de Paris, pour faciliter les relations des écoliers avec leurs familles, organisa un corps de messagers à cheval qui subsista jusqu'en 1672. Le 19 juin 1464, Louis XI établit de quatre lieues en quatre lieues, sur tous les grands chemins du royaume, des maîtres de poste au service de l'État. Au XVe siècle, les courriers royaux furent autorisés à prendre les paquets des particuliers, tandis que les lettres étaient portées par les courriers de l'Université. Ce fut en 1622 que le contrôleur des postes d'Almeiras décida de confier les lettres du public aux relais royaux.

3. La lettre de change est une lettre par laquelle le signataire mande à une personne résidant en un autre lieu de payer tel jour la somme indiquée à celui au profit duquel la lettre est souscrite. On croit que les Lombards et les Florentins furent les premiers à se servir de la lettre de change, sous sa forme actuelle du moins, car quelques-uns pensent que les anciens la

affaires sont très souvent liées avec les secrets de l'État; et ils ne négligent rien pour les pénétrer.

Des variations dans le change [1], sans une cause connue, font que bien des gens la cherchent, et la trouvent à la fin.

L'invention de l'imprimerie [2], qui a mis les livres dans les mains de tout le monde; celle de la gravure [3], qui a rendu les cartes géographiques si communes; enfin l'établissement des papiers politiques [4], font assez connoître à chacun les intérêts généraux pour pouvoir plus aisément être éclairci sur les faits secrets.

Les conspirations dans l'État sont devenues difficiles, parce que, depuis l'invention des postes, tous les secrets particuliers sont dans le pouvoir du public [5].

Les princes peuvent agir avec promtitude, parce qu'ils ont les forces de l'État dans leurs mains : les conspirateurs sont obligés d'agir lentement, parce que tout leur manque; mais, à présent que tout s'éclaircit avec plus de facilité et de promtitude, pour peu que ceux-ci perdent de temps à s'arranger, ils sont découverts.

connaissaient. La plus ancienne loi qui en fasse mention est un édit de Louis XI (1462).

1. Il y a un *cours du change* qui peut varier d'une ville à l'autre et surtout d'un pays à un autre. Par exemple, une lettre de 100 fr. pourra se vendre ou exactement 100 fr., ou un peu plus ou un peu moins.

2. Ce fut vers 1430 que Jean Gutenberg, de Mayence, fit ses premiers essais.

3. Il ne s'agit pas de la gravure en creux qui était connue des anciens, mais des procédés propres à tirer, au moyen de l'impression, des épreuves d'une planche gravée. La gravure au burin fut inventée par l'orfèvre florentin Maso Finiguerra, en 1452.

4. Les Grecs avaient leurs *Éphémérides* et les Latins leurs *Acta diurna*. Les journaux modernes à publication régulière n'ont paru qu'au XVIIe siècle. La première feuille de ce genre fut, chez nous, la *Gazette* du médecin Théophraste Renaudot, dont le premier numéro parut le 30 mai 1631. Elle existe encore sous son titre de *Gazette de France*.

5. Par *public* il faut entendre ici l'État, le gouvernement. C'est une allusion au fameux *Cabinet noir* où les lettres suspectes étaient décachetées et communiquées au gouvernement. La loi du 26 août 1790 supprima le cabinet noir. Mais est-il bien sûr que le secret des lettres soit devenu inviolable, comme l'exige la loi?...

CHAP. XXII. — Foiblesse de l'empire d'Orient.

Phocas, dans la confusion des choses, étant mal affermi, Héraclius [1] vint d'Afrique, et le fit mourir; il trouva les provinces envahies et les légions détruites.

A peine avoit-il donné quelque remède à ces maux, que les Arabes sortirent de leur pays, pour étendre la religion et l'empire que Mahomet avoit fondés d'une même main.

Jamais on ne vit des progrès si rapides : ils conquirent d'abord la Syrie, la Palestine, l'Egypte, l'Afrique, et envahirent la Perse.

Dieu permit que sa religion cessât en tant de lieux d'être dominante, non pas qu'il l'eût abandonnée, mais parce que, qu'elle soit dans la gloire ou dans l'humiliation extérieure, elle est toujours également propre à produire son effet naturel, qui est de sanctifier.

La prospérité de la religion est différente de celle des empires. Un auteur célèbre [2] disoit qu'il étoit bien aise d'être malade, parce que la maladie est le vrai état du chrétien. On pourroit dire de même que les

1. Héraclius, préteur d'Afrique, livra en 610, en vue de Constantinople, un combat naval aux soldats de Phocas. Celui-ci fut vaincu, pris et exécuté. C'est Phocas qui donna le Panthéon d'Agrippa au pape Boniface IV. Sous son règne les Perses avaient envahi l'Asie-Mineure et s'étaient avancés jusqu'à Chalcédoine. Héraclius entra en campagne en 622, et, après six ans d'une lutte acharnée, il triomphait de Khosroès, et, pour prix de sa victoire, il obtenait de son fils Siroès la vraie croix que les Perses avaient emportée de Jérusalem. L'empereur voulut rendre lui-même la relique précieuse à la ville sainte, et l'Eglise a institué une fête pour perpétuer le souvenir de cet événement glorieux (Exaltation de la sainte Croix, 14 septembre).

2. Il s'agit ici de Pascal. Dans sa vie, écrite par sa sœur, Mme Périer, on trouve ces lignes : « Il disait, au plus fort de ses douleurs, quand on s'affligeait de les lui voir souffrir : *Ne me plaignez point : la maladie est l'état naturel des chrétiens parce qu'on est par là comme on devrait toujours être, dans la souffrance des maux, dans la privation de tous les biens et de tous les plaisirs des sens, exempt de toutes les passions qui travaillent pendant tout le cours de la vie, sans ambition, sans avarice, dans l'attente continuelle de la mort. N'est-ce pas ainsi que les chrétiens devraient passer la vie et n'est-ce pas un grand bonheur, quand on se trouve par nécessité dans l'état où l'on est obligé d'être?* » Ce sont les mêmes sentiments qui lui avaient inspiré, dès l'âge de 24 ans, son admirable *Prière pour demander à Dieu le bon usage des maladies.*

humiliations de l'Eglise, sa dispersion, la destruction de ses temples, les souffrances de ses martyrs, sont le temps de sa gloire; et que, lorsqu'aux yeux du monde elle paroît triompher, c'est le temps ordinaire de son abaissement.

Pour expliquer cet évènement fameux de la conquête de tant de pays par les Arabes, il ne faut pas avoir recours au seul enthousiasme. Les Sarrasins [1] étoient, depuis longtemps, distingués parmi les auxiliaires des Romains et des Perses; les Osroéniens [2] et eux étoient les meilleurs hommes de trait qu'il y eût au monde; Alexandre Sévère et Maximin en avoient engagé à leur service autant qu'ils avoient pu, et s'en étoient servis avec un grand succès contre les Germains, qu'ils désoloient [3] de loin; sous Valens, les Goths ne pouvoient leur résister; enfin ils étoient dans ces temps-là la meilleure cavalerie du monde.

Nous avons dit que, chez les Romains, les légions d'Europe valoient mieux que celles d'Asie; c'étoit tout le contraire pour la cavalerie : je parle de celle des Parthes, des Osroéniens et des Sarrasins; et c'est ce qui arrêta les conquêtes des Romains, parce que, depuis Antiochus [4], un nouveau peuple tartare, dont la cavalerie étoit la meilleure du monde, s'empara de la haute Asie.

Cette cavalerie étoit pesante, et celle d'Europe étoit légère : c'est aujourd'hui tout le contraire. La Hollande et la Frise n'étoient point pour ainsi dire encore faites [5], et l'Allemagne étoit pleine de bois, de lacs et de marais, où la cavalerie servoit peu.

1. Au moyen âge on englobа sous ce nom tous les musulmans. En réalité, les Sarrasins n'étaient qu'une tribu de l'Arabie déserte.

2. Les Osroéniens habitaient le nord de la Mésopotamie, entre l'Arménie, la Commagène et la Syrie. Leur ville principale était *Edessa* ou *Orrhoë*.

3. Cf. Racine (*Esther*, III, 4.)

On verra sous le nom du plus juste des [princes,
Un perfide étranger désoler vos provinces.

4. Antiochus II Théos, roi de Syrie, contre lequel les Parthes se soulevèrent. Ils formèrent, dès lors, un royaume indépendant. Arsace fut leur premier roi (255 av. J.-C.). Les Arsacides furent remplacés, en 226 ap. J.-C., par les Sassanides qui régnèrent jusqu'à la conquête arabe (642).

5. C'étoient, pour la plupart, des terres submergées, que l'art a rendues propres à être la demeure des hommes. (*N. de M.*)

Depuis qu'on a donné un cours aux grandes fleuves, ces marais se sont dissipés, et l'Allemagne a changé de face. Les ouvrages de Valentinien sur le Necker et ceux des Romains sur le Rhin ont fait bien des changements ; et, le commerce s'étant établi, des pays qui ne produisoient point de chevaux [1] en ont donné et en ont fait usage.

Constantin, fils d'Héraclius [2], ayant été empoisonné, et son fils Constant tué en Sicile, Constantin le Barbu, son fils aîné, lui succéda. Les grands des provinces d'Orient s'étant assemblés, ils voulurent couronner ses deux autres frères, soutenant que, comme il faut croire en la Trinité, aussi étoit-il raisonnable d'avoir trois empereurs.

L'histoire grecque est pleine de traits pareils ; et le petit esprit étant parvenu à faire le caractère de la nation, il n'y eut plus de sagesse dans les entreprises, et l'on vit des troubles sans cause et des révolutions sans motifs.

Une bigoterie [3] universelle abattit les courages et engourdit tout l'empire. Constantinople est, à proprement parler, le seul pays d'Orient où la religion chrétienne ait été dominante. Or, cette lâcheté, cette paresse, cette mollesse des nations d'Asie se mêlèrent dans la dévotion même. Entre mille exemples, je ne veux que Philippicus, général de Maurice, qui, étant près de donner une bataille, se mit à pleurer, dans la

1. *Jumentis, quibus maxime Galli delectantur quaeque impenso parant pretio, Germani importatis non utuntur, sed quae sunt apud eos nata, prava atque deformia, haec quotidiana exercitatione summi ut sint laboris efficiunt* (César, *De bello Gallico*, liv. IV, ch. 2). Aujourd'hui les marchés du Hanovre et du Mecklembourg fournissent un très grand nombre de chevaux.

2. Constantin III ne régna que trois mois (641-668), et fit jeter en prison, où il mourut, le pape saint Martin. Constantin IV Pogonat ou le Barbu (668-685) vit les Sarrasins attaquer Constantinople. Ils furent repoussés grâce au feu grégeois récemment inventé.

3. Le mot *bigot*, d'origine inconnue, était employé dès le XIIe siècle. On le trouve dans le *Rou* de Robert Wace (III, 4780) comme terme injurieux. Au XVe et au XVIe siècle il signifiait *hypocrite*. On entend aujourd'hui par *bigoterie* une dévotion étroite. Or, l'Eglise n'a jamais encouragé une pareille dévotion ; elle n'en est donc pas responsable. Or, Montesquieu, dans ce singulier paragraphe, ne laisse-t-il pas supposer le contraire?

considération du grand nombre de gens qui alloient être tués [1].

Ce sont bien d'autres larmes, celles de ces Arabes qui pleurèrent de douleur de ce que leur général avoit fait une trêve qui les empêchoit de répandre le sang des chrétiens.

C'est que la différence est totale entre une armée fanatique et une armée bigote. On le vit dans nos temps modernes, dans une révolution fameuse, lorsque l'armée de Cromwell étoit comme celle des Arabes, et les armées d'Irlande et d'Ecosse comme celle des Grecs [2].

Une superstition grossière, qui abaisse l'esprit autant que la religion l'élève, plaça toute la vertu et toute la confiance des hommes dans une ignorante stupidité pour les images [3]; et l'on vit des généraux lever un siège et perdre une ville, pour avoir une relique.

La religion chrétienne dégénéra sous l'empire grec, au point où elle étoit de nos jours chez les Moscovites, avant que le czar Pierre Ier eût fait renaître cette nation, et introduit plus de changements dans un Etat qu'il gouvernoit, que les conquérants n'en font dans ceux qu'ils usurpent.

1. Quoi qu'en pense Montesquieu, cette bigoterie, puisque le mot lui plaît, est de celle que nous admirons : ce fut celle de Jeanne d'Arc : « Elle pleure sur tous les morts, sous quelque drapeau qu'ils soient tombés : si elle apprend qu'ils ont paru devant Dieu sans s'être confessés, elle est inconsolable. Elle s'arrête même auprès d'un ennemi mourant pour lui parler du ciel, et ce capitaine, que Condé tout à l'heure eût applaudi, n'est plus qu'une sœur de charité que Vincent de Paul reconnaîtrait pour sa fille. » (A. Mouchard, *Panégyrique de Jeanne d'Arc*, 1890.) « Ne me parlez pas, dit quelque part Bossuet, des héros sans cœur. » Les larmes des Arabes, que Montesquieu admire, ne valent pas ces larmes-là.

2. Quel rapport y a-t-il entre les armées arabes et grecques d'une part, et celles de Cromwell et des Irlandais d'autre part ? Les Ecossais presbytériens et les Irlandais catholiques défendaient leur religion, tout en soutenant la cause des Stuarts. Le leur reprocher est un nonsens.

3. Primitivement les Pères de l'Eglise, craignant que le culte des images ne suscitât une espèce d'idolâtrie, le réprouvèrent. Mais le paganisme ayant complètement disparu, ces craintes n'eurent plus aucun fondement. L'emploi des images se généralisa de plus en plus comme moyen d'embellir les temples, d'instruire et d'édifier les fidèles. Il y eut des abus incontestables, surtout en Orient, et les voix autorisées ne manquèrent pas pour les condamner.

On peut aisément croire que les Grecs tombèrent dans une espèce d'idolâtrie. On ne soupçonnera pas les Italiens ni les Allemands de ces temps-là d'avoir été peu attachés au culte extérieur ; cependant, lorsque les historiens grecs parlent du mépris des premiers pour les reliques et les images, on diroit que ce sont nos controversistes qui s'échauffent contre Calvin Quand les Allemands passèrent pour aller dans la Terre-Sainte, Nicétas [1] dit que les Arméniens les reçurent comme amis, parce qu'ils n'adoroient pas les images. Or si, dans la manière de penser des Grecs, les Italiens et les Allemands ne rendoient pas assez de culte aux images, quelle devoit être l'énormité du leur ?

Il pensa bien y avoir en Orient à peu près la même révolution qui arriva, il y a environ deux siècles, en Occident, lorsqu'au renouvellement des lettres [2], comme on commença à sentir les abus et les dérèglements où l'on étoit tombé, tout le monde cherchant un remède au mal, des gens hardis et trop peu dociles déchirèrent l'Eglise au lieu de la réformer.

Léon l'Isaurien, Constantin Copronyme, Léon, son fils, firent la guerre aux images ; et après que le culte en eut été rétabli par l'impératrice Irène, Léon l'Arménien, Michel le Bègue et Théophile, les abolirent encore [3]. Ces princes crurent n'en pouvoir modérer le culte qu'en le détruisant ; ils firent la guerre aux moines qui incommodoient l'Etat [4] et, prenant toujours

1. Nicétas Choniates, historien grec né en Phrygie, a laissé des *Annales* en 21 livres, allant de la mort d'Alexis Comnène à celle de Baudouin (1081-1205). Il mourut en 1216.

2. C'est ce renouvellement des lettres que nous appelons *Renaissance*. Montesquieu fait allusion à la prétendue *Réforme* de Luther et de Calvin.

3. Tous ces empereurs régnèrent de 717 à 842. Ce fut donc une guerre d'un siècle entier contre le culte des images. Le deuxième concile de Nicée (780) condamna les *Iconoclastes*, en distinguant avec soin la *vénération* (τιμητικὴ προσκύνησις), de l'*adoration* (ἀληθινὴ λατρεία) laquelle n'est due qu'à Dieu.

4. Longtemps avant, Valens avoit fait une loi pour les obliger d'aller à la guerre, et fit tuer tous ceux qui n'obéirent pas. (Jornandès, *de Regn. success.*, et la loi XXVI, cod. *de Decur.*) (*N. de M.*)

les voies extrêmes, ils voulurent les exterminer par le glaive, au lieu de chercher à les régler.

Les moines [1], accusés d'idolâtrie par les partisans des nouvelles opinions, leur donnèrent le change en les accusant à leur tour de magie ; et, montrant au peuple les églises dénuées d'images et de tout ce qui avoit fait jusque là l'objet de sa vénération, ils ne lui laissèrent point imaginer qu'elles pussent servir à d'autre usage qu'à sacrifier aux démons.

Ce qui rendoit la querelle sur les images si vive, et fit que dans la suite les gens sensés ne pouvoient pas proposer un culte modéré, c'est qu'elle étoit liée à des choses bien tendres [2] : il étoit question de la puissance ; et les moines l'ayant usurpée, ils ne pouvoient l'augmenter ou la soutenir qu'en ajoutant sans cesse au culte extérieur dont ils faisoient eux-mêmes partie. Voilà pourquoi les guerres contre les images furent toujours des guerres contre eux [3] ; et que, quand ils eurent gagné ce point, leur pouvoir n'eut plus de bornes.

Il arriva pour lors ce que l'on vit, quelques siècles après, dans la querelle qu'eurent Barlaam et Acyndine [4] contre les moines, et qui tourmenta cet empire jusqu'à sa destruction. On disputoit si la lumière qui apparut autour de Jésus-Christ sur le Thabor étoit créée ou incréée. Dans le fond, les moines ne se soucioient pas plus qu'elle fût l'un que l'autre ; mais comme Barlaam les attaquoit directement eux-mêmes,

1. Tout ce qu'on verra ici sur les moines grecs ne porte point sur leur état, car on ne peut pas dire qu'une chose ne soit pas bonne parce que dans de certains temps, ou dans quelques pays, on en a abusé. (*N. de M.*)

2. C'est-à-dire : *à des choses qui touchaient à des sentiments bien délicats.*

3. En dépit de la note du paragraphe précédent, Montesquieu laisse percer ici ses vrais sentiments. Il ne voit dans toute cette grave querelle qu'une question mesquine d'ambition. L'Église en jugea autrement puisqu'elle se réunit en concile pour condamner les briseurs d'images. Les moines ne faisaient donc que défendre ses décisions. Mais il est de règle que les ordres religieux portent la responsabilité de tous les excès et le poids de tous les mécontentements des gouvernements. Dans notre société moderne on s'en prend aux Jésuites.

4. Barlaam et Acyndine étaient deux moines grecs ; ils engagèrent cette querelle futile contre les moines du mont Athos (1339-1342). Barlaam était un ami de Pétrarque.

il falloit nécessairement que cette lumière fût incréée.

La guerre que les empereurs iconoclastes déclarèrent aux moines fit que l'on reprit un peu les principes du gouvernement, que l'on employa en faveur du public les revenus publics, et qu'enfin on ôta au corps de l'Etat ses entraves [1].

Quand je pense à l'ignorance profonde dans laquelle le clergé grec plongea les laïques [2], je ne puis m'empêcher de le comparer à ces Scythes dont parle Hérodote, qui crevoient les yeux à leurs esclaves afin que rien ne pût les distraire et les empêcher de battre leur lait.

L'impératrice Théodora [3] rétablit les images, et les moines recommencèrent à abuser de la piété publique; ils parvinrent jusqu'à opprimer le clergé séculier même; ils occupèrent tous les grands siéges, et exclurent peu à peu tous les ecclésiastiques de l'épiscopat : c'est ce qui rendit ce clergé intolérable; et si l'on en fait le parallèle avec le clergé latin, si l'on compare la conduite des papes avec celle des patriarches de Constantinople, on verra des gens aussi sages que les autres étoient peu sensés.

Voici une étrange contradiction de l'esprit humain.

1. Comment la guerre faite aux moines a-t-elle pu produire de si merveilleux résultats? Montesquieu le laisse entendre sans le dire.

2. L'ignorance à cette époque n'était pas plus grande chez les laïques que dans le clergé. La haute culture intellectuelle était chose rare, et lorsqu'elle existait, c'était même et exclusivement dans le clergé, mais elle offrait de grandes difficultés et ne pouvait être que le partage du petit nombre. Comme le dit Montesquieu, quelques pages plus haut, « l'invention de l'imprimerie a mis des livres dans les mains de tout le monde. » Il n'en allait pas de même au IXe siècle. Rendre le clergé responsable de l'ignorance des laïques et pour le motif qu'indique la comparaison employée par l'auteur, est d'une évidente malveillance.

3. Il ne faut pas confondre cette Théodora avec la femme de Justinien. Celle dont il est question ici régna de 842 à 854. Elle rétablit le culte des images, remplaça le patriarche iconoclaste par le saint confesseur Méthode et réunit un synode qui institua une fête commémorative du rétablissement de ce culte. Cette fête, dite de l'*orthodoxie*, se célèbre encore dans l'église grecque, le premier dimanche de carême. Bogoris, roi des Bulgares, lui fit porter des menaces de guerre : « *Dites à votre maître*, répondit l'impératrice aux envoyés, *qu'il me trouvera à la tête des légions romaines pour le punir d'attaquer l'empire défendu par une femme et un enfant.* Son fils, Michel l'Ivrogne, lui ravit la couronne. Elle se retira dans un monastère où elle laissa un grand renom de sainteté.

Les ministres de la religion[1], chez les premiers Romains, n'étant pas exclus des charges et de la société civile, s'embarassèrent peu de ses affaires; lorsque la religion chrétienne fut établie, les ecclésiastiques[2], qui étoient plus séparés des affaires du monde, s'en mêlèrent avec modération ; mais lorsque, dans la décadence de l'empire, les moines furent le seul clergé, ces gens, destinés par une profession plus particulière à fuir et à craindre les affaires, embrassèrent toutes les occasions qui purent leur y donner part; ils ne cessèrent de faire du bruit partout et d'agiter ce monde qu'ils avoient quitté.

Aucune affaire d'Etat, aucune paix, aucune guerre, aucune trêve, aucune négociation, aucun mariage ne se traita que par le ministère des moines : les conseils du prince en furent remplis et les assemblées de la nation presque toutes composées.

On ne sauroit croire quel mal il en résulta. Ils affoiblirent l'esprit des princes, et leur firent faire imprudemment même les choses bonnes. Pendant que Basile[3] occupoit les soldats de son armée de mer à bâtir une église à saint Michel, il laissa piller la Sicile par les Sarrasins et prendre Syracuse; et Léon, son successeur, qui employa sa flotte au même usage, leur laissa occuper Tauroménie[4] et l'île de Lemnos.

Andronic Paléologue[5] abandonna la marine, parce qu'on l'assura que Dieu étoit si content de son zèle pour la paix de l'Eglise, que ses ennemis n'oseroient l'attaquer. Le même craignoit que Dieu ne lui deman-

1. A Rome la religion était sous la dépendance de l'Etat. Les ministres du culte recevaient de l'État leurs pouvoirs : c'étaient simplement des magistrats d'un ordre spécial chargés d'assurer le culte officiel.

2. Montesquieu oppose ici les ecclésiastiques aux moines. Ce mot a un sens beaucoup plus large. Il eût fallu employer le terme de *clergé séculier* qui s'applique au clergé vivant dans le monde (*saeculum*). Les moines constituent le *clergé régulier*, c'est-à-dire vivant sous une règle commune.

3. Basile le Macédonien, fondateur de la dynastie macédonienne (867-886). Il se laissa duper par les fourberies de Photius, qu'il avait d'abord exilé.

4. *Taurominium* aujourd'hui *Taormina* au pied de l'Etna.

5. Andronic II Paléologue régna de 1282 à 1328.

dût compte du temps qu'il employoit à gouverner son État, et qu'il déroboit aux affaires spirituelles.

Les Grecs, grands parleurs, grands disputeurs, naturellement sophistes, ne cessèrent d'embrouiller la religion par des controverses [1]. Comme les moines avoient un grand crédit à la cour, toujours d'autant plus foible qu'elle étoit plus corrompue, il arrivoit que les moines et la cour se corrompoient réciproquement et que le mal étoit dans tous les deux : d'où il suivoit que toute l'attention des empereurs étoit occupée quelquefois à calmer, souvent à irriter des disputes théologiques, qu'on a toujours remarqué devenir frivoles, à mesure qu'elles sont plus vives.

Michel Paléologue [2], dont le règne fut tant agité par des disputes sur la religion, voyant les affreux ravages des Turcs [3] dans l'Asie, disoit en soupirant que le zèle téméraire de certaines personnes qui, en décriant sa conduite, avoient soulevé ses sujets contre lui, l'avoit obligé d'appliquer tous ses soins à sa propre conservation, et de négliger la ruine des provinces [4]. « Je me suis contenté, disoit-il, de pourvoir à ces parties éloignées par le ministère des gouverneurs, qui m'en ont dissimulé les besoins, soit qu'ils fussent gagnés par argent, soit qu'ils appréhendassent d'être punis. »

1. Ce fut le grand mal de l'église grecque, la cause des hérésies puis du schisme définitif.

2. Michel Paléologue, fondateur de la dynastie de ce nom, reprit Constantinople sur Baudouin II et mit ainsi fin à l'empire latin (1261). Il envoya des ambassadeurs au pape pour proposer la réunion des Grecs à l'église latine. Ces députés furent reçus à Lyon par Grégoire X et le Concile œcuménique réuni dans cette ville (1274), et abjurèrent le schisme au nom de l'empereur. Mais une grande partie de la nation demeura attachée à l'erreur. Michel, malgré des excès de zèle que blâma le pape, joua d'ailleurs un rôle équivoque entre les Grecs et les Latins. Le nom de Michel Paléologue reste attaché, pour son éternelle honte, aux massacres connus sous le nom de *Vêpres siciliennes* (30 mars 1282). Il fournit l'or aux assassins.

3. Les Turcs étaient depuis longtemps prépondérants en Asie. Ils avaient soumis les Avars et les Huns, et s'étaient rendus redoutables à toutes les nations barbares. Les exploits de Gengis-Khan avaient étendu leur domination. A la fin du XIIIe siècle, Othman, chef de la dynastie ottomane, établit le siège de son empire à Pruse (Brousse) et menaça Constantinople.

4. Entendez : *et de ne pas s'occuper de la ruine des provinces.*

Les patriarches de Constantinople avoient un pouvoir immense[1]. Comme dans les tumultes populaires les empereurs et les grands de l'Etat se retiroient dans les églises[2], que le patriarche étoit maître de les livrer ou non, et exerçoit ce droit à sa fantaisie, il se trouvoit toujours, quoique indirectement, arbitre de toutes les affaires publiques.

Lorsque le vieux Andronic fit dire au patriarche qu'il se mêlât des affaires de l'Eglise, et le laissât gouverner : « C'est, lui répondit le patriarche, comme si le corps disoit à l'âme : Je ne prétends avoir rien de commun avec vous, et je n'ai que faire de votre secours pour exercer mes fonctions. »

De si monstrueuses prétentions étant insupportables aux princes, les patriarches furent très souvent chassés de leurs sièges. Mais chez une nation superstitieuse, où l'on croyoit abominables toutes les fonctions ecclésiastiques qu'avoit pu faire un patriarche qu'on croyoit intrus, cela produisit des schismes continuels, chaque patriarche, l'ancien, le nouveau, le plus nouveau, ayant chacun leurs sectateurs.

1. Dès les premiers temps de l'Église s'étaient établies des juridictions correspondant aux diocèses civils de l'Empire. Le concile de Nicée en consacrant ces juridictions en parle comme d'une institution déjà ancienne et nomme expressément les évêques d'Alexandrie, de Rome et d'Antioche, dont la juridiction s'étendait sur le diocèse d'Egypte, l'Occident et le diocèse d'Orient. Il fait allusion aussi aux évêques d'Ephèse, de Césarée en Cappadoce, et d'Héraclée, préposés aux trois diocèses d'Asie (*Asia proconsularis*) de Pont et de Thrace. La fondation de Constantinople devait donner à l'évêque de la nouvelle capitale un rang privilégié. Le concile de Constantinople (381) lui donna la première place après l'évêque de Rome, et celui de Chalcédoine lui accorda le droit de consacrer les métropolitains des trois diocèses de Pont, de Thrace et d'Asie. L'évêque de Constantinople fut donc sur le même pied que les évêques de Rome, d'Alexandrie et d'Antioche. Il prit le titre de *patriarche*, tandis que les évêques d'Ephèse, de Césarée et d'Héraclée reçurent le titre d'*exarques*. Léon Ier protesta, mais en vain. Les évêques de Constantinople devinrent même au VIe siècle *patriarches œcuméniques*. Les Souverains-Pontifes élevèrent la voix de temps à autre contre ces prétentions, mais les patriarches n'eurent garde de les écouter. C'était élever puissance contre puissance et préparer le schisme d'Orient. Il est à remarquer d'ailleurs que Montesquieu, qui s'est si longuement occupé des moines, ne dit rien d'un événement aussi considérable.

2. Le *droit d'asile* est d'origine grecque. Quiconque se réfugiait dans un endroit, temple ou bois sacré..., jouissant de ce privilège, était inviolable. Les Romains avaient reconnu ce droit aux temples, aux statues des dieux et des empereurs. Constantin l'accorda aux églises.

Ces sortes de querelles étoient bien plus tristes que celles qu'on pouvoit avoir sur le dogme, parce qu'elles étoient comme une hydre qu'une nouvelle déposition pouvoit toujours reproduire.

La fureur des disputes devint un état si naturel aux Grecs, que, lorsque Cantacuzène [1] prit Constantinople, il trouva l'empereur Jean et l'impératrice Anne occupés à un concile contre quelques ennemis des moines; et quand Mahomet II l'assiégea, il ne put suspendre les haines théologiques [2]; et on y étoit plus occupé du concile de Florence [3] que de l'armée des Turcs.

Dans les disputes ordinaires, comme chacun sent qu'il peut se tromper, l'opiniâtreté et l'obstination ne sont pas extrêmes; mais dans celles que nous avons sur la religion, comme par la nature de la chose chacun croit être sûr que son opinion est vraie, nous nous indignons contre ceux qui, au lieu de changer eux-mêmes, s'obstinent à nous faire changer.

Ceux qui liront l'histoire de Pachymère [4] connoîtront bien l'impuissance où étoient et où seront toujours les théologiens par eux-mêmes d'accommoder jamais leurs différents. On y voit un empereur [5] qui

1. Jean Cantacuzène usurpa l'empire pendant la minorité de Jean Paléologue Ier (1341-1355), combattit vaillamment les Bulgares, les Génois et les Turcs, et remit le pouvoir à Jean Paléologue pour entrer dans un monastère. Il a écrit des *Mémoires* contenant l'histoire de l'empire grec de 1320 à 1360.

2. Constantin XII se voyant menacé par les Turcs avait accepté le *décret d'union* (concile de Florence), mais les moines schismatiques et le peuple ne voulurent jamais s'y soumettre. « *Nous n'avons que faire du secours des Latins,* » criaient-ils. Ce qui fait dire au schismatique Ducas, l'historien des derniers Paléologues : « *O peuple farouche, racine d'orgueil, branche de vaine gloire, fleur de vanité, si un ange descendait du ciel pour nous dire : gardez la paix et l'unité et je chasserai l'ennemi de la ville, vous n'y consentiriez jamais, ou bien vos paroles seraient hypocrites et menteuses. Ils savent que je dis vrai ceux qui préfèrent la domination des Turcs à celle des Français* »

3. Jean Paléologue II, le patriarche Joseph, le métropolitain de Nicée, plus tard cardinal Bessarion, et l'archevêque de Kief, Isidore, s'étaient rendus à Florence auprès du pape Eugène IV. Après discussion, le concile dressa le *décret d'union* qui fut signé par le Souverain Pontife et les Grecs (1439); mais le prince Démétrius, frère de l'empereur, et Marc, archevêque d'Éphèse, refusèrent de signer. Le peuple le repoussa d'ailleurs avec acharnement et cette nouvelle tentative de réconciliation resta sans effet.

4. Georges Pachymère a écrit une *Histoire d'Orient* en 13 livres, de 1258 à 1308. Il occupait de hautes fonctions sous le règne de Michel Paléologue.

5. Andronic Paléologue.

passe sa vie à les assembler, à les écouter, à les rapprocher; on voit de l'autre [1] une hydre de disputes qui renaissent sans cesse; et l'on sent qu'avec la même méthode, la même patience, les mêmes espérances, la même envie de finir, la même simplicité pour leurs intrigues, le même respect pour leurs haines, ils ne se seroient jamais accommodés jusqu'à la fin du monde.

En voici un exemple bien remarquable. A la sollicitation de l'empereur, les partisans du patriarche Arsène [2] firent une convention avec ceux qui suivoient le patriarche Joseph, qui portoit que les deux partis écriroient leurs prétentions chacun sur un papier; qu'on jetteroit les deux papiers dans un brasier; que, si l'un des deux demeuroit entier, le jugement de Dieu seroit suivi, et que, si tous les deux étoient consumés, ils renonceroient à leurs différents. Le feu dévora les deux papiers : les deux partis se réunirent, la paix dura un jour; mais le lendemain ils dirent que leur changement auroit dû dépendre d'une persuasion intérieure et non pas du hasard, et la guerre recommença plus vive que jamais.

On doit donner une grande attention aux disputes des théologiens; mais il faut la cacher autant qu'il est possible, la peine qu'on paroît prendre à les calmer les accréditant toujours, en faisant voir que leur manière de penser est si importante qu'elle décide du repos de l'Etat et de la sûreté du prince.

On ne peut pas plus finir leurs affaires en écoutant leurs subtilités, qu'on ne pourroit abolir les duels en établissant des écoles où l'on raffineroit sur le point d'honneur.

Les empereurs grecs eurent si peu de prudence que, quand les disputes furent endormies, ils eurent la rage de les réveiller. Anastase, Justinien, Héraclius,

1. Montesquieu a sous-entendu *côté*.

2. Sous le règne de Michel Paléologue. Le patriarche Arsène avait excommunié le nouvel empereur comme usurpateur, assassin de l'enfant confié à sa foi (Jean Lascaris). Michel remplaça Arsène par Joseph.

Manuel Comnène, proposèrent des points de foi à leur clergé et à leur peuple, qui auroient méconnu la vérité dans leur bouche, quand même ils l'auroient trouvée. Ainsi, péchant toujours dans la forme et ordinairement dans le fond, voulant faire voir leur pénétration, qu'ils auroient pu si bien montrer dans tant d'autres affaires qui leur étoient confiées, ils entreprirent des disputes vaines sur la nature de Dieu, qui, se cachant aux savants parce qu'ils sont orgueilleux, ne se montre pas mieux aux grands de la terre.

C'est une erreur de croire qu'il y ait dans le monde une autorité humaine, à tous les égards, despotique; il n'y en a jamais eu, et il n'y en aura jamais : le pouvoir le plus immense [1] est toujours borné par quelque coin. Que le Grand Seigneur [2] mette un nouvel impôt à Constantinople, un cri général lui fait d'abord trouver des limites qu'il n'avoit pas connues. Un roi de Perse peut bien contraindre un fils de tuer son père, ou un père de tuer son fils; mais obliger ses sujets de boire du vin, il ne le peut pas. Il y a dans chaque nation un esprit général sur lequel la puissance même est fondée : quand elle choque cet esprit, elle se choque elle-même, et elle s'arrête nécessairement.

La source la plus empoisonnée de tous les malheurs des Grecs, c'est qu'ils ne connurent jamais la nature ni les bornes de la puissance ecclésiastique et de la séculière : ce qui fit que l'on tomba de part et d'autre dans des égarements continuels.

Cette grande distinction, qui est la base sur laquelle pose [3] la tranquillité des peuples, est fondée non seulement sur la religion, mais encore sur la raison et la nature, qui veulent que des choses réellement sépa-

1. Ce mot ne s'emploie ordinairement qu'au positif.

2. Le sultan des Turcs ottomans.

3. Nous dirions mieux : *repose*. On trouve des exemples de cet emploi au XVIIe siècle : *Notre crainte de la mort ne pouvant poser sur rien de certain* (Massillon, Carême, *Mort*).

rées et qui ne peuvent subsister que séparées, ne soient jamais confondues.

Quoique chez les anciens Romains le clergé ne fît pas un corps séparé, cette distinction y étoit aussi connue que parmi nous. Claudius [1] avoit consacré à la Liberté la maison de Cicéron, lequel, revenu de son exil, la redemanda : les pontifes décidèrent que, si elle avoit été consacrée sans un ordre exprès du peuple, on pouvoit la lui rendre sans blesser la religion. « Ils ont déclaré, dit Cicéron [2], qu'ils n'avoient examiné que la validité de la consécration, et non la loi faite par le peuple ; qu'ils avoient jugé le premier chef comme pontifes, et qu'ils jugeroient le second comme sénateurs. »

Chap. XXIII. — Raison de la durée de l'empire d'Orient. — Sa destruction.

Après ce que je viens de dire de l'empire grec, il est naturel de demander comment il a pu subsister si longtemps. Je crois pouvoir en donner les raisons.

Les Arabes l'ayant attaqué et en ayant conquis quelques provinces, leurs chefs se disputèrent le califat [3], et le feu de leur premier zèle ne produisit plus que des discordes civiles [4].

Les mêmes Arabes ayant conquis la Perse, et s'y

1. C'est le fameux adversaire de Milon et de Cicéron. Il appartenait à la *gens Claudia*, mais il s'était fait adopter par une famille plébéienne, et pour le distinguer des membres de sa *gens* on écrit son nom : *Clodius.*

2. *Lettres à Atticus*. Livre IV, lettre 2. (*N. de M.*)

3. Le *Calife* ou *commandeur des croyants* était le successeur de Mahomet. Il résida d'abord à Médine, puis à Damas, enfin à Bagdad sous les Abbassides. A ce moment l'empire se démembra et il y eut trois Califes : à Bagdad pour l'Asie, au Caire pour l'Afrique, à Cordoue pour l'Espagne. Le Calife devait être élu par le peuple, mais le peuple élisait toujours celui qui avait été désigné par le précédent Calife ou par les officiers du palais.

4. L'Islam avait réuni des peuples de races différentes ; de là naquirent les sectes. Les anciens croyants, surtout les Arabes, s'en tenaient au Coran complété par la tradition (*sunnah*) c'étaient les *sunnites*. Les nouveaux convertis, Persans pour la plupart, refusèrent obéissance aux Ommyades après le meurtre d'Ali ; ils ne reconnaissaient que le Coran : les vieux croyants leur donnèrent le nom de *chiites* (schismatiques). Parmi les *chiites*, les plus instruits firent de la religion de Mahomet une secte purement philosophique : ce sont les *Sofis*

étant divisés ou affoiblis, les Grecs ne furent plus obligés de tenir sur l'Euphrate les principales forces de leur empire [1].

Un architecte, nommé Callinique, qui étoit venu de Syrie à Constantinople, ayant trouvé la composition d'un feu que l'on souffloit par un tuyau, et qui étoit tel, que l'eau et tout ce qui éteint les feux ordinaires ne faisoit qu'en augmenter la violence [2], les Grecs, qui en firent usage, furent en possession pendant plusieurs siècles de brûler toutes les flottes de leurs ennemis, surtout celles des Arabes, qui venoient d'Afrique ou de Syrie les attaquer jusqu'à Constantinople.

Ce feu fut mis au rang des secrets de l'Etat; et Constantin Porphyrogénète, dans son ouvrage dédié à Romain son fils, sur l'administration de l'empire, l'avertit que, lorsque les Barbares lui demanderont du *feu grégeois*, il doit leur répondre qu'il ne lui est pas permis de leur en donner, parce qu'un ange, qui l'apporta à l'empereur Constantin, défendit de le communiquer aux autres nations, et que ceux qui avoient osé le faire avoient été dévorés par le feu du ciel dès qu'ils étoient entrés dans l'église.

Constantinople faisoit le plus grand et presque le seul commerce du monde dans un temps où les nations gothiques [3] d'un côté, et les Arabes de l'autre [4],

de Perse. Mais la grande masse s'attacha aux descendants d'Ali; ils regardèrent le Calife comme un usurpateur et suivirent l'*imam*. Depuis la disparition des descendants d'Ali, ces derniers croient à un imam ou *Mahdi* qui doit venir avec Jésus-Christ rétablir la justice. C'est ainsi que depuis le xe siècle on voit de temps à autres les Arabes suivre quelque Mahdi (homme conduit par Dieu).

1. S'ils n'eurent plus à se défendre des Perses, les Grecs eurent à lutter contre l'invasion musulmane : on ne voit pas ce qu'ils y gagnèrent.

2. C'est le feu *grégeois* (grec). On désignait sous ce nom générique une foule de mélanges inflammables composés de soufre et de substances grasses ou résineuses, huiles, naphte, goudron, poix. On le lançait au moyen de pompes ou d'armes de jet : dans ce dernier cas, le feu grégeois était enfermé dans des pots qui se brisaient en tombant. Malgré les précautions prises par les Grecs, les Arabes parvinrent à connaître la composition du terrible engin. Ils y introduisirent même le salpêtre vers 1225. En dépit des assertions erronées dont Montesquieu se fait ici l'écho, il n'était pas impossible de l'éteindre; ainsi l'affirment Joinville et les historiens byzantins.

3. La dénomination générale appliquée par l'auteur aux nations barbares est fausse. Il s'agit des peuples d'origine *germanique* qui prirent part aux grandes invasions du ve siècle.

4. Les Arabes étaient sortis barbares de leur pays, mais ils ne tardèrent pas à se civiliser. L'industrie

avoient ruiné le commerce et l'industrie partout ailleurs. Les manufactures de soie y avoient passé de Perse; et depuis l'invasion des Arabes elles furent fort négligées dans la Perse même : d'ailleurs les Grecs étoient maîtres de la mer [1]. Cela mit dans l'État d'immenses richesses, et par conséquent de grandes ressources; et sitôt qu'il eut quelque relâche, on vit d'abord reparoître la prospérité publique.

En voici un grand exemple. Le vieux Andronic Comnène [2] étoit le Néron des Grecs; mais comme, parmi tous ses vices, il avoit une fermeté admirable pour empêcher les injustices et les vexations des grands, on remarqua que, pendant trois ans qu'il régna, plusieurs provinces se rétablirent.

Enfin, les Barbares qui habitoient les bords du Danube s'étant établis, ils ne furent plus si redoutables [3] et servirent même de barrière contre d'autres Barbares.

Ainsi, pendant que l'empire étoit afaissé sous un mauvais gouvernement, des causes particulières le soutenoient. C'est ainsi que nous voyons aujourd'hui quelques nations de l'Europe [4] se maintenir, malgré leur foiblesse, par les trésors des Indes; les Etats temporels du pape, par le respect que l'on a pour le souverain; et les corsaires de Barbarie [5], par l'empê-

prit même chez eux un grand développement; témoins les verreries de Bagdad, les armes arabes, les lames de Damas et les épées trempées de Tolède, les toiles de Damas, les gazes de Mossoul (mousselines), les cuirs de Cordoue, les maroquins du Maroc. Pour le commerce, les Arabes avaient deux grands ports de commerce : Bassorah sur le golfe Persique et Alexandrie sur la Méditerranée; de plus les caravanes reliaient tous les centres importants.

1. Au VIIIe siècle les Arabes disputèrent aux Grecs l'empire de la mer. Ils furent vaincus, mais au IXe siècle les Génois et les Vénitiens furent plus heureux.

2. Andronic Comnène (1183-1185).

3. Les empereurs de Constantinople eurent cependant à lutter longtemps contre les Bulgares et les Serbes.

4. L'édition de 1734 porte : « C'est ainsi que nous voyons aujourd'hui l'Espagne et le Portugal se maintenir... »

5. On appelait ainsi le pays habité par les peuples non civilisés de l'Afrique, ou *Berbères*; Tunis, Alger et le Maroc étaient leurs refuges principaux. Ce n'est pas précisément que leurs brigandages les rendaient utiles aux grandes nations : il était très difficile de les chasser de leurs repaires. Plusieurs tentatives échouèrent, jusqu'à la glorieuse expédition de 1830 qui nous donna notre colonie algérienne.

chement qu'ils mettent au commerce des petites nations, ce qui les rend utiles aux grandes.

L'empire des Turcs est à présent à peu près dans le même degré de foiblesse où étoit autrefois celui des Grecs; mais il subsistera longtemps : car, si quelque prince que ce fût mettoit cet empire en péril en poursuivant ses conquêtes, les trois puissances commerçantes de l'Europe connoissent trop leurs affaires pour n'en pas prendre la défense sur le champ[1].

C'est leur félicité que Dieu ait permis qu'il y ait dans le monde des nations propres à posséder inutilement un grand empire.

Dans le temps de Basile Porphyrogénète[2], la puissance des Arabes fut détruite en Perse; Mahomet, fils de Sambraël, qui y régnoit, appela du Nord trois mille Turcs en qualité d'auxiliaires[3]. Sur quelque mécontentement, il envoya une armée contre eux; mais ils la mirent en fuite. Mahomet, indigné contre ses soldats, ordonna qu'ils passeroient devant lui vêtus en robes de femmes; mais ils se joignirent aux Turcs, qui d'abord allèrent ôter la garnison qui gardoit le

1. Ainsi les projets contre le Turc, comme celui qui fut fait sous le pontificat de Léon, par lequel l'empereur devoit se rendre par la Bosnie à Constantinople; le roi de France, par l'Albanie et la Grèce; d'autres princes, s'embarquer dans leurs ports; ces projets, dis-je, n'étaient pas sérieux, ou étoient faits par des gens qui ne voyoient pas l'intérêt de l'Europe. (*N. de M.*) C'est ce qu'on appelle la *question d'Orient* Les grandes nations d'Europe surveillent avec un soin jaloux ce qui se passe sur les rives du Bosphore; et elles ont tout intérêt, comme le remarque Montesquieu, à maintenir l'empire ottoman. Cependant l'ancien empire turc a beaucoup diminué et de nouvelles nationalités sont apparues : la Roumanie, la Serbie, le Montenegro, la Bulgarie, la Grèce, l'Herzégovine et la Bosnie. Les sultans de Constantinople exercent encore leur suzeraineté sur quelques-uns de ces pays, mais l'affranchissement complet ne saurait être éloigné. — Quant aux trois puissances commerçantes dont parle Montesquieu, ce sont la France, l'Angleterre et la Hollande.

2. Basile Porphyrogénète (976-1025) soumit les Bulgares (1019).

3. Les Turcs avaient déjà paru au IXe siècle, appelés par le Calife de Bagdad, Motassem Billah, 4e fils d'Haroun-al-Raschid. Ils étaient au nombre de 50.000 et formaient sa garde. C'était se donner des maîtres. Ils firent et défirent les Califes, comme à Rome les prétoriens. Les Turcs envahirent peu à peu l'empire arabe et s'y établirent. Enfin, en 1058, Togrul-Beg, petit-fils de Seldjouk, fonda la dynastie des *Seldjoucides* qui menaça les Grecs et Constantinople même : la première croisade les fit reculer.

pont de l'Araxe, et ouvrirent le passage à une multitude innombrable de leurs compatriotes.

Après avoir conquis la Perse, ils se répandirent d'Orient en Occident sur les terres de l'Empire; et Romain Diogène[1] ayant voulu les arrêter, ils le prirent prisonnier[2], et soumirent presque tout ce que les Grecs avoient en Asie jusqu'au Bosphore.

Quelque temps après, sous le règne d'Alexis Comnène[3], les Latins attaquèrent l'Orient. Il y avoit longtemps qu'un malheureux schisme avoit mis une haine implacable entre les nations des deux rites[4], et elle auroit éclaté plus tôt, si les Italiens n'avoient plus pensé à réprimer les empereurs d'Allemagne, qu'ils craignoient, que les empereurs grecs, qu'ils ne faisoient que haïr.

On étoit dans ces circonstances, lorsque tout à coup il se répandit en Europe une opinion religieuse, que les lieux où Jésus-Christ étoit né, ceux où il avoit souffert étant profanés par les infidèles, le moyen d'effacer ses péchés étoit de prendre les armes pour les en chasser. L'Europe étoit pleine de gens qui aimoient la guerre, qui avoient beaucoup de crimes à expier, et qu'on leur proposoit d'expier en suivant leur passion dominante : tout le monde prit donc la croix et les armes[5].

1. Romain IV, dit Diogène, régna de 1068 à 1071, lutta d'abord victorieusement contre les Turcs, mais finit par tomber en leur pouvoir.

2. Pléonasme dont on trouve de nombreux exemples au XVIIIe siècle.

3. Alexis Comnène (1081-1118) joua entre les Croisés et les Turcs un rôle équivoque. Il fit complimenter les Latins à leur entrée dans son empire et leur refusa des vivres : ce qui amena le pillage des palais du Bosphore. Alors Alexis accorda ce qu'on demandait.

4. C'est tout, et c'est bien peu, sur le schisme d'Orient. Ce fut cependant une des principales causes de la chute de Constantinople. Ce schisme fut préparé par le savant mais perfide Photius et consommé par Michel Cérulaire, patriarche de Constantinople, qui ferma d'un seul coup toutes les églises des Latins dans la ville impériale (1053) et s'appropria leurs couvents. L'empereur Constantin IX Monomaque, déplora les excès de l'évêque, mais il n'eut pas la force de s'y opposer. Le pape Léon IX envoya inutilement des légats à Constantinople. Le 16 juillet 1054, le décret d'excommunication contre Michel Cérulaire fut déposé sur l'autel de Sainte-Sophie.

5. C'est juger bien légèrement un mouvement aussi important que celui des Croisades. Les écrivains les moins suspects de partialité en faveur de l'Eglise reconnaissent que, si ces loin-

Les croisés, étant arrivés en Orient, assiégèrent Nicée, et la prirent; ils la rendirent aux Grecs; et, dans la consternation des infidèles, Alexis et Jean Comnène rechassèrent les Turcs jusqu'à l'Euphrate.

Mais, quel que fût l'avantage que les Grecs pussent tirer des expéditions des croisés, il n'y avoit pas d'empereur qui ne frémît du péril de voir passer au milieu de ses États et se succéder des héros si fiers et de si grandes armées.

Ils cherchèrent donc à dégoûter l'Europe de ces entreprises; et les croisés trouvèrent partout des trahisons, de la perfidie et tout ce que l'on peut attendre d'un ennemi timide.

Il faut avouer que les François, qui avoient commencé ces expéditions, n'avoient rien fait pour se faire souffrir. Au travers des invectives d'Andronic Comnène [1] contre nous, on voit, dans le fond, que chez une nation étrangère nous ne nous contraignions point,

taines expéditions n'ont pas eu les résultats qu'on se proposait, les résultats aux points de vue politique, social, intellectuel, économique, religieux même, ont été considérables. « Tels sont les grands, les véritables effets des croisades : d'une part, l'étendue des idées, l'afranchissement des esprits; de l'autre, l'agrandissement des existences, une large sphère ouverte à toutes les activités; elles ont produit à la fois plus de liberté individuelle et plus d'unité politique. Elles ont poussé à l'indépendance de l'homme et à la centralisation de la société. On s'est beaucoup enquis des moyens de civilisation qu'elles ont directement importés d'Orient; on a dit que la plupart des grandes découvertes qui, dans le cours des XIVe et XVe siècles, ont provoqué le développement de la civilisation européenne, la boussole, l'imprimerie, la poudre à canon, étaient connues de l'Orient et que les Croisés avaient pu les en rapporter. Cela est vrai jusqu'à un certain point. Cependant quelques-unes de ces assertions sont contestables. Ce qui ne l'est pas, c'est cette influence, cet effet général des croisades sur les esprits d'une part, sur la société de l'autre : elles ont tiré la société européenne d'une ornière très étroite, pour la jeter dans des voies nouvelles et infiniment plus larges. Elles ont commencé cette transformation des divers éléments de la société européenne en gouvernements et en peuples, qui est le caractère de la civilisation moderne. » (Guizot. *Histoire générale de la Civilisation en Europe*. 8e leçon). De plus, les Croisades ont arrêté l'invasion musulmane qui menaçait l'Europe. « Les grands Papes du moyen âge ecclésiastique avaient, avec raison, saisi ce levier de la Croix pour précipiter l'Europe au devant de l'Asie : c'est une de leurs gloires d'avoir usé, sur les pointes de l'enthousiasme chrétien, la barbarie asiatique qui revenait, de temps à autre, sur l'Europe. » (J. Zeller. *Entretiens sur l'Histoire du Moyen-Age*. Tome III. Livre XIII.)

1 Montesquieu veut sans doute parler d'*Anne Comnène*, fille d'Alexis Ier, qui a raconté l'histoire de son père, dans l'*Alexiade*.

et que nous avions pour lors les défauts qu'on nous reproche aujourd'hui [1].

Un comte françois alla se mettre sur le trône de l'empereur; le comte Baudouin [2] le tira par le bras et lui dit : « Vous devez savoir que, quand on est dans un pays, il faut en suivre les usages. — Vraiment, voilà un beau paysan, répondit-il, de s'assoir ici, tandis que tant de capitaines sont debout! »

Les Allemands, qui passèrent ensuite [3], et qui étoient les meilleures gens du monde, firent une rude pénitence de nos étourderies, et trouvèrent partout des esprits que nous avions révoltés.

Enfin la haine fut portée au dernier comble, et quelques mauvais traitements faits à des marchands vénitiens, l'ambition, l'avarice, un faux zèle, déterminèrent les François et les Vénitiens à se croiser contre les Grecs [4].

Ils les trouvèrent aussi peu aguerris que dans ces derniers temps les Tartares trouvèrent les Chinois [5]. Les François se moquoient de leurs habillements efféminés : ils se promenoient dans les rues de Constantinople, revêtus de leurs robes peintes; ils portoient à la main une écritoire et du papier, par dérision pour cette nation, qui avoit renoncé à la profession des armes; et, après la guerre, ils refusèrent de recevoir dans leurs troupes quelque Grec que ce fût.

Ils prirent toute la partie d'Occident [6], et y élurent

1. Passe pour les défauts; mais les Croisés montrèrent aussi, et au plus haut degré, les qualités qui honorent notre race. D'ailleurs, il ne s'agissait pas en tout cela de Français ni d'Allemands, mais de Latins que les Grecs tenaient déjà en suspicion.

2. Frère de Godefroy de Bouillon.

3. Les Allemands qui prirent part à la 2e croisade (1147) étaient conduits par Conrad III. Les Grecs les trahirent et ils périrent en grande partie. Nous ne savons pas en quoi les Allemands payèrent pour les Français. Quelques lignes plus haut, Montesquieu a signalé les défiances et la perfidie des Grecs : c'est là qu'il faut chercher la vraie raison de leur conduite à l'égard des soldats de Conrad III.

4. C'est la 4e croisade qui aboutit à la conquête de Constantinople et à l'établissement de l'Empire latin. Villehardouin nous a laissé une très intéressante relation de cette croisade dont il fut un des chefs.

5. Les Tartares avaient envahi la Chine vers 1625.

6. C'est-à-dire la partie de l'Empire grec située en deçà du Bosphore.

empereur le comte de Flandres [1], dont les Etats éloignés ne pouvoient donner aucune jalousie aux Italiens. Les Grecs se maintinrent dans l'Orient, séparés des Turcs par les montagnes, et des Latins par la mer.

Les Latins, qui n'avoient pas trouvé d'obstacles dans leurs conquêtes, en ayant trouvé une infinité dans leur établissement, les Grecs repassèrent d'Asie en Europe, reprirent Constantinople et presque tout l'Occident.

Mais ce nouvel empire ne fut que le fantôme du premier, et n'en eut ni les ressources ni la puissance.

Il ne posséda guère en Asie que les provinces qui sont en deçà du Méandre et du Sangare : la plupart de celles d'Europe furent divisées en de petites souverainetés.

De plus, pendant soixante ans que Constantinople resta entre les mains des Latins, les vaincus s'étant dispersés, et les conquérants occupés à la guerre, le commerce passa entièrement aux villes d'Italie [2] et Constantinople fut privée de ses richesses.

Le commerce même de l'intérieur se fit par les Latins. Les Grecs, nouvellement rétablis et qui craignoient tout, voulurent se concilier les Génois, en leur accordant la liberté de trafiquer sans payer de droits [3], et les Vénitiens, qui n'acceptèrent point de paix, mais quelques trêves, et qu'on ne voulut pas irriter, n'en payèrent pas non plus.

Quoique avant la prise de Constantinople Manuel Comnène [4] eût laissé tomber la marine, cependant, comme le commerce subsistoit encore, on pouvoit facilement la rétablir; mais quand dans le nouvel

1. Baudouin Ier, comte de Flandre, fut couronné empereur à Sainte-Sophie, le 23 mai 1204. L'Empire latin ne dura que 57 ans. Baudouin II en fut le cinquième et dernier empereur (1261).

2. Venise, Gênes et Pise envoyaient leurs navires dans les ports de Palestine où aboutissaient les caravanes de Damas et de Bagdad.

3. Michel Paléologue fit plus encore : il leur accorda le quartier de Péra pour y vivre selon les lois de leur pays.

4. C'est ce Manuel Comnène qui trahit Conrad III et Louis VII. Il régna de 1143 à 1180.

empire on l'eut abandonnée, le mal fut sans remède, parce que l'impuissance augmenta toujours.

Cet État, qui dominoit sur plusieurs îles, qui étoit partagé par la mer, et qui en étoit environné en tant d'endroits, n'avoit point de vaisseaux pour y naviguer. Les provinces n'eurent plus de communication entre elles ; on obligea les peuples de se réfugier plus avant dans les terres, pour éviter les pirates ; et quand ils l'eurent fait, on leur ordonna de se retirer dans les forteresses, pour se sauver des Turcs.

Les Turcs faisoient pour lors aux Grecs une guerre singulière : ils alloient proprement à la chasse des hommes ; ils traversoient quelquefois deux cents lieues de pays pour faire leurs ravages. Comme ils étoient divisés sous plusieurs sultans, on ne pouvoit pas, par des présents, faire la paix avec tous, et il étoit inutile de la faire avec quelques-uns. Ils s'étoient fait mahométans[1], et le zèle pour leur religion les engageoit merveilleusement à ravager les terres des chrétiens. D'ailleurs, comme c'étoient les peuples les plus laids de la terre, leurs femmes étoient affreuses comme eux[2], et dès qu'ils eurent vu les Grèques, ils n'en purent souffrir d'autres[3]. Cela les porta à des enlèvements continuels. Enfin, ils avoient été de tout temps adonnés aux brigandages ; et c'étoient ces

1. Turcs, Mahométans, Musulmans, c'est aujourd'hui tout un pour nous au point de vue religieux. Mais il faut se souvenir que les Turcs venus de Turkestan avaient chassé les califes arabes, s'étaient établis à leur place et que ce fut alors qu'ils embrassèrent la religion de Mahomet.

2. Cela donna lieu à cette tradition du Nord rapportée par le Goth Jornandès, que Philimer, roi des Goths, entrant dans les terres gétiques, y ayant trouvé des femmes sorcières, il les chassa loin de son armée ; qu'elles errèrent dans les déserts, où les démons s'unirent à elles, d'où vint la nation des Huns. « *Genus ferocissimum, quod fuit primum inter paludes minutum, tetrum, atque exile nec alia voce notum, nisi quæ humani sermonis imaginem assignabat.* » (*N. de M.*)

3 Michel Ducas, *Histoire de Jean Manuel, Jean et Constantin*, chap. IX, Constantin Porphyrogénète, au commencement de son *Extrait des ambassades*, avertit que, quand les barbares viennent à Constantinople, les Romains doivent bien se garder de leur montrer la grandeur de leurs richesses ni la beauté de leurs femmes. (*N. de M.*)

mêmes Huns qui avoient autrefois causé tant de maux à l'empire romain [1].

Les Turcs inondant tout ce qui restoit à l'empire grec en Asie, les habitants qui purent leur échapper fuirent devant eux jusqu'au Bosphore; et ceux qui trouvèrent des vaisseaux se réfugièrent dans la partie de l'empire qui étoit en Europe : ce qui augmenta considérablement le nombre de ses habitants. Mais il diminua bientôt. Il y eut des guerres civiles si furieuses que les deux factions appelèrent divers sultans turcs, sous cette condition, aussi extravagante que barbare, que tous les habitants qu'ils prendroient dans les pays du parti contraire seroient menés en esclavage, et chacun, dans la vue de ruiner ses ennemis, concourut à détruire la nation.

Bajazet [2] ayant soumis tous les autres sultans, les Turcs auroient fait pour lors ce qu'ils firent depuis sous Mahomet II, s'ils n'avoient pas été eux-mêmes sur le point d'être exterminés par les Tartares.

Je n'ai pas le courage [3] de parler des misères qui

1. Rien n'est moins prouvé que cette identité des Huns et des Turcs. Les origines de tous ces peuples sont fort obscures et tout ce qu'on peut dire est qu'ils appartenaient à la race mongole ou finnoise.

2. Bajazet Ier, surnommé Ildérim (*la Foudre*), s'empara de la Bulgarie, de la Thessalie et de la Macédoine. Il remporte la victoire de Nicopolis sur le roi de Hongrie Sigismond et les chevaliers français (1396). L'invasion des Tartares ou Mongols sauva Constantinople. Bajazet voulut les arrêter. Mais il fut vaincu et fait prisonnier par Tamerlan à la bataille d'Ancyre (1401).

3. Singulière conclusion d'un ouvrage comme celui-ci. Il est vrai de dire que Montesquieu n'avait aucune raison de prolonger ces peu intéressantes notes, car ce n'est que cela, sur l'empire d'Orient. Nous eussions préféré à ces bribes de l'histoire byzantine quelques aperçus sur la civilisation orientale, et son influence sur la civilisation occidentale. On a flétri du nom de Bas-Empire le gouvernement des empereurs de Constantinople, et nous ne voulons pas le réhabiliter, mais, comme le remarque H. Houssaye, « on ne compte guère moins de conspirations, de soulèvements tumultuaires, de meurtres d'empereurs à Rome qu'à Constantinople, et ni les actes, ni les mœurs des Tibère, des Caligula, des Messaline, des Néron, et des Domitien ne sauraient être proposés en exemple. Ces règnes de sang et de boue, selon l'expression de Suétone, c'est pourtant ce que l'impartiale histoire appelle le Haut-Empire, tandis qu'elle flétrit sous le nom de Bas-Empire les règnes des Justinien, des Héraclius, des Porphyrogénète, des Manuel Comnène, des Jean Zimiscès et des Constantin XIII, ce dernier empereur grec qui, vaincu après avoir repoussé les Turcs dans quatre assauts, s'écriait au moment de tomber mort d'un coup de cimeterre : « La ville est prise, et je vis

suivront ; je dirai seulement que, sous les derniers empereurs, l'empire, réduit aux faubourgs de Constantinople, finit comme le Rhin, qui n'est plus qu'un ruisseau lorsqu'il se perd dans l'Océan.

encore!... » Ce qu'il faut dire aussi, c'est que ce gouvernement si corrupteur, ce peuple si corrompu, cette administration si mauvaise, cette armée si misérable, ont fait durer l'Empire pendant plus de neuf cents ans, qu'ils ont résisté à vingt peuples, retardé de longs siècles l'invasion des Turcs, donné le Christianisme aux Slaves, la civilisation aux Arabes et à l'Occident le trésor des lettres grecques. »

TABLE DES MATIÈRES

TABLE ANALYTIQUE

A

B

F

G

H

N

O

TABLE DES NOTES[1]

1. Cette table renvoie aux notes qui ont paru les plus utiles à consulter, soit qu'elles complètent ou rectifient les appréciations de Montesquieu, soit qu'elles renferment des détails importants au point de vue de l'histoire et des institutions. Le premier chiffre indique *la page*, le second *la note*.

MACON, PROTAT FRÈRES, IMPRIMEURS

www.ingramcontent.com/pod-product-compliance
Ingram Content Group UK Ltd.
Pitfield, Milton Keynes, MK11 3LW, UK
UKHW020206250726
13967UKWH00003B/1304